La puissance
et la guerre

Ouvrages de François Lebrun

Aux mêmes éditions

Se soigner autrefois.
Médecins, saints et sorciers
aux XVIIe et XVIIIe siècles
Temps actuels, 1983 ;
Seuil, coll. « Points Histoire », 1995

Être chrétien en France
sous l'Ancien Régime
Seuil, 1996

Direction d'ouvrage

Histoire de France
(avec Jean Carpentier)
Seuil, 1987 ; coll. « Points Histoire », 1989

Histoire de l'Europe
(avec Jean Carpentier)
Seuil, 1990 ; coll. « Points Histoire », 1992

Chez d'autres éditeurs

Les Hommes et la Mort en Anjou
aux XVIIe et XVIIIe siècles
Mouton, 1971 ; rééd. poche, Flammarion, 1975

La Vie conjugale sous l'Ancien Régime
Colin, 1975

L'Europe et le Monde
XVIe, XVIIe, XVIIIe siècles
Colin, 1987

François Lebrun

Nouvelle histoire
de la France moderne

4

La puissance
et la guerre

1661-1715

Éditions du Seuil

ISBN 2-02-013050-5 (série complète)
ISBN 2-02-024965-0

© Éditions du Seuil, octobre 1997

Le Code de la propriété intellectuelle interdit les copies ou reproductions destinées à une utilisation collective. Toute représentation ou reproduction intégrale ou partielle faite par quelque procédé que ce soit, sans le consentement de l'auteur ou de ses ayants cause, est illicite et constitue une contrefaçon sanctionnée par les articles L. 335-2 et suivants du Code de la propriété intellectuelle.

Avant-propos

Ce livre s'inscrit dans le cadre d'une « Nouvelle Histoire de la France moderne », entre *La Naissance dramatique de l'absolutisme, 1598-1661* et *L'État et les Lumières, 1715-1783*. La période qui va de la décision du jeune Louis XIV, en 1661, de gouverner désormais sans Premier ministre à sa mort à Versailles cinquante-quatre ans plus tard, en 1715, est tout entière dominée par la figure du Roi-Soleil. Au-delà de la longueur exceptionnelle de son règne, la personnalité même du souverain, sa conception et son exercice du pouvoir, les conditions dans lesquelles il l'exerce à la tête du royaume le plus peuplé et le plus puissant de l'Europe expliquent la tentation des historiens de personnaliser à l'excès ce demi-siècle. Voltaire parle, en 1738, de « Siècle de Louis XIV » et n'hésite pas à écrire : « Non seulement il s'est fait de grandes choses sous son règne, mais c'est lui qui les faisait. » C'est au roi en tout cas que revient la responsabilité d'avoir voulu assurer et accroître sa puissance par la guerre, quitte à s'en repentir tardivement.

Lorsque Pierre Goubert présente en 1966 une vision très neuve de la vie des Français au XVIIe siècle, en s'appuyant entre autres sur les apports d'une histoire démographique à ses débuts, grâce notamment à ses propres travaux, il ne peut pour autant ignorer la personne du roi et intitule tout naturellement son livre *Louis XIV et vingt millions de Français*. A l'inverse, quiconque entreprend une biographie du roi ne peut, à l'évidence, ignorer ses sujets. Tout réside dans l'équilibre à trouver entre le récit de la vie du personnage et l'histoire de la France et des Français pendant son règne. C'est pourquoi, même si elle n'est à aucun titre une biographie du roi, cette petite synthèse est tributaire des deux récents *Louis XIV* publiés le premier par François Bluche en 1986, le second par Jean-Christian Petitfils en 1995. Outre le livre pionnier de Pierre Goubert, le manuel exemplaire consacré par Robert Mandrou en 1973 à *Louis XIV en son temps* et le stimulant *Ancien Régime* publié en 1991 par Emmanuel Le Roy Ladurie, ces deux biographies m'ont été utiles, de même que le *Dictionnaire du Grand Siècle*. Par ailleurs, l'histoire du XVIIe siècle français a été considérablement renouvelée depuis une vingtaine d'années par une série de travaux d'historiens qui ont exploré des chantiers nouveaux ou revisité des chantiers que l'on croyait connus. On trouvera en fin de volume la liste des plus récents de ces travaux.

Conformément aux principes de la collection dans laquelle il s'inscrit, ce livre entend mettre les données récentes de la science historique à la portée d'un large public épris d'histoire, ce qui exclut notamment les notes érudites en bas de page ou les développements critiques sur des points controversés. A défaut d'une objectivité qui ne pourrait être proclamée sans susciter immédiatement une méfiance justifiée, l'auteur revendique l'honnêteté intellectuelle vis-à-vis de ses lecteurs et la sympathie vis-à-vis de son sujet, c'est-à-dire les quelque vingt millions de Français et de Françaises du XVIIe siècle qui, bon an, mal an, vivaient, travaillaient, mouraient, sans oublier pour autant celui dont leur sort dépendait largement.

1

La France en 1661

« Messieurs, le Roi... »

Dès les premières pages de ses *Mémoires pour l'année 1661,* conçus et dictés entre 1664 et 1670 pour l'instruction du dauphin, Louis XIV évoque sobrement les années de son adolescence pendant lesquelles, rongeant quelque peu son frein, il a attendu son heure : « Je ne laissais pas cependant de m'éprouver en secret et sans confident, raisonnant seul et en moi-même sur tous les événements qui se présentaient, plein d'espérance et de joie quand je découvrais quelquefois que mes premières pensées étaient celles où s'arrêtaient à la fin les gens habiles et consommés, et persuadé au fond que je n'avais point été mis et conservé sur le trône avec une aussi grande passion de bien faire, sans en devoir trouver les moyens. » Et il ajoute : « Enfin quelques années s'étant écoulées de cette sorte, la paix générale, mon mariage, mon autorité plus affermie et la mort du cardinal Mazarin, m'obligèrent à ne pas différer davantage ce que je souhaitais et que je craignais tout ensemble depuis si longtemps. »

De ces quatre événements ainsi rappelés, le dernier est évidemment le plus important. Certes, la signature du traité avec l'Espagne, dit des Pyrénées, le 7 décembre 1659, le mariage avec l'infante Marie-Thérèse le 9 juin 1660 – pour ne rien dire de l'affermissement de l'autorité de l'État que symbolise, le 20 janvier 1660, l'entrée guerrière du jeune roi dans Marseille coupable d'agitation municipale – ont préparé la décision annoncée dès le lendemain de la mort de Mazarin à Vincennes, le 9 mars 1661, mais c'est cette disparition qui est déterminante. La scène est connue, telle qu'elle a été rapportée notamment par un témoin, le jeune secrétaire d'État Loménie de Brienne : « Le roi avait fait assembler dans la chambre de la reine mère où les conseils se tenaient ci-devant, les princes, les ducs, les ministres d'État, pour leur faire entendre de sa propre bouche qu'il avait pris la résolution de commander lui-même son État sans s'en reposer que sur ses propres soins (ce furent ses termes) et les congédia bien honnêtement, en leur disant que, quand il aurait besoin de leurs bons avis, il les ferait appeler. » Ainsi, ce que l'on a dénommé parfois, abusivement ou métaphoriquement, « le coup d'État de 1661 » ou « la prise du pouvoir par Louis XIV » est simplement dans la nature des choses. Dès que s'est produit l'événement attendu, la santé du cardinal ministre s'étant fort détériorée les dernières années, le jeune roi, préparé à cette éventualité par son éducation et son caractère, dispose tout naturellement de la plénitude du pouvoir qu'il tient de naissance, « par la grâce de Dieu ».

On a souvent dit que l'éducation du futur Roi-Soleil avait été négligée. Cela semble très exagéré. Selon l'usage observé alors dans tous les milieux et bien qu'il soit roi de France et de Navarre depuis la mort de son père, Louis XIII, le 14 mai 1643, l'enfant reste « aux mains des femmes », au premier rang desquelles sa mère Anne d'Autriche, jusqu'à l'âge de sept ans, c'est-à-dire en septembre 1645. C'est alors que son éducation devient une affaire d'hommes. La reine régente confie à Mazarin, qui est déjà parrain de l'enfant roi et principal ministre, la charge de « surintendant au gouvernement et à la conduite du roi », ainsi que de son jeune frère, le duc Philippe d'Anjou, né en 1640. Dès 1642, Richelieu avait désigné comme futur précepteur du roi l'abbé Hardouin de Beaumont de Péréfixe, confirmé dans cette charge par Mazarin. L'abbé de Beaumont entre réellement en fonctions en 1645 et se fait aider dans sa tâche par une petite équipe de maîtres spécialisés. En récompense de ses services, il est nommé dès 1649 évêque de Rodez, mais n'en continue pas moins à exercer son préceptorat, se chargeant plus particulièrement d'initier son élève aux belles-lettres, dont le latin, et à l'histoire. En 1652, il est aidé par François de La Mothe Le Vayer, précepteur du frère du roi depuis 1649. Homme de lettres, grand esprit libre et hardi, soupçonné même d'« impiété », ami de Gassendi et

La France en 1661

de Gabriel Naudé, La Mothe Le Vayer prend sa tâche à cœur et initie son élève à toutes les disciplines de l'esprit. On aimerait savoir les traces qu'a pu laisser sur celui-ci l'enseignement d'un tel maître.

Parallèlement, le roi reçoit un solide enseignement religieux, très marqué par le puissant mouvement de réforme catholique qui caractérise tout spécialement ces années 1640 et 1650, cependant qu'il apprend l'italien et l'espagnol, la langue de son parrain et celle de sa mère, avec Antoine Oudin (l'auteur en 1640 des *Curiosités de la langue française*), beaucoup de géographie et de cartographie, un peu de droit public concernant notamment les lois du royaume, un peu de mathématiques, mais aussi la danse et la musique ; grand amateur, il apprend à jouer du luth, de la guitare et de l'épinette. Cette éducation royale aurait été évidemment incomplète sans l'apprentissage de l'équitation et des armes. Non seulement il reçoit comme jouet dès son plus jeune âge une armée en miniature, avec cavaliers et fantassins, canons et machines de guerre, mais, au printemps de 1646, à huit ans, il passe en revue les troupes rassemblées à Amiens pour la campagne annuelle dans les Flandres. Enfin, le jeune roi est initié très jeune à la chasse, « petite image de la guerre, image du dieu Mars », comme le précise La Mothe Le Vayer, en 1640, dans son traité d'éducation à l'usage du dauphin.

Marie Du Bois, valet de chambre de Louis XIV, évoque dans son Journal, à deux dates différentes, l'éducation du jeune souverain. En 1651, le roi, qui a treize ans, « faisait ses études le matin ; après avoir prié Dieu, il dansait, faisait des armes, rompait la lance dans la visière du faquin [mannequin]. Après, il déjeunait, où était toujours sa bande de petits violons, au nombre de dix, qui jouaient assez joliment. Après lequel repas, il allait souvent à l'étude, jusqu'à ce que la reine fût éveillée. Son étude était les *Commentaires* de César en latin, qu'il traduisait en français. Il écrivait, il lisait dans l'histoire de France. Il étudiait la langue italienne et les cartes et les mathématiques ». En 1655, le roi a maintenant dix-sept ans : « Sitôt qu'il s'éveillait, il récitait l'office du Saint-Esprit et son chapelet. Cela fait, son précepteur entrait et le faisait étudier, c'est-à-dire dans la Sainte Écriture ou dans l'histoire de France. » Après ses ablutions, « il passait dans un grand cabinet, qui est derrière son antichambre, où il faisait ses exercices ; il voltigeait, mais d'une légèreté admirable, et faisait mettre son cheval au plus haut point et allait là-dessus comme un oiseau […] ; après il faisait des armes et de la pique ; et il repassait dans sa chambre où il dansait ».

Au total, même si les aléas de la Fronde et les nombreux déplacements de la cour qu'ils entraînent entre 1648 et 1652 ont quelque peu perturbé cette éducation, celle-ci n'en a pas moins été aussi sérieuse, suivie et diversifiée qu'elle pouvait l'être à l'époque. A cela s'ajoute, de par la volonté de Mazarin, une initiation précoce au « métier de roi » (Louis XIV emploiera lui-même l'expression) : très tôt, dès 1650, le cardinal ministre l'entretient des affaires de l'État. Marie Du Bois rapporte qu'en 1655 le roi, après ses exercices et avant d'assister à la messe avec la reine, monte chez Mazarin « où il faisait entrer chaque jour un secrétaire d'État, qui faisait ses rapports, sur lesquels – et d'autres affaires plus secrètes – le roi s'instruisait de ses affaires d'État, le temps d'une heure ou une heure et demie ». En outre, le cardinal le fait assister à quelques séances du conseil où sont débattus devant lui quelques grands problèmes du moment. Spectateur muet de ce théâtre où il est appelé à jouer le premier rôle, il fait son miel de ce qu'il voit et entend, « s'éprouvant en secret et sans confident ».

Ainsi se développent et se fortifient chez l'enfant, l'adolescent, puis le jeune homme, qualités et défauts naturels, sans qu'il soit possible de faire la part entre l'inné et l'acquis : santé et vitalité à toute épreuve, capables de résister même aux traitements de ses médecins ; intelligence moyenne, mais sans doute pas « au-dessous du médiocre », comme l'écrira Saint-Simon ; robuste bon sens, qui lui sera bien nécessaire pour résister à l'étonnante flagornerie dans laquelle s'écoulera toute son existence ; connaissance des hommes ; application au travail, facilitée par le plaisir qu'il éprouve à le faire ; maîtrise de soi, allant jusqu'à la dissimulation ; goût marqué pour le beau, que ce soit en littérature, en musique ou en « bâtiments » ; sens aigu de ses responsabilités vis-à-vis de ses sujets et vis-à-vis de Dieu ; enfin orgueil immense qui est sa nature même et qui trouve en Dieu sa seule limite. On a beaucoup disserté sur la religion du roi. Il

La France en 1661

a été élevé par sa mère, son parrain, ses divers précepteurs dans un catholicisme romain redéfini solennellement près d'un siècle plus tôt lors du concile de Trente. Il y reste toute sa vie immuablement fidèle, quels que soient ses conflits avec la papauté et les libertés de toutes sortes qu'il prend avec les commandements de Dieu et de l'Église et les obligations qu'ils impliquent. Roi Très Chrétien à l'âge de cinq ans, investi depuis son sacre à Reims, le 7 juin 1654, d'un caractère sacré, il a appris dès l'enfance à se considérer comme le « lieutenant de Dieu sur la terre », avec les droits et les devoirs que cela implique, et cette conviction inspire toutes ses actions et tous ses gestes.

La décision qu'il prend le 10 mars 1661 de gouverner par lui-même est exprimée par le roi avec sobriété dans ses *Mémoires* : « Je commandais aux quatre secrétaires d'État de ne plus rien signer du tout sans m'en parler ; au surintendant, de même [...] Le chancelier eût pareil ordre, c'est-à-dire de ne rien sceller que par mon commandement. » Le chancelier est alors Pierre Séguier. Garde des sceaux depuis 1633, chancelier de France depuis 1635, il a soixante-treize ans et il est quelque peu diminué par l'âge et la maladie. Certes, il est inamovible, mais Louis XIV aurait pu lui retirer les sceaux, le réduisant ainsi à l'inaction : il ne le fait pas, mais il ne le convoque pas au conseil d'en-haut, cette section du conseil du roi où ne siègent, à côté du souverain, que quelques hommes choisis pourvus du titre de ministres d'État et où sont prises toutes les grandes décisions. Les quatre secrétaires d'État, qui outre leur affectation particulière se partagent géographiquement l'administration du royaume, sont alors Michel Le Tellier, chargé du département de la guerre ; Henri Auguste de Loménie de Brienne, chargé des affaires étrangères et assisté de son fils, Henri Louis ; Henri de Guénégaud, chargé de la Maison du roi dont relèvent Paris et les affaires ecclésiastiques ; Louis Phélypeaux de La Vrillière, chargé de la R. P. R. (religion prétendue réformée), c'est-à-dire des affaires protestantes. Mais, de ces quatre hommes, seul Michel Le Tellier a le titre de ministre d'État et siège au conseil. Fidèle serviteur de Louis XIII et de Richelieu, puis d'Anne d'Autriche et de Mazarin, il a obtenu, en décembre 1655, la survivance de sa charge pour son fils, alors âgé de quatorze ans, François Michel, qui sera marquis de Louvois en 1662.

Quant au surintendant des finances, qui est en même temps ministre d'État, c'est depuis 1653 Nicolas Fouquet, procureur général du parlement de Paris, qui, par la confiance qu'il inspire aux milieux de finance, a réussi à drainer vers les caisses du roi l'argent provenant des divers impôts nécessaire à la poursuite de la guerre contre l'Espagne. A côté de Le Tellier et de Fouquet, Hugues de Lionne siège au conseil d'en-haut. Il a commencé sa carrière en 1630 comme premier commis de l'ancien secrétaire d'État à la guerre Abel Servien. Devenu lui-même conseiller d'État et premier secrétaire de Mazarin, il participe à côté de Servien aux négociations de Westphalie entre 1644 et 1648. Il dirige de fait la politique extérieure de la France à partir de 1656 et négocie la paix des Pyrénées, sans titre effectif, puisque c'est Brienne qui est secrétaire d'État aux affaires étrangères ; toutefois, Mazarin le nomme ministre d'État le 23 juin 1659.

Ainsi, à partir de mars 1661, seuls Fouquet, Le Tellier et Lionne sont ministres d'État et siègent au conseil d'en-haut. Mais, en marge de celui-ci, un homme a déjà une influence considérable qui va se révéler décisive : c'est Colbert. Né en 1619 dans une famille champenoise de banquiers et de marchands dont plusieurs membres sont déjà introduits dans les allées du pouvoir, Jean-Baptiste Colbert est pourvu dès 1640 d'une charge de commissaire des guerres que lui achète son père grâce à l'appui d'un cousin, Colbert de Saint-Pouange. En 1645, il devient commis du secrétaire d'État Michel Le Tellier. En 1648, il épouse une riche héritière, Marie Charron, et devient conseiller d'État, ce qui lui assure l'agrégation à la noblesse. Les événements de la Fronde lui donnent l'occasion de se rapprocher de Mazarin qui, lorsqu'il est contraint à un exil provisoire en 1651, lui confie l'administration de ses biens et de ses intérêts particuliers. Il y réussit parfaitement et reste, après le retour du cardinal en 1653 et jusqu'à la mort de ce dernier, son intendant, gérant son immense fortune, au mieux des intérêts de son maître, sans oublier les siens propres et ceux de sa famille.

A partir de 1653, il assiste aux progrès de la puissance du surintendant Fouquet et dénonce bientôt à Mazarin l'« horrible confusion » que celui-ci a introduite entre les deniers du roi et ceux de ses agents. De fait, le surintendant, chargé de trouver de l'argent de quelque façon que ce soit, afferme à prix d'or à des gens de finances, « traitants » et autres « partisans », non seulement les impôts indirects et les affaires dites « extraordinaires » (ventes d'offices, emprunts, etc.), mais aussi les impôts directs que les receveurs généraux, incapables de les percevoir directement, sont obligés de sous-traiter. Certes, Colbert n'est pas dupe et sait mieux que quiconque que la lente mise en place de ce « système fisco-financier » contraint Fouquet à jouer ce rôle d'intermédiaire entre le roi et les indispensables gens de finance. Aussi son objectif est-il moins de dénoncer les prévarications du surintendant dans l'espoir de remplacer celui-ci que de mettre fin à un système qui contribue à affaiblir le pouvoir royal en le privant d'une prise directe sur les finances publiques. Mazarin, trop compromis dans les affaires du surintendant, refuse de se séparer de celui-ci. En revanche, au lendemain de la mort du cardinal, Colbert, nommé le jour même intendant des finances, entreprend de convaincre Louis XIV de la nécessité d'en finir avec un homme qui est un défi vivant à la puissance du roi. Il se trouve que Fouquet, vaguement conscient des menaces qui pèsent sur lui, croit devoir prendre un certain nombre de précautions qui sont autant d'imprudences, notamment des travaux de fortifications à Belle-Ile, immédiatement dénoncées au roi. Colbert, qui redoute par ailleurs que l'inventaire de la fortune du cardinal ne fasse apparaître certaines de ses propres malversations, est pressé d'en finir. Dès mai 1661, il fait passer au roi un long mémoire dans lequel il propose l'arrestation du surintendant qui devra être suivie de l'annonce de la suppression de la surintendance et de la création d'un conseil royal des finances. En juillet, le roi prend sa décision, mais dissimule jusqu'au bout, notamment lors de la trop somptueuse et impudente réception que lui offre Fouquet à Vaux-le-Vicomte le 17 août. Le 5 septembre, ce dernier est arrêté à la sortie du conseil, à Nantes où se trouvent le roi et la cour. Il sera condamné au bannissement le 20 décembre 1664, et le roi, de sa propre autorité, commuera la peine en celle de détention perpétuelle dans la forteresse de Pignerol où il mourra en 1680. Le 6 septembre 1661, Colbert reçoit le titre de ministre d'État et siège au conseil, à côté de Le Tellier et de Lionne, à la place de l'adversaire qu'il vient d'éliminer : le 15, la suppression de la surintendance et la création d'un conseil royal des finances sont annoncées. La « révolution de 1661 » est achevée : le roi, entouré des collaborateurs qu'il s'est choisis, dirige désormais lui-même les affaires du royaume.

La famine de l'Avènement.

Un événement imprévisible et aux conséquences dramatiques frappe, au même moment, le royaume sous la forme d'une crise démographique d'une exceptionnelle gravité. « De la peste, de la famine, de la guerre, délivre-nous, Seigneur » : la vieille prière de supplication conserve tout son sens. Les sociétés d'Ancien Régime sont encore frappées, à intervalles plus ou moins réguliers, soit par une épidémie (peste ou dysenterie notamment), soit par une disette consécutive à une mauvaise récolte et dégénérant éventuellement en famine, soit par une conjugaison de ces deux fléaux, parfois aggravés par un troisième, la guerre et les méfaits qu'entraîne le déplacement des troupes. Complexes par leur nature, ces crises le sont aussi par leurs conséquences. La mortalité, qui peut tripler, quadrupler, voire davantage, pendant quelques mois par rapport à la normale, n'est pas seule affectée. La crise peut aussi selon son origine et sa durée entraîner une chute brutale des conceptions et des mariages et une augmentation des phénomènes d'errance et d'abandons d'enfants. Il est vrai qu'au lendemain de la crise une très sensible augmentation des mariages (la « ruée aux autels »), puis des naissances, contribue à atténuer peu à peu les effets de celle-ci.

La France a connu en 1628-1632, puis à nouveau en 1649-1653, des crises de ce genre, affectant inégalement les diverses provinces. La crise qui éclate en 1661 touche pour sa part une grande partie du royaume, seules la Basse-Bretagne et la plupart des régions de l'Est et du Midi (Languedoc, Provence) étant à peu près épargnées. Dès les premiers mois de 1661, certaines paroisses du Val de Loire et d'Ile-de-France sont touchées par une surmortalité que les contemporains, notamment les curés en marge de leurs registres paroissiaux, attribuent à de « grandes maladies », citant parfois nommément la dysenterie ou le « pourpre » (sans doute la rougeole). Mais, sur ce qui aurait été en d'autres temps un épisode banal d'épidémies étroitement localisées, vient se greffer, sur la majeure partie du territoire, une terrible crise de subsistances du fait de pluies continuelles et de températures anormalement basses durant le printemps et l'été, entraînant une récolte céréalière catastrophique.

La situation est très vite d'autant plus grave que la récolte de 1660 a été médiocre, ne laissant pratiquement aucun excédent. C'est pourquoi, dès juin 1661, c'est-à-dire dès que se précisent les pires craintes concernant la future récolte, les prix commencent à monter. Ils vont vite quadrupler, parfois davantage, et se maintiennent, avec quelques fluctuations, à ce niveau, prohibitif pour le plus grand nombre, jusqu'à la mise en place de la belle récolte de 1663, car, comble de malheur, celle de 1662 a été à son tour inférieure à la normale. C'est cette succession de trois mauvaises années qui explique la gravité de ce que Pierre Goubert a appelé la « crise de l'Avènement ». Faire la part, dans la surmortalité postérieure à l'automne de 1661, de la famine et des épidémies est sans grand intérêt. Là où les « grandes maladies » ont précédé la famine, celle-ci a certainement achevé des convalescents qui auraient pu en temps normal se remettre peu à peu, en même temps qu'elle tuait parmi ceux qui avaient échappé au fléau antérieur. Inversement, là où la crise de subsistances n'a pas été précédée par une quelconque épidémie, la famine née de la cherté a tué, parfois directement, mais plus souvent par le relais de la maladie. Comment des troubles digestifs, mais aussi toutes sortes de maux infectieux ne se seraient-ils pas développés de façon foudroyante parmi ces populations aux limites de l'inanition ou sustentées de nourritures immondes ?

Craignant désordres et émeutes (à juste titre, car il s'en produira ici ou là), les autorités ne restent pas inactives. Le roi fait acheter du blé en Bretagne, en Guyenne et à l'étranger, pour en « distribuer gratuitement la plus grande partie au petit peuple des meilleures villes, comme Paris, Rouen, Tours et autres ». Dans les villes, les municipalités s'efforcent d'organiser les secours, relayées par les initiatives charitables émanant d'ecclésiastiques ou de pieux laïcs. Dans les campagnes, c'est uniquement sur celles-ci que peuvent compter les malheureux restant sur place ou se jetant sur les routes, la faim au ventre. Mais partout l'ampleur du drame rend presque dérisoires ces initiatives. Les témoignages des contemporains sont éloquents. N'en citons que deux. Le 13 mars 1662, dans une lettre à Colbert, l'intendant de Caen écrit : « La nécessité est si pressante et si générale qu'elle pénètre bien avant dans les villes. Il y a des paysans, à trois et quatre lieues de Caen, qui ne se nourrissent plus que de racines de choux crus et de légumes, ce qui les fait tomber dans une certaine langueur qui les dessèche et qui ne les quitte qu'à la mort. La grande quantité des pauvres a épuisé la charité et la puissance de ceux qui avaient coutume de les soulager. » Au même moment, le 5 mars, Bossuet, prêchant le Carême au Louvre devant le roi et la cour, apostrophe en ces termes ses auditeurs : « Ils meurent de faim ; oui, Messieurs, ils meurent de faim dans vos terres, dans vos châteaux, dans les villes, dans les campagnes, à la porte et aux environs de vos hôtels [...] Dieu a envoyé contre nous la maladie, la mortalité, la disette extrême. Les pauvres peuples ont à combattre les dernières extrémités ; et dans les provinces éloignées, et même dans cette ville, au milieu de tant de plaisirs et de tant de luxe, une infinité de familles meurent de faim et de désespoir : vérité constante, publique, assurée. »

Au témoignage des textes s'ajoute celui des chiffres fournis par les registres de mariages, baptêmes et sépultures tenus par les curés de paroisse, là où ils sont suffisamment bien tenus (ce qui reste exceptionnel avant les années 1670). Au-delà des nombreuses études locales et régionales qui disent le triplement, voire le quadruplement des décès et, pendant plusieurs mois, l'effondrement des mariages et des naissances, un bilan global à l'échelle du royaume est difficile à établir. Tout au plus peut-on tenter une évaluation. Alors que le nombre des décès est, en temps normal, de 600 000 à 700 000 par an, sans doute est-il de l'ordre du million pendant chacune des trois années 1661, 1662 et 1663, bien qu'un tiers du royaume ait été, rappelons-le, épargné. Si l'on tient compte du déficit corrélatif des naissances, la population du royaume a sans doute enregistré en 1664 une amputation d'un million à un million et demi d'habitants par rapport à 1660.

A cette lourde épreuve, l'année même de son « avènement », le roi consacre dans ses *Mémoires* à l'intention du dauphin deux pages qui sont une description sobre et, en gros, exacte de l'événement, ainsi que l'occasion de souligner les initiatives qu'il a su prendre pour y faire face et surtout la leçon qu'il a résolu d'en tirer : « Que si Dieu me fait la grâce d'exécuter tout ce que j'ai dans l'esprit, je tâcherai de porter la félicité de mon règne jusqu'à faire en sorte, non pas à la vérité qu'il n'y ait plus ni pauvre ni riche, car la fortune, l'industrie et l'esprit laisseront éternellement cette distinction entre les hommes, mais au moins qu'on ne voie plus dans tout le royaume ni indigence, ni mendicité, je veux dire personne, quelque misérable qu'elle puisse être, qui ne soit assurée de sa subsistance, ou par son travail ou par un secours ordinaire et réglé. » Le jeune roi pouvait-il se fixer programme plus noble ? Il est beau qu'il ait nourri pareil dessein, même si celui-ci sentait quelque peu l'utopie.

Paris et les provinces.

En 1661, Louis XIV a de son royaume une connaissance théorique à travers les leçons d'histoire et de géographie que lui ont prodiguées ses différents maîtres, grâce aussi à sa participation intermittente à des séances du conseil. Mais il en a en même temps une connaissance directe liée aux nombreux voyages qu'il a faits jusqu'alors. Né à Saint-Germain-en-Laye, il passe son enfance en déplacements en Ile-de-France, d'une résidence royale à l'autre, Paris, mais aussi Saint-Germain, Rueil, Chantilly, Fontainebleau. A partir de 1648 – il a dix ans –, les déplacements se font plus lointains. En mai 1648, la cour s'installe pour quelques semaines à Amiens, à proximité de la frontière des Pays-Bas espagnols où la guerre contre l'Espagne se poursuit. En février 1650, le roi et la cour sont à Rouen, puis en avril au siège de Seurre en Bourgogne, enfin en octobre à Bordeaux. En octobre 1651, ils sont en Berry, puis en Poitou et, en février 1650, en Anjou, d'où ils remontent vers l'Ile-de-France à la poursuite des Frondeurs. En 1653, le roi est en Champagne où il assiste à la reddition de Sainte-Menehould. En juillet 1654, il est à Reims pour son sacre. En 1657, il participe à la prise de Montmédy, en juin 1658, à celle de Dunkerque. En décembre de la même année, il est à Lyon. 1659 et 1660 sont les années du grand voyage dans le Midi qui conduit le roi et la cour sur la Bidassoa pour la signature du traité avec l'Espagne le 7 novembre 1659. Après un court séjour à Toulouse en décembre, puis à Aix, et l'entrée à Marseille le 20 janvier 1660, ils sont à nouveau dans la région pyrénéenne où le roi épouse l'infante Marie-Thérèse à Saint-Jean-de-Luz, le 9 juin 1660. Enfin, on l'a vu, le 5 septembre 1661, Louis XIV est à Nantes où il fait procéder à l'arrestation de Fouquet. Cette connaissance qu'il a de son royaume et de son futur « métier de roi » s'appuie enfin sur l'expérience vécue des années de la Fronde, entre 1648 et 1652, alors qu'il avait entre dix et quatorze ans. Comment aurait-il oublié cette nuit des Rois de 1649 où il a dû fuir Paris à la hâte pour se rendre à Saint-Germain ? Ce souvenir et d'autres du même genre ont fortifié en lui le culte de l'ordre et l'incitent sans doute à écrire, en forçant la réalité pour mieux instruire le dauphin des dangers qu'il avait courus : « Le désordre régnait partout. » En fait, il aurait été plus juste d'écrire que depuis 1653 l'ordre était rétabli à peu près partout, à Paris et en province.

Avec ses quelque 400 000 habitants, Paris est alors la ville la plus peuplée d'Europe, après Constantinople et avant Naples. C'est la capitale du royaume, résidence habituelle du roi et de la cour installés au Louvre, cependant que Mazarin est installé au Palais-Royal, ex-Palais-Cardinal du nom de Richelieu qui l'a fait construire, habité, puis légué au roi. L'île de la Cité est toujours le siège non seulement de l'hôtel de ville, mais aussi du Palais, c'est-à-dire des différentes cours souveraines, au premier rang desquelles le parlement de Paris et ses diverses chambres. La rive gauche est le quartier de l'Université, où se sont multipliées, dans la première moitié du siècle, les maisons religieuses des nouvelles congrégations. La « ville » s'étend sur la rive droite. Sous Henri IV et Louis XIII, Paris a connu une importante extension, du fait notamment de l'intérêt que les deux souverains portent à l'aménagement de leur capitale. Le Marais, autour de la place Royale, devient le grand quartier à la mode.

Capitale politique, Paris est aussi la capitale intellectuelle et artistique du royaume, dont le rayonnement dépasse les limites de celui-ci. Dans la tradition ouverte au début du siècle par l'hôtel de Rambouillet, les salons, ou plutôt les « compagnies », comme l'on disait alors, celles de Madeleine de Scudéry ou de la marquise de Sablé, donnent le ton et disent le goût, de même que, dans un autre registre, l'Académie française, depuis sa création en 1635. C'est à Paris que les écrivains font imprimer leurs livres ou jouer leurs pièces, que les artistes, architectes, peintres, musiciens, peuvent espérer se faire connaître. C'est vers « la cour et la ville » que regarde tout ce qui compte dans le royaume.

Au-delà de la capitale, à des distances variables, mais toujours considérables compte tenu de la lenteur des communications (il faut plus de dix jours pour aller de Paris à Marseille), s'étendent les provinces dans leur diversité. Celle-ci est d'abord administrative. Bien des provinces ou des villes conservent jalousement des franchises locales, octroyées ou garanties lors de leur annexion à la couronne et respectées depuis. C'est ainsi, par exemple, que la Bretagne, la Bourgogne, le Languedoc notamment possèdent des états provinciaux chargés de voter, de répartir et de lever l'impôt direct, alors que, dans le reste du royaume, celui-ci est levé par des officiers du roi, appelés « élus », dans le cadre de circonscriptions administratives dites « élections » (il y en a quelque 150 au total). Certaines villes élisent leurs officiers municipaux, aux attributions très importantes, et jouissent parfois de privilèges fiscaux. Le régime de la gabelle est extrêmement variable selon les régions. Les douanes intérieures (traites et péages) et les poids et mesures sont d'une étonnante variété, de même que les « coutumes » selon lesquelles est rendue la justice et qui ont été généralement codifiées et rédigées au début du XVIe siècle. Enfin, les patois ne reculent que très lentement devant la langue française.

D'autre part, la diversité des productions est liée à celle des climats et des sols. Non seulement une France du Nord s'oppose, en gros au-delà de la Loire, à une France du Midi, mais chaque région a en dehors des « blés », c'est-à-dire des céréales (seigle, orge, froment, avoine), et d'un maigre élevage des productions secondaires qui lui sont propres et qui fournissent souvent au cultivateur les quelques rentrées d'argent nécessaires au paiement de l'impôt : vigne, arbres fruitiers, plantes textiles (lin, chanvre), plantes tinctoriales. Il en est de même de l'artisanat rural si développé et si multiforme. La précarité des communications tend encore à isoler et diversifier ces petites régions. Elles sont généralement centrées sur une ville d'importance variable, dont les habitants contrôlent économiquement le plat pays, prélevant sous forme de redevances diverses l'excédent commercialisable des productions agricoles et dirigeant le travail artisanal des campagnes. Chefs-lieux de diocèse, résidences des tribunaux (bailliage-sénéchaussée, parfois présidial), sièges des marchés et des foires, ces petites villes, protégées par leurs murailles médiévales et toutes bruissantes du son des cloches et du bruit des métiers, jouent vraiment un rôle de capitale pour les curés et les paysans des alentours, voire pour les nobles résidant sur leurs terres. Certaines sont de grandes métropoles régionales, grâce à de hautes fonctions administratives ou judiciaires, présence d'un parlement, par exemple, comme à Rennes ou à Toulouse, ou à une activité économique exceptionnelle, Lyon, Marseille, les grands ports atlantiques.

Quant à la diversité sociale, elle s'exprime d'abord dans la traditionnelle distinction des trois ordres, clergé, noblesse, tiers état. Premier ordre du royaume, le clergé a retrouvé toute sa richesse et sa puissance, un moment ébranlées par la crise des guerres de Religion. L'Assemblée du clergé se réunit tous les cinq ans pour discuter des intérêts de l'ordre et de la religion et pour voter au roi des « dons gratuits » en échange de l'exemption fiscale des clercs. En outre, la lente mise en œuvre, dans la première moitié du siècle, de la réforme catholique conformément aux décisions du concile de Trente, a renforcé l'emprise du clergé sur l'ensemble de la société française. Quant à la noblesse, sa richesse et sa puissance résident toujours en priorité dans la terre, cependant que le métier des armes reste l'activité par excellence, au service du roi ou, sous la Fronde, de quelque grand dont on est le client. Mais l'hérédité des offices anoblissants renforce la noblesse de robe qui, en dépit de certains préjugés, fusionne peu à peu avec l'ancienne noblesse par le biais des alliances matrimoniales. Enfin, nombreux sont les nobles qui s'enrichissent, directement ou indirectement, dans le commerce, l'industrie ou surtout la finance (en étant intéressés dans les « traités » de certains financiers fermiers d'impôts). Cette participation nobiliaire aux activités économiques prouve que la distinction en ordres, toujours vivante dans les faits et dans les mentalités, ne suffit plus à rendre compte des réalités de la société française. C'est plus vrai encore du troisième ordre, ou tiers état – plus de neuf dixièmes des Français –, qui regroupe à la fois la bourgeoisie – manufacturière, « officière », rentière – et les classes populaires urbaines et rurales, elles-mêmes d'une extrême diversité selon la place tenue dans la vie économique.

La France en Europe.

« Tout était calme en tous lieux [...]; la paix était établie avec mes voisins, vraisemblablement pour autant de temps que je le voudrais moi-même, par les dispositions où ils se trouvaient. » Ainsi débute la page célèbre, et souvent citée, que Louis XIV consacre dans ses *Mémoires* à la situation de l'Europe en 1661. Il est vrai que l'une des grandes chances du roi est de prendre les affaires en main à un moment où les traités de 1648 et de 1659 assurent à la France une situation en Europe telle qu'elle n'en a pas connu de semblable par le passé et qu'elle n'en connaîtra plus à l'avenir (mis à part le bref épisode napoléonien) et qui tient à la fois à sa propre puissance et à l'abaissement de ses rivaux.

La France est alors, en effet, le pays, sinon le plus vaste, du moins le plus peuplé et le plus riche du continent. Avec ses quelque 20 millions d'habitants, elle l'emporte de loin sur l'Espagne (8 millions, sans compter le Portugal et les possessions extérieures à la péninsule), les États héréditaires des

Habsbourg de Vienne (10 millions), les États allemands dans le cadre de l'Empire (dont la population est passée de 16 à environ 10 millions à la suite des terribles épreuves de la guerre de Trente Ans), les États italiens (11 millions), l'Angleterre (moins de 5 millions, sans compter l'Écosse et l'Irlande). Si elle est moins vaste que la Russie ou l'ensemble des possessions du roi d'Espagne en Europe, elle a l'incomparable avantage d'être un État bien ramassé, regroupant des provinces qui, même pour les plus récemment annexées et quelle que soit la vitalité des autonomismes, ont conscience de partager un glorieux passé, une culture et des intérêts communs. L'idée que la France est appelée à correspondre un jour à l'ancienne Gaule telle que l'a décrite Jules César est enseignée dans les collèges des jésuites, même si elle n'a pas forcément inspiré Richelieu et Mazarin dans leur politique très pragmatique de renforcement des frontières stratégiques. Quoi qu'il en soit, l'annexion de l'Alsace (moins Strasbourg) en 1648, puis celle de l'Artois et du Roussillon en 1659 ont repoussé les limites du royaume et rendu celui-ci moins vulnérable. Quant à la richesse de la France, elle tient au nombre de ses habitants (« Il n'est de richesse que d'hommes », disait Jean Bodin) et à la variété de ses productions agricoles et artisanales, même si un petit État comme la jeune république des Provinces-Unies l'emporte sur elle en matière de relations commerciales en Europe et sur toutes les mers du globe.

Cette puissance française est alors renforcée par la faiblesse de ses voisins, consécutive aux événements du dernier demi-siècle : l'Europe de 1661 n'est plus celle de 1600, le fait majeur étant que la Maison d'Autriche ne représente plus de réel danger pour la paix européenne. En effet, non seulement sa division en deux branches – Madrid et Vienne –, consécutive à l'abdication de Charles Quint en 1555, est plus assurée que jamais, mais surtout l'une et l'autre de ces deux branches sont considérablement affaiblies. Jusqu'aux années 1640 environ, la puissance de l'Espagne, déjà minée à bien des égards, notamment par la révolte des Pays-Bas du Nord, est restée pourtant considérable. Entre 1621 et 1643, Olivarès, le tout-puissant ministre du roi Philippe IV (1621-1665), s'est efforcé de rendre au royaume la splendeur qu'il avait connue au siècle précédent et a rêvé de l'unité de l'Europe sous l'égide du Roi Catholique. Mais la réalité se révèle tout autre. La politique de réduction des privilèges des royaumes périphériques (Aragon, Catalogne, Valence, Portugal) et les exigences financières liées à la guerre contre la France à partir de 1635 entraînent, en 1640, la révolte des Portugais et des Catalans. Les uns et les autres font appel à la France, cependant que, face aux troupes françaises, les troupes espagnoles doivent abandonner le Roussillon en 1642 et sont battues à Rocroi en 1643. En 1648, l'Espagne doit reconnaître l'indépendance des Pays-Bas du Nord sous le nom de Provinces-Unies, mais décide de poursuivre la guerre contre la France. Finalement, elle est contrainte d'accepter en 1659 la paix des Pyrénées et la perte du Roussillon et de l'Artois. Le mariage de Louis XIV avec la fille de Philippe IV, l'année suivante, est à la fois la preuve éclatante de la réconciliation des deux couronnes et un gage que prend à tout hasard le roi de France sur l'héritage espagnol. Dans la péninsule, si la révolte catalane est enfin matée en 1652, c'est au prix de la confirmation de la plupart des privilèges (*fueros*) de la Catalogne. En revanche, les Portugais résistent victorieusement à toutes les tentatives de reconquête, d'autant mieux qu'ils sont aidés par la France, attentive à tout ce qui peut affaiblir Madrid.

Parallèlement, la monarchie espagnole connaît depuis le début du siècle une crise démographique et économique qui n'a fait que s'aggraver. De 9 millions vers 1600, la population semble être tombée à moins de 8 vers 1660. L'émigration vers l'Amérique espagnole, l'expulsion des morisques en 1609-1611, les conséquences de plusieurs épidémies de peste peuvent expliquer ce repli. La crise économique a sa cause profonde dans l'effet stérilisant à long terme de l'afflux des métaux précieux américains. Grâce à eux et en dépit d'une législation protectionniste, il est vrai inobservée, les Espagnols se procurent à l'étranger ce qu'ils ne veulent ou ne peuvent plus produire eux-mêmes. Cultures céréalières et productions manufacturières déclinent. Le résultat est que les importations en provenance des pays voisins sont très supérieures aux exportations. Dans les grands ports, le rôle des marchands hollandais, et secondairement anglais et français, devient prépondérant. Tout en continuant à jouer un rôle moteur dans l'économie européenne, les trésors de l'Amérique espagnole enrichissent désormais surtout l'étranger et ne profitent plus guère à une métropole appauvrie. Quant aux possessions espagnoles en Europe, elles sont victimes, directement ou non, de la politique menée par Madrid. Les Pays-Bas du Sud sont jusqu'en 1659 le principal champ de bataille de la guerre franco-espagnole. En Italie, le Milanais, Naples et la Sicile sont pressurés d'impôts. Au total, Louis XIV n'exagère pas lorsqu'il écrit qu'en 1661 « l'Espagne ne pouvait se remettre si promptement de ses grandes pertes ; elle était non seulement sans finances, mais sans crédit, incapable d'aucun grand effort en matière d'argent ni d'hommes, occupée par la guerre de Portugal qu'il m'était aisé de lui rendre plus difficile ».

La position du Habsbourg de Vienne en 1661, par rapport à ce qu'elle était vers 1620, offre un contraste non moins saisissant. Devenu empereur en 1619, vainqueur, l'année suivante, à la Montagne Blanche, de ses sujets tchèques révoltés, Ferdinand II (1619-1637) a voulu transformer en un seul et vaste État centralisé, allemand et catholique ses possessions héréditaires (Autriche, duchés alpins), ses royaumes électifs (Bohême, Hongrie) et l'Empire germanique. S'il a réussi à faire de la Bohême un royaume héréditaire et catholique, il a échoué par contre en Allemagne où ses prétentions se sont heurtées à la majorité des princes allemands, bientôt soutenus par la France. A l'issue de la guerre de Trente Ans, qui dévaste une grande partie de l'Europe centrale, Ferdinand III (1637-1657) a dû accepter, en 1648, les traités de Westphalie qui, à l'instigation de la France, ont maintenu la division religieuse de l'Empire et réduit, autant qu'il était possible, les pouvoirs de l'empereur en renforçant ceux des princes. Ceux-ci sont désormais, à l'intérieur de leurs États, pratiquement indépendants, et les prérogatives de l'empereur, élu par les huit électeurs, sont purement honorifiques, cependant que la Diète est réduite à l'impuissance.

Parmi les quelque 350 États allemands – princes ecclésiastiques et laïcs, villes –, les trois plus importants, en dehors de l'Autriche et de la Bohême, sont la Saxe, la Bavière et surtout le Brandebourg. L'électeur de Brandebourg Frédéric-

Guillaume (1640-1688), grand allié de la France, a réussi, à la faveur du conflit, à tripler l'étendue de ses domaines qui s'étendent en Allemagne du Nord, de façon discontinue, du duché de Prusse au duché rhénan de Clèves. Comme le disent les instructions officielles adressées par Louis XIV en 1661 à l'ambassadeur de France : « M. l'électeur de Brandebourg [...] est certainement et sans contredit le plus puissant et le plus grand terrien de tous ses collègues électeurs, en sorte que si tous les États qu'il possède étaient joints comme ils se trouvent dispersés, il y en aurait de quoi composer un royaume plus grand et plus considérable que n'est celui de Danemark, puisqu'il peut venir de Pologne en Flandre sans loger qu'une nuit ou deux hors des terres de son obéissance. » Par ailleurs, en 1658, à l'instigation de l'archevêque électeur de Mayence, plusieurs princes d'Allemagne rhénane forment avec la France une Ligue du Rhin qui conclut une alliance défensive de trois ans – renouvelée en janvier 1661 – pour le maintien des traités de Westphalie.

Ceux-ci marquent un tournant capital dans l'histoire des Habsbourg de Vienne. Contraints d'abandonner définitivement le vieil idéal médiéval d'Empire et de Chrétienté, rejetés d'Allemagne où leur titre d'empereur n'a plus guère qu'une valeur symbolique, ils se retournent vers leurs États autrichiens et leur royaumes de Bohême et de Hongrie et vont s'attacher à en faire un vaste État danubien. Ce faisant, ils retrouvent leur vieil adversaire traditionnel depuis deux siècles, l'empire ottoman, qui occupe toujours la majeure partie du royaume de Hongrie et continue à constituer pour Vienne une menace directe qu'il conviendra d'éliminer avant de songer à s'agrandir à ses dépens. Si l'on ajoute que, depuis 1657, l'empereur est Léopold Ier (1657-1705), jeune, timide et médiocre, on conçoit que Louis XIV puisse se contenter de noter dédaigneusement : « Je ne voyais rien à craindre de l'empereur, choisi seulement parce qu'il était de la Maison d'Autriche, lié en mille sortes par une capitulation avec les États de l'Empire, peu porté de lui-même à rien entreprendre. »

La puissance des Provinces-Unies est d'une tout autre nature, que le roi ne semble pas bien mesurer : « Toute la politique des Hollandais et de ceux qui les gouvernaient n'avait alors pour but que deux choses : entretenir leur commerce, abaisser la maison d'Orange ; la moindre guerre leur nuisait à l'un et à l'autre, et leur principal support était mon amitié. » Il est vrai que l'alliance française a constitué pour les Hollandais, à partir de 1635, une aide précieuse dans la phase finale de leur lutte contre l'Espagne pour obtenir de celle-ci la reconnaissance de leur indépendance. Il est vrai aussi que le Grand Pensionnaire Jean de Witt et la bourgeoisie hollandaise « républicaine » qui le soutient cherchent à éviter une guerre qui favoriserait la restauration du stathoudérat et le retour au pouvoir des partisans du prince d'Orange, momentanément écarté du fait de son âge (il a onze ans en 1661). Mais il est vrai aussi que Louis XIV ne conçoit de grand État qu'incarné dans un souverain héréditaire régnant sur un pays vaste et peuplé et imposant le respect à ses voisins par la force de ses armes. Que le « commerce » puisse faire de la petite république (une république... !) des Provinces-Unies la seule puissance capable de porter ombrage aux véritables intérêts de la monarchie française lui est inconcevable. Et pourtant il est évident qu'avec son million et demi d'habitants sur un territoire exigu et partiellement inculte la Hollande et les six provinces qui lui sont unies sont, au milieu du XVIIe siècle, la première puissance économique du monde, pour ne rien dire ici du rayonnement de leur civilisation. C'est par leur travail et leur ingéniosité que les Néerlandais ont su tirer parti d'un sol ingrat et d'un rivage inhospitalier. En dehors de l'activité industrielle, la richesse des Hollandais vient du grand commerce maritime sur toutes les mers du globe. A l'occasion de la lutte contre les Espagnols, ils se sont constitué un vaste empire colonial dans l'océan Indien, dont la Compagnie des Indes orientales, créée en 1602, a le monopole de l'exploitation, cependant que la Compagnie des Indes occidentales opère depuis 1621 dans le Nouveau Monde au détriment des Espagnols et des Portugais. Les marchandises affluant dans leurs ports sont ensuite redistribuées partout. Au milieu du siècle, la plus grande part du commerce de l'Angleterre, de la France, de l'Espagne, des États allemands et italiens est aux mains des Provinces-Unies dont les marins sont vraiment les « rouliers des mers » et les ports, les « magasins généraux » de tout le continent : la flotte marchande néerlandaise représente les trois quarts de toute la flotte européenne, cependant qu'Amsterdam, avec sa bourse et sa banque, est le plus grand port et la plus grande place financière de l'Europe.

« L'Angleterre respirait à peine de ses maux passés et ne tâchait qu'à affermir le gouvernement sous un roi nouvellement rétabli, porté d'ailleurs d'inclination pour la France. » Sobre, la phrase du roi répond assez bien aux réalités. Les « maux passés » désignent la première révolution anglaise du siècle, avec la guerre civile et la défaite de Charles Ier décapité en 1649, la proclamation de la république et la dictature de Cromwell, de 1649 à sa mort en 1658, enfin en 1660 la restauration de Charles II, fils de Charles Ier et cousin de Louis XIV par sa mère Henriette de France, sœur de Louis XIII. Ces événements dramatiques ont entraîné l'absence de l'Angleterre de la scène internationale entre 1630 et 1650. Mais, devenu le maître, Cromwell a pratiqué une politique extérieure de défense des intérêts économiques de l'Angleterre, au premier chef contre les Provinces-Unies. A l'issue d'une courte guerre navale (1652-1654), les Hollandais ont dû accepter l'Acte de navigation voté par le Parlement anglais en 1651. Ce texte, qui ne faisait d'ailleurs que généraliser une politique traditionnelle, réservait le commerce d'importation aux seuls navires anglais, à l'exception des navires étrangers introduisant en Angleterre des marchandises en provenance de leur propre pays. En 1655, après de longs marchandages, Cromwell a signé avec la France de Mazarin un traité d'amitié, contre la cession de Dunkerque, à conquérir sur les Espagnols, et divers avantages commerciaux.

Enfin, en Europe septentrionale et orientale, la Suède, alliée de la France durant la guerre de Trente Ans, a pris pied en Europe continentale et largement répondu ainsi au vœu de Gustave-Adolphe de « faire de la Baltique un lac suédois », non sans se heurter aux puissances de la région, Danemark, Brandebourg, Pologne. Celle-ci est à peine sortie de la longue crise du « déluge » au cours de laquelle elle a été victime, depuis 1648, d'une série d'invasions de la part de ses voisins, cosaques d'Ukraine, tsar de Russie, roi de Suède, électeur de Brandebourg, et qui l'a laissée profondément affaiblie. D'ailleurs, elle est encore, aux yeux de Louis XIV, trop loin de l'Europe telle qu'il se la représente pour qu'il la mentionne dans son tableau. Il en est de même, *a fortiori*, de la Russie où le tsar Alexis (1645-1676), le second des Romanov, s'est lancé dans une politique d'importantes réformes intérieures.

Au total, Louis XIV a sûrement raison de conclure que la France et l'Europe jouissent en 1661 d'une « parfaite tranquillité, qu'on rencontrerait quelquefois à peine en plusieurs siècles ». Mais il ajoute aussitôt ce propos inquiétant : « Mon âge et le plaisir d'être à la tête de mes armées m'auraient fait souhaiter un peu plus d'affaires au dehors. » La fougue juvénile du futur « roi de guerre » sera-t-elle conciliable avec le désir, sincèrement exprimé dans le même temps, de « faire le bonheur de ses peuples » ? C'est la grande question qui se pose ainsi implicitement dès 1661 et qui courra tout au long du règne.

2

Le roi et l'exercice du pouvoir
1661-1682

Louis XIV, monarque de droit divin.

L'expression de monarchie absolue appliquée à la monarchie française d'Ancien Régime, et plus spécialement au règne de Louis XIV, a souvent prêté à confusion. En fait, sous la plume de ceux – juristes ou autres – qui aux XVIe et XVIIe siècles ont écrit sur la question, la monarchie absolue (le terme d'« absolutisme » ne date, lui, que du XIXe siècle) n'a aucun rapport avec la tyrannie ou le despotisme. Pour Jean Bodin, dans les *Six Livres de la République* qu'il publie en 1576, la république, au sens antique de « chose publique », ne saurait être qu'une monarchie légitime, tempérée par des lois ; pour lui, un tel gouvernement sans arbitraire s'appuie sur la loi naturelle, reflet de la raison divine. Au lendemain de la grande crise des guerres de Religion, les théoriciens politiques s'attachent à mieux définir la monarchie absolue, seul rempart contre l'anarchie. Cardin Le Bret, par exemple, écrit dans son livre *De la souveraineté du roi* (1632) : « Nos rois, ne tenant leur sceptre que de Dieu seul, n'étant obligés de rendre soumission à pas une puissance de la terre et jouissant de tous les droits qu'on attribue à la souveraineté parfaite et absolue, sont pleinement souverains dans leur royaume et c'est pourquoi dans leurs lettres ils prennent le titre : Par la grâce de Dieu, rois de France. »

Quarante ans plus tard, Bossuet dans *La Politique tirée de l'Écriture Sainte*, écrite entre 1670 et 1679 pour l'instruction du dauphin, défend lui aussi l'origine divine du pouvoir du roi de France et en tire toutes les conséquences. S'appuyant exclusivement sur la Bible, sans référence à la loi naturelle, il fonde la monarchie absolue sur le droit divin, principe dont il déduit en même temps la grande limite au pouvoir du roi : « Dieu établit les rois comme ses ministres et règne par eux sur les peuples. Nous avons déjà vu que cette toute-puissance vient de Dieu [...] Les princes agissent donc comme ministres de Dieu, et ses lieutenants sur la terre. C'est par eux qu'Il exerce son empire. C'est pourquoi nous avons vu que le trône royal n'est pas le trône d'un homme, mais le trône de Dieu. » Ainsi, pour Bossuet, la monarchie est d'essence divine, mais cela ne signifie pas que le roi est Dieu ; il n'est qu'un homme, comptable devant Dieu : « O Rois, exercez hardiment votre puissance, car elle est divine et salutaire au genre humain, mais exercez-la avec humilité [...] Au fond, elle vous laisse faibles, elle vous laisse mortels, elle vous laisse pécheurs et vous charge, devant Dieu, d'un plus grand compte. » Déjà, en 1650, le prélat poète Antoine Godeau écrivait, s'adressant au jeune roi dans son *Catéchisme royal :* « Vous êtes l'image visible de Dieu dans toute son étendue [...] Que Votre Majesté se souvienne à tout instant qu'elle est un vice-Dieu. »

De son côté le pasteur Élie Merlat, interprète de tout un courant de la pensée huguenote, écrit en 1685, au moment même de la Révocation, un *Traité du pouvoir absolu des souverains,* dans lequel on lit : « Les souverains, à qui Dieu a permis de parvenir au pouvoir absolu, n'ont aucune loi qui les règle à l'égard de leurs sujets. Leur seule volonté est leur loi, quoique Dieu doive un jour examiner leur compte et les punir de leurs injustices s'ils en commettent. De là résulte l'impunité universelle de leurs actions parmi les hommes et l'engagement des hommes à souffrir sans rébellion tout ce que de tels princes peuvent leur faire souffrir. » Il est vrai qu'au même moment le pasteur Pierre Jurieu se fait l'adversaire irréductible du pouvoir absolu et le théoricien de la souveraineté du peuple dans sa *Lettre pastorale du 15 avril 1689* où on lit : « Le peuple est la source de l'autorité des souverains ; le peuple est le premier sujet où réside la souveraineté ; le peuple rentre en possession de la souveraineté aussitôt que les personnes et les familles à qui il l'avait donnée viennent à manquer. Le peuple enfin est celui qui fait les rois. » Mais de tels propos sont immédiatement stigmatisés à la fois par Bossuet et par Pierre Bayle, protestant français réfugié en Hollande, qui voit dans la souveraineté du peuple « le plus monstrueux et en même temps le plus pernicieux dogme dont on puisse infatuer le monde ».

Du principe de la monarchie absolue de droit divin, presque unanimement accepté au XVIIe siècle, résulte que le roi, incarnation de l'État, jouit en théorie de tous les pouvoirs et doit être obéi par tous sous peine de lèse-majesté et de sacrilège. Il est source de toute autorité administrative : il délègue une partie de cette autorité à des agents, officiers ou commissaires, qui demeurent théoriquement sous son contrôle ; il lève les impôts de par sa seule volonté ; il est seul ordonnateur des dépenses. Il est source de toute législation ; il est la loi vivante selon le vieil adage *Rex, Lex* ; il légifère par ordonnances, édits, déclarations ou arrêts du conseil. Il est source de toute justice : certes, il délègue ses pouvoirs aux divers tribunaux, mais il peut toujours exercer ce droit directement par les évocations en son conseil, les commissions extraordinaires (comme celle qui juge Fouquet en 1664), les lettres de grâce, les lettres de cachet. Ainsi, il détient en sa seule main ces trois pouvoirs – exécutif, législatif, judiciaire – dont la séparation apparaîtra à Montesquieu, un siècle plus tard, comme le rempart contre l'arbitraire.

Toutefois, ce pouvoir souverain comporte des limites que les théoriciens soulignent avec d'autant plus de force qu'elles le distinguent du pouvoir tyrannique ou despotique. Elles résident dans l'obligation pour le roi de respecter la loi divine, la loi naturelle et les lois dites fondamentales. Le respect de la loi divine est, dans une société chrétienne, le plus puissant frein qui empêche le pouvoir absolu de dégénérer en despotisme. En effet, non seulement le Roi Très Chrétien, s'il est fidèle à sa vocation, est profondément conscient qu'il devra, au jour du Jugement, rendre des comptes sur la façon dont il aura exercé son pouvoir, mais à l'inverse le roi indigne, foulant aux pieds la loi divine, peut s'attendre à la colère de Dieu et aussi à celle de ses sujets qui, déliés *ipso facto* de leur devoir d'obéissance, peuvent légitimement se révolter contre lui, encore que la légitimité d'une telle révolte ne soit pas admise par tous. A cette limitation essentielle du pouvoir du roi s'ajoute l'obligation de respecter la loi naturelle, c'est-à-dire l'exercice de la raison (Louis XIV recommande au dauphin de « faire en toute occasion ce qui est le plus conforme à la raison »), et surtout les lois fondamentales, lois non écrites, qui forment ce que l'on appelle alors quelquefois la « constitution » du royaume et qui concernent essentiellement le statut de la Couronne. La collation de celle-ci doit obéir aux règles de l'hérédité légitime, de la primogéniture et de la masculinité (cette dernière règle étant souvent désignée sous le nom de loi « salique »). A cela s'ajoute le principe d'indisponibilité de la couronne, selon lequel le roi qui n'est pas propriétaire de celle-ci, mais seulement usufruitier, ne peut enfreindre les lois fondamentales en choisissant son successeur comme il l'entend ou en restreignant à l'avance les pouvoirs de celui-ci, fût-il mineur ; c'est en vertu de ce principe que le parlement de Paris a annulé en 1643 le testament de Louis XIII et annulera en 1715 celui de Louis XIV. La loi d'indisponibilité a pour corollaire la continuité de la Couronne : le prince désigné à l'avance par la seule application des principes succède immédiatement au roi défunt, ce qu'exprime la formule, traditionnelle depuis les funérailles de Charles VIII en 1498 : « Le roi est mort. Vive le roi. » Les juristes rangent aussi parmi les lois fondamentales l'inaliénabilité du domaine royal et l'obligation pour le roi d'obtenir l'assentiment des états pour toute levée d'impôts « extraordinaires ».

Ces principes qui ont été enseignés à Louis XIV pendant son enfance et son adolescence ont leur écho direct dans certaines pages des *Mémoires pour l'instruction du dauphin*. Profondément imbu de la dignité royale et des droits et devoirs qu'elle implique, Louis XIV se considère véritablement comme le lieutenant de Dieu sur la terre et écrit tout naturellement au dauphin : « Car enfin, mon fils, nous devons considérer le bien de nos sujets bien plus que le nôtre propre. Il semble qu'ils fassent une partie de nous-mêmes, puisque nous sommes la tête d'un corps dont ils sont les membres [...] Exerçant ici-bas une fonction toute divine, nous devons paraître incapables des agitations qui pourraient la ravaler. » Cette conviction inspire toutes ses actions et tous ses gestes, même les plus quotidiens, et sa personne devient

Le roi et l'exercice du pouvoir

l'objet d'un véritable culte qui s'exerce dans le cadre de la cour et qu'il a contribué à créer.

A cet égard, la première fête importante du règne personnel revêt une importance toute particulière. Les 5 et 6 juin 1662, sous le prétexte de fêter la naissance du dauphin l'année précédente et en dépit de la famine qui est alors à son comble dans le royaume, un grand carrousel est organisé à Paris, devant les Tuileries (c'est aujourd'hui la place du Carrousel). C'est le dernier spectacle majeur urbain et populaire organisé par la monarchie. En effet, les spectateurs sont non seulement les courtisans, mais aussi des milliers de Parisiens, de provinciaux, d'étrangers de passage à Paris, entassés sur des gradins. Pendant deux jours, cinq quadrilles, ou brigades, de deux cavaliers chacun, se mesurent en une succession ininterrompue de tournois-ballets et de courses de bagues. La musique, la richesse des costumes exotiques, la jeunesse de la plupart des participants contribuent à la somptuosité du spectacle. A la tête du premier quadrille, celui des Romains, est le roi habillé en César, avec une cuirasse en brocart d'or et d'argent parsemé de rubis et, à la main, un écu portant pour emblème le soleil dissipant les ténèbres et pour devise *Ut vidi vici* (« Dès que j'ai vu, j'ai vaincu »). A la tête des quatre autres quadrilles, figurant les Persans, les Turcs, les Indiens et les « Sauvages d'Amérique », sont les quatre plus grands seigneurs de la cour, Monsieur, frère du roi, le prince de Condé, le duc d'Enghien et le duc de Guise, leurs devises étant autant d'hommages indirects à la gloire du roi, ainsi celle de Monsieur, *Uno sole minor* (« Seul le soleil est plus grand que moi »). Sous des allégories transparentes, le spectacle met en scène la glorification du Roi-Soleil, successeur des empereurs romains, la soumission de tous au jeune roi, à commencer par les grands du royaume, et l'adhésion unanime à un système politique comparable à l'univers copernicien dont le soleil est le centre. Louis XIV, qui a voulu et organisé ce spectacle, y consacre trois pages des *Mémoires* au dauphin, témoignage de l'importance qu'il y attache encore plusieurs années plus tard : « Le carrousel n'avait été projeté d'abord que comme un léger amusement ; mais on s'échauffa peu à peu, et il devint un spectacle assez grand et assez magnifique, soit par le nombre des exercices, soit par la nouveauté des habits ou par la variété des devises. Ce fut là que je commençais à prendre celle que j'ai toujours gardée depuis, et que vous voyez en tant de lieux. Je crus que sans s'arrêter à quelque chose de particulier et de moindre, elle devait représenter en quelque sorte les devoirs d'un prince, et m'exciter éternellement moi-même à les remplir. On choisit pour corps le soleil, qui, dans les règles de cet art, est le plus noble de tous, et qui [...] est assurément la plus vive et la plus belle image d'un grand monarque. »

L'autre fête imposante à la gloire du jeune Roi-Soleil est donnée dans les jardins de Versailles entre le 7 et le 13 mai 1664 ; elle est connue sous le nom des *Plaisirs de l'Ile enchantée*. A cette date, les travaux lancés par le roi pour transformer le pavillon de chasse de son père ne font que commencer et concernent surtout les jardins. L'essentiel du spectacle est constitué par une grande fête galante composée par le premier gentilhomme de la chambre, François de Saint-Aignan, premier duc de Beauvillier, dans le goût des comédies-ballets très à la mode au temps de Louis XIII et de Mazarin et où la musique joue un rôle important. Le thème en est emprunté au *Roland furieux* de l'Arioste et à la *Jérusalem délivrée* du Tasse. Retenus par les sortilèges de la magicienne Alcine, Roger, interprété par Louis XIV, et ses compagnons participent à des jeux et assistent à des comédies, jouées par Molière et sa troupe, avant d'être délivrés par la belle Angélique. Comme deux ans plus tôt, l'écu du roi est l'image du soleil et les armes de ses compagnons sont conçues en contrepoint de cette image, ainsi celles du duc de Coislin, arborant un héliotrope face au soleil, avec pour devise *Splendor ab obsequio* (« L'éclat par l'obéissance »). Le but est donc le même : la glorification du roi, seul maître de ses sujets. Mais, contrairement au carrousel de 1662, les *Plaisirs de l'Ile enchantée* sont réservés aux seuls courtisans, soit quelque six cents invités. Il est vrai que la relation officielle qu'en fait Charles Perrault, illustrée par les gravures d'Israël Sylvestre, conserve la mémoire de ces journées et la diffuse dans tout le royaume. Les fêtes organisées en juillet et août 1674, pour célébrer la reconquête de la Franche-Comté, se déroulent également dans les jardins de Versailles devant la cour. En dehors de la première représentation de l'*Iphigénie* de Racine, elles reprennent, pendant plusieurs semaines, des spectacles déjà présentés les années précédentes. C'est la dernière manifestation importante se déroulant dans les jardins de Versailles. La plupart des grandes festivités ultérieures auront pour cadre le château lui-même et seront des fêtes plus intimes dites d'« appartement ».

En dehors de ces circonstances exceptionnelles, la vie quotidienne du roi se déroule selon un cérémonial propre à faire éclater aux yeux de tous ce qui distingue le souverain du commun des mortels. La cour est le théâtre de ce cérémonial. Non que Louis XIV innove en ce domaine : il n'a pas inventé les gestes qui accompagnent les différentes étapes de ses journées, mais, s'inspirant en partie de la tradition espagnole, il les sacralise encore davantage et y implique beaucoup plus qu'auparavant les plus grands seigneurs, de telle sorte que ceux-ci, loin de reconnaître dans cette participation la preuve de leur récente et totale sujétion, y voient la marque de la mansuétude du souverain à leur égard. De même, celui-ci n'invente pas la cour, certes, mais il donne à celle-ci, du fait du rôle qu'il lui assigne, des proportions inégalées, au terme d'un processus de plus de vingt ans qui va de 1661 à l'installation définitive à Versailles, dont la décision est annoncée en 1677, mais qui ne prendra effet qu'en 1682, dernière étape de la mise en place de cette société de cour appelée à se maintenir, égale à elle-même ou presque, pendant plus d'un siècle.

Avant 1682, la cour reste itinérante. Elle est rarement à Paris, sauf entre 1662 et 1666, non parce que le roi se méfierait de sa capitale (idée reçue, mais sans réel fondement), mais plus simplement parce qu'il ne peut y assouvir son goût pour la chasse et que le Louvre devient un chantier après 1666. Elle est le plus souvent à Saint-Germain, résidence préférée du roi, de temps à autre à Versailles, souvent à Fontainebleau (pour la chasse), parfois à Chambord. Au sein de la cour, la famille royale occupe le premier rang après le roi. La reine mère Anne d'Autriche, à l'égard de laquelle le roi garde jusqu'au bout affection et reconnaissance, meurt au Louvre en 1666. La reine Marie-Thérèse est une personne très pieuse, mais bornée et dénuée d'esprit. Elle supporte difficilement les infidélités de son mari, traitant en privé les maîtresses de « poutes » (avec un accent espagnol dont elle ne réussira pas à se départir). Entre 1661 et 1672, elle donne au roi six enfants, dont seul l'aîné, Louis, dépasse la première enfance et atteint l'âge adulte. Né le 1er novembre 1661, le dauphin Louis, dit Monseigneur et, plus tard, le Grand Dauphin, a pour précepteur Bossuet et pour gouverneur une brute, le duc de Montausier ; il gardera de cette éducation à coups de férule une totale aversion pour les choses de l'esprit. En 1680, il épouse Marie-Anne de Bavière dont il a trois fils. Le frère du roi, d'où son titre de Monsieur, est Philippe d'Anjou, né en 1640 et devenu duc d'Orléans à la mort de son oncle Gaston en 1660. Il épouse en 1661 sa cousine, la jeune et belle Henriette d'Angleterre, un moment courtisée par le roi. Après la mort subite de celle-ci en 1670, Monsieur épouse l'année suivante Élisabeth Charlotte, princesse Palatine de Bavière, seconde Madame, mère du duc de Chartres, futur Régent, né en 1674. Après avoir servi avec bonheur pendant la guerre de Hollande (sous la houlette, il est vrai, du maréchal de Luxembourg), Monsieur est écarté de toute fonction par son frère et passe sa vie à la cour, dont il connaît les règles mieux que personne, au milieu d'un petit cercle d'amis qui partagent son penchant pour le « vice italien ». Les princes du sang sont eux aussi écartés du pouvoir par le roi, méfiant (à juste titre) et jaloux : Condé, rentré en grâce en 1660, est appelé à la tête des armées en 1667-1668, puis à nouveau en 1672-1675, mais n'est mêlé en rien aux affaires de l'État. Esprit curieux et ouvert, grand seigneur libertin, il réside le plus souvent dans son château de Chantilly qu'il a transformé en une somptueuse demeure où il reçoit le roi à trois reprises, avant de mourir à Fontainebleau en 1686. Son frère Conti meurt en 1666, laissant deux fils.

Si le roi veille soigneusement à ce que ses maîtresses ne jouent aucun rôle politique direct, cela ne signifie pas pour autant qu'elles ne tiennent pas une place importante dans la vie de la cour. Leur existence même ne peut en effet relever de la vie privée du roi, puisque celle-ci est une notion sans réalité : le Roi Très Chrétien est d'autant plus comptable de tous ses actes devant ses sujets que Dieu est susceptible de tirer vengeance de ses péchés non sur lui seul, mais sur le royaume. Depuis ses amours malheureuses avec Marie Mancini et son mariage avec Marie-Thérèse en 1660, Louis XIV a eu quelques liaisons, puis à partir de juillet 1661 a éprouvé une vive passion pour la jeune Louise de La Vallière (elle a dix-sept ans), demoiselle d'honneur de Madame. Il affiche bientôt sa liaison sans retenue, notamment en 1664 lors des *Plaisirs de l'Ile enchantée*. La reine mère et les milieux dévots s'inquiètent, et Bossuet rappelle ses devoirs au roi du haut de la chaire : « Nous estimerions un malheur public si jamais il nous paraissait quelque ombre dans une vie qui doit être toute lumineuse. Oui, Sire, la piété, la justice, l'innocence de Votre Majesté font la meilleure partie de la félicité publique. » A mesure que la liaison se consolide (deux enfants naissent en 1663 et 1664), Bossuet redoute chez le roi, à l'occasion du devoir pascal accompli en public, les pénitences douteuses et les communions sacrilèges. Bien plus, à l'été de 1667, en même temps qu'il décide de faire Louise duchesse de La Vallière et de reconnaître leurs enfants, il succombe aux charmes d'une fille d'honneur de la reine, Athénaïs de Rochechouart-Mortemart, marquise de Montespan depuis son mariage en 1663.

Cette nouvelle liaison, qui ne met pas fin à la première, s'étale bientôt au grand jour, la faute se trouvant aggravée du fait qu'il s'agit cette fois d'un double adultère. En avril 1674, Louise de La Vallière, poursuivie par le remords et harcelée par sa rivale, décide d'entrer au carmel de la rue Saint-Jacques, avec l'assentiment du roi, mais la Montespan est plus favorite que jamais. Huit enfants naissent de cette union et les quatre survivants sont « légitimés » par le roi. Pourtant, depuis 1675, leur gouvernante, Françoise d'Aubigné, huguenote convertie, veuve du poète Scarron et faite duchesse de Maintenon par le roi, est devenue la fidèle confidente de celui-ci et peut-être déjà sa maîtresse. Cette situation se prolonge jusqu'à l'affaire des Poisons qui éclate en mars 1679 avec l'arrestation à Paris d'une dame Monvoisin, dite la Voisin. Louis XIV, horrifié, apprend bientôt que la Montespan est compromise dans cette série de crimes, empoisonnements, envoûtements et messes noires, et il décide à la fois d'étouffer une partie de l'affaire et de rompre avec sa maîtresse. C'est chose faite en août 1680, non sans que le roi ait affiché pendant quelques mois une autre liaison, avec la belle Marie-Angélique de Fontanges. Dès lors, l'influence de Mme de Maintenon ne fait que croître.

Autour de ces premiers rôles – famille légitime, princes du sang, maîtresses – gravite la masse des courtisans, des plus grands seigneurs aux nobles plus modestes, se partageant les multiples charges et services que génère la vie de cour et qui sont autant de sources d'honneurs et de profits. Ils sont au total, vers 1670, peut-être trois ou quatre milliers de personnes, auxquelles il faut ajouter valets et domestiques de toutes sortes. Telle est la cour au centre de laquelle le roi règne et gouverne le royaume.

Conseils et personnel gouvernemental.

Le conseil du roi, issu de l'ancienne *curia regis* (dont se sont détachés au cours des siècles le Parlement, la chambre des comptes et le grand conseil), est l'organe au sein duquel le roi s'informe avant de prendre ses décisions et communique celles-ci une fois qu'elles sont prises. En dépit de sa division en sections spécialisées, il tire de la personne même du roi son unité indivisible. Sans se sentir lié par l'évolution du conseil depuis Henri III, Louis XIV prend en 1661 un certain nombre de décisions, complétées par les règlements de 1670 et 1673, qui donnent à l'institution la forme qu'elle conservera en gros pendant tout le règne et jusqu'à la fin de l'Ancien Régime. Le conseil comporte quatre grandes sections, les trois premières – le conseil d'en-haut, le conseil des dépêches et le conseil royal des finances – sont présidées par le roi, la quatrième – le conseil d'État privé –, par le chancelier.

Le conseil d'en-haut (dit aussi étroit, ou des affaires) est le vrai conseil de gouvernement. Ouvert jusque-là à la reine mère, aux princes du sang, au chancelier et à de nombreux ministres d'État nommés par lettres patentes, il ne l'est plus, à partir de 1661, qu'aux seules personnes désignées verbalement par le roi et non plus par lettres patentes. Volontairement, Louis XIV ne confère la dignité de ministre d'État qui implique l'entrée au conseil qu'à un très petit nombre de collaborateurs : 17 au total de 1661 à 1715, et jamais plus de

Le roi et l'exercice du pouvoir

trois à cinq en même temps. C'est au conseil d'en-haut que sont examinées et débattues toutes les grandes affaires intérieures et extérieures. Il se tient ponctuellement les dimanche, mercredi et jeudi de chaque semaine, et davantage si les circonstances l'exigent. A partir de septembre 1661, les ministres d'État sont Michel Le Tellier, Hugues de Lionne et Jean-Baptiste Colbert, celui-ci étant en outre rapporteur devant le conseil. A la mort de Lionne, en 1671, Louvois, puis Arnauld de Pomponne deviennent à leur tour ministres d'État. Ce dernier, disgracié en 1679, est alors remplacé par Colbert de Croissy. Ainsi, jusqu'à la mort de Jean-Baptiste Colbert en 1683, le conseil connaît une grande stabilité.

Le conseil des dépêches regroupe, sous la présidence du roi, Monsieur, le chancelier, les ministres d'État, le contrôleur général des finances, le chef du conseil royal des finances et les quatre secrétaires d'État. On y entend les dépêches reçues des provinces et rapportées par les secrétaires d'État et on y prépare les réponses. Il se tient d'abord, à partir de 1661, deux fois par semaine, puis tous les quinze jours seulement, dans la mesure où les questions les plus importantes sont évoquées au conseil d'en-haut. Le conseil royal des finances, créé le 15 septembre 1661 en même temps qu'était supprimée la surintendance, est également présidé par le roi. Y siègent, outre un chef du conseil, charge purement honorifique détenue de 1661 à 1685 par le duc de Villeroy, le chancelier, trois conseillers ordinaires, les intendants des finances et, après 1665, le contrôleur général des finances. Au sein du conseil, qui se réunit deux fois par semaine, le roi, sur rapport du contrôleur général, prend toutes les grandes décisions en matière budgétaire et fiscale.

Quant au conseil d'État privé, dit aussi conseil d'État du roi, finances et direction, c'est moins un conseil de gouvernement comme les précédents qu'une véritable assemblée présidée par le chancelier, à gauche du fauteuil vide du roi, et composée, à côté des ministres d'État et des quatre secrétaires d'État, rarement présents, de magistrats professionnels : 30 conseillers d'État et une centaine de maîtres des requêtes, ne siégeant pas tous en même temps. Ce conseil a une triple compétence : sur le plan administratif, il s'intéresse entre autres à certaines questions financières et siège alors en tant que « conseil ordinaire des finances » ; sur le plan législatif, il rend les arrêts du conseil et prépare édits et ordonnances ; sur le plan judiciaire, il constitue la juridiction suprême en matière civile et administrative. Pour être tout à fait complet, il faut évoquer deux autres conseils présidés par le roi : le conseil du commerce et le conseil de conscience. Le premier est créé en 1664 en marge du conseil royal des finances ; mais il n'a qu'une activité épisodique et disparaît vers 1676 (il sera ressuscité en 1700). Le conseil de conscience, créé sous Richelieu pour conseiller le roi dans la nomination aux évêchés et aux abbayes, fonctionne toujours régulièrement sous Louis XIV, mais ne réunit autour du roi que son confesseur et deux ou trois évêques.

En marge des conseils, les plus importants collaborateurs du souverain sont le chancelier, le contrôleur général des finances et les quatre secrétaires d'État. Le chancelier, second personnage du royaume en dignité, est le chef de la magistrature et a la garde des sceaux. Il est inamovible, mais le roi peut toujours, en lui retirant les sceaux, le priver de toutes fonctions. En fait, les chanceliers Pierre Séguier (mort en 1672) et Étienne d'Aligre (1674-1677) ne jouent qu'un rôle très secondaire dans le gouvernement. Quant à Michel Le Tellier, ministre d'État, le fait de succéder à d'Aligre est davantage la récompense d'une belle carrière qu'un réel accroissement de pouvoir (1677-1685). En effet, inspirées par Colbert, les mesures prises par Louis XIV en 1661 ont considérablement amoindri le pouvoir du chancelier, sans entamer le prestige attaché à la charge : il n'est plus, de par sa seule fonction, membre du conseil d'en-haut, n'a plus aucune participation à l'administration des finances et se trouvera bientôt privé de la nomination des intendants des provinces et écarté de la rédaction des grandes ordonnances, et cela au profit du contrôleur général.

Si la charge de contrôleur général des finances, exercée par un intendant des finances (voire deux) pour contrôler les finances publiques, existe avant 1665, ce n'est qu'à partir de cette date qu'elle prend toute son importance avec son attribution à Jean-Baptiste Colbert. En effet, celui-ci est déjà, depuis 1661, intendant des finances, ministre d'État, membre du conseil royal des finances, chargé, sans le titre, du département de la marine depuis 1662, surintendant des bâtiments du roi depuis 1663. En outre, il s'est peu à peu emparé, avec l'assentiment du roi, de la plupart des attributions du chancelier et ajoutera bientôt à ses diverses fonctions, en 1669, la charge de secrétaire d'État à la Maison du roi et à la marine, devenue effective par la mort de son titulaire Guénégaud, et en 1670 celles de contrôleur des postes et de grand maître et surintendant des mines et minières. On comprend, dans ces conditions, que la nomination de 1665 ne fait que reconnaître un état de fait : ce n'est plus le chancelier qui est le numéro un du personnel gouvernemental, mais le contrôleur général qui non seulement est à la tête de toute l'administration des finances, mais dirige aussi toute l'activité économique du royaume.

Les quatre secrétaires d'État possèdent les attributions qu'implique leur titre et conservent de plus un certain droit de regard sur l'administration de Paris et des provinces, selon un « département », ou distribution, d'ailleurs variable selon les époques. Le secrétaire d'État de la guerre est depuis 1643 Michel Le Tellier ; en 1662, il s'associe son fils François-Michel, marquis de Louvois, pour qui il a obtenu la survivance de la charge en 1655 et qui lui succède en 1677 lorsqu'il devient lui-même chancelier ; Louvois reste en poste jusqu'à sa mort en 1691. Outre l'administration du Dauphiné, du Poitou et des « pays conquis », c'est-à-dire des provinces récemment annexées, le secrétaire d'État est chargé non seulement de l'ordinaire des guerres, c'est-à-dire la Maison militaire du roi, mais aussi de l'extraordinaire, c'est-à-dire les corps d'infanterie et de cavalerie qui n'étaient levés à l'origine que temporairement ; il délivre les brevets aux officiers et règle le recrutement et le licenciement des troupes en fonction des besoins, ainsi que leurs déplacements et leurs logements. Le secrétaire d'État de la marine et de la Maison du roi est Jean-Baptiste Colbert, de 1669 à sa mort en 1683 ; son fils, marquis de Seignelay, lui est associé, avec la survivance, à partir de 1672. Relève de sa compétence tout ce qui concerne l'administration de la marine royale et celle de la Maison du roi, dont dépendent traditionnellement Paris et l'Ile-de-France. Le secrétaire d'État des « étrangers », ou des affaires étrangères, est, depuis la mort de Lionne en

1671, Simon Arnauld de Pomponne. Il est disgracié en 1679, moins pour ses sympathies jansénistes (il est le neveu d'Antoine Arnauld et de la mère Angélique) que pour une timidité jugée excessive par le roi : « Tout ce qui passait par lui, dira alors celui-ci, perdait de la grandeur et de la force qu'on doit avoir en exécutant les ordres d'un roi de France qui n'est pas malheureux. » Il sera remplacé par Charles Colbert, marquis de Croissy, frère de Jean-Baptiste. Le secrétaire d'État a compétence sur tout ce qui concerne les affaires étrangères et, théoriquement, sur l'administration de la Champagne, de la Provence et de la Bretagne. Le quatrième secrétaire d'État, chargé des affaires de la R. P. R. (religion prétendue réformée), est, depuis 1629 et jusqu'à sa mort en 1681, Louis Phélypeaux, marquis de La Vrillière, qui en 1669 s'associe son fils, survivancier, Balthazar Phélypeaux, marquis de Châteauneuf. Il a en charge, outre ce qui regarde les protestants, l'administration du Languedoc, de la Bourgogne et de tout le centre du royaume ; mais l'activité dévorante de Colbert à la tête du contrôle général réduit à peu de choses cette dernière attribution, de même que celles, comparables, des trois autres secrétaires d'État.

Le simple énoncé des titulaires de ces différents postes gouvernementaux fait apparaître deux traits essentiels du système, tel que l'a voulu Louis XIV : le cumul des fonctions et la concentration entre quelques familles, de surcroît liées entre elles, les Colbert, les Le Tellier-Louvois et, accessoirement (mais leur rôle allait croître dans la seconde partie du règne), les Phélypeaux. C'est de la part de Louis XIV un calcul dont il ne fait pas mystère : il a décidé de ne s'entourer que d'un petit nombre de collaborateurs (il n'aime pas les nouveaux visages), choisis de telle sorte « qu'ils ne conçussent pas eux-mêmes de plus hautes espérances que celles que je leur voudrais donner, ce qui est difficile aux gens d'une grande naissance ». Le cumul, avec le cas limite de Jean-Baptiste Colbert, ressort suffisamment de ce qui précède pour qu'il ne soit pas nécessaire d'y revenir. L'existence de puissants clans « ministériels » mérite en revanche qu'on s'y arrête. Ce n'est pas là phénomène nouveau ni propre au milieu curial et gouvernemental. Il découle de l'importance des liens de famille et de clientèle qui, dans la société française du XVIIe siècle, comme des siècles précédents, constituent le ressort majeur de la plupart des réussites individuelles. A la cour notamment, nouer de belles alliances et disposer de relations étendues – les deux choses étant liées – est le secret du succès, outre le fait d'être « connu du roi ». Le double exemple des Colbert et des Le Tellier-Louvois est à cet égard éloquent.

Jean-Baptiste Colbert a commencé sa carrière, on l'a dit, grâce à un cousin, Jean-Baptiste Colbert de Saint-Pouange, mari d'une sœur de Michel Le Tellier, secrétaire d'État à la guerre. De son mariage avec Marie Charron, dont le frère, Jacques Charron de Ménars, sera intendant d'Orléans, puis de Paris, il a de nombreux enfants, dont cinq fils et trois filles atteindront l'âge adulte : Jean-Baptiste, marquis de Seignelay, sera secrétaire d'État à la marine ; Jacques-Nicolas sera archevêque de Rouen ; les trois autres fils trouveront la mort au combat comme officiers dans les armées du roi. Quant aux trois filles, elles épouseront trois ducs et pairs, Chevreuse, Beauvillier et Mortemart. Parallèlement, la sœur de Jean-Baptiste, Marie, qui a épousé en 1646 Jean Desmarets, trésorier de France et conseiller d'État, a pour fils Nicolas Desmarets qui sera contrôleur général des finances en 1708. Quant aux frères de Jean-Baptiste, Nicolas sera évêque d'Auxerre, Charles, marquis de Croissy, sera ministre d'État et secrétaire d'État aux étrangers, charge dans laquelle lui succédera son fils, marquis de Torcy, et le dernier, Édouard-François, comte de Maulévrier, sera lieutenant général. Les cousins de Jean-Baptiste sont associés à son ascension : Charles Colbert de Terron sera intendant général des armées navales et son conseiller en matière maritime ; Jean-Baptiste Colbert de Saint-Pouange, qui lui a mis le pied à l'étrier en 1640 et finit sa carrière en 1663 comme premier commis de son beau-frère Michel Le Tellier, a entre autres fils Jean-Baptiste, qui sera archevêque de Toulouse, et Édouard, marquis de Villacerf, qui sera surintendant des bâtiments du roi à la mort de Louvois en 1691. Encore faudrait-il, sans vouloir pour autant être complet, tenir compte des alliances contractées par ces différents personnages.

La famille Le Tellier offre un panorama quelque peu comparable. Michel Le Tellier était fils d'un conseiller à la cour des aides et de Claude Chauvelin, fille d'un maître des requêtes. Orphelin à quatorze ans, il a pour tuteur Louis Le Peletier, père de Claude Le Peletier, futur contrôleur général des finances. Il épouse en 1629 Élisabeth Turpin, nièce du futur chancelier Étienne d'Aligre, et devient en 1643 secrétaire d'État à la guerre. De ses sept enfants, quatre meurent jeunes ; les trois autres sont François-Michel, marquis de Louvois, Charles-Maurice, qui sera archevêque de Reims, et une fille, Madeleine, qui épouse en 1660 le marquis de Villequier, futur duc d'Aumont. Ce mariage, de même que celui du jeune Louvois en 1662 avec la fille du marquis de Souvré, premier gentilhomme de la chambre, est aux yeux de tous le témoignage éclatant de la réussite de Michel Le Tellier. Il en sera de même, quelque quinze ans plus tard, pour Colbert, lors des mariages de ses trois filles.

A côté de ces brillantes unions avec la vieille noblesse, les diverses alliances des deux familles tissent, sur plusieurs générations, un réseau étroitement imbriqué entre les grandes familles de robe et de gouvernement, les Chauvelin, les Phélypeaux, les Le Peletier, les Bignon, les Lamoignon, les Ormesson, les Talon, les Fleuriau, les Rouillé, etc. On reviendra sur les Phélypeaux à propos de la dernière partie du règne et du rôle joué alors par les deux Phélypeaux de Pontchartrain, Louis et Jérôme. Disons seulement ici que les Le Tellier étaient apparentés aux Phélypeaux depuis la fin du XVIe siècle. L'existence de liens de parenté entre les clans Colbert et Le Tellier – on en a signalé plusieurs exemples – interdit de durcir les choses en présentant ces deux clans comme des citadelles refermées sur elles-mêmes. Certes, le jeu d'un Jean-Baptiste Colbert d'un côté, d'un Michel Le Tellier imité par Louvois de l'autre, consiste à placer un peu partout, des postes les plus importants aux plus modestes, parents et cousins éloignés dont on fait autant de clients, en même temps que l'on renforce son propre pouvoir : la liste des commis des bureaux ministériels, comme celle des intendants des armées ou celle des intendants des provinces, est à cet égard éloquente. Toutefois, quelles que soient les divergences qui opposent Colbert et Louvois face à certaines grandes options, il serait fort exagéré de ramener l'histoire de la première partie du règne personnel à une lutte inexpiable entre deux clans farouchement opposés l'un à l'autre. Ce serait oublier qu'en toute hypothèse tout dépend du roi : le maintien de sa faveur (la disgrâce de Pomponne en 1679 l'a rappelé brutalement) et le dernier mot au moment des grandes décisions.

La surveillance des grands corps de l'État.

A propos de la situation intérieure du royaume en 1661, le roi écrit avec une exagération dont le but est de mieux faire éclater son mérite ultérieur : « Le désordre régnait partout. » En fait, depuis 1653, profitant de la lassitude générale, Mazarin a largement entamé le processus de rétablissement de l'ordre, au lendemain des turbulences de la Fronde, et le roi ne fera que poursuivre en ce sens. Le premier aspect en est la surveillance des grands corps de l'État. Le clergé est le premier ordre du royaume et le seul à conserver une instance qui lui soit propre, l'Assemblée du clergé, habilitée à se réunir tous les cinq ans pour voter un don gratuit au roi en échange de son immunité fiscale. Louis XIV, méfiant, la surveille étroitement et, le moment venu, l'utilisera dans sa politique antipapale.

En ce qui concerne le second ordre, la rentrée en grâce de Condé en 1660 marque la fin d'une époque, celle où, derrière un prince du sang ou un grand seigneur, des nobles, souvent de noblesse modeste ou « seconde », n'hésitaient pas à se rebeller contre l'autorité royale. Soucieux d'éviter le retour d'un tel état de choses, Louis XIV observe à l'égard de sa noblesse une attitude tendant à la fois à protéger son identité et à canaliser ses activités dans le sens des intérêts de l'État. Les « recherches de noblesse », telle celle de 1666, sont de vastes enquêtes administratives dont le but est de mettre fin aux usurpations des faux nobles (l'arrière-pensée fiscale étant évidente). Le service dans les armées du roi, activité noble par excellence, trouve à s'exercer très vite avec les premières guerres du règne personnel. Les offices de justice et de finances sont ouverts à la noblesse, qu'elle soit de robe ou d'épée (d'ailleurs, la distinction entre l'une et l'autre disparaît en une ou deux générations à la faveur des alliances matrimoniales). Même le grand commerce maritime et certaines activités manufacturières lui sont permis sans déroger depuis l'édit de 1669. Enfin, le service à la cour, même s'il ne concerne que moins d'un dixième de l'effectif total du second ordre, intéresse en priorité la haute noblesse, celle que le roi a le plus intérêt à surveiller et à « domestiquer », dans la mesure où elle est elle-même le sommet d'une pyramide de clientèles à la cour et en province.

La mise au pas des cours souveraines est poursuivie sans faiblesse. L'expression désigne les juridictions statuant en dernier ressort au nom du roi, grand conseil, parlements, chambres des comptes, cours des aides, cours des monnaies. Elles sont chargées en outre de l'enregistrement des lois, avec le droit de présenter au souverain d'éventuelles remontrances avant cet enregistrement. A l'exception du grand conseil, tribunal devant lequel le roi évoque directement certaines affaires et dont le ressort est le royaume tout entier, les autres cours ont des ressorts géographiques limités, le plus important étant, de beaucoup, celui des cours parisiennes. C'est ainsi que s'il y a un parlement à Toulouse, Grenoble, Bordeaux, Dijon, Aix, Rouen, Rennes, Pau, Metz, c'est celui de Paris qui est de très loin le plus prestigieux (ne dit-on pas le « Parlement » tout court pour le désigner ?), avec son histoire intimement liée à celle de la monarchie capétienne, son siège dans la capitale, son ressort s'étendant à plus des deux tiers du royaume, ses différentes chambres – notamment sa grand-chambre dont le premier président ne cède le pas qu'au roi et au chancelier –, ses quelque deux cents magistrats formant le sommet de la noblesse de robe. Louis XIV, qui n'a pas oublié la Fronde, commence en 1665 par retirer leur titre aux cours « souveraines », ne leur reconnaissant plus que celui de cours « supérieures » (la distinction était d'importance). Puis, en 1673, il impose l'enregistrement des édits sans délibération ni vote et n'autorise de « respectueuses remontrances » qu'après cet enregistrement, ce qui retirait à celles-ci toute efficacité. D'ailleurs, à la moindre velléité de résistance, les parlementaires risquent d'être envoyés en exil, tels ceux de Rennes en 1675. Les autres compagnies d'officiers sont mises dans l'impossibilité de

Le roi et l'exercice du pouvoir

renouveler la révolte de la Fronde : les trésoriers de France et les « élus », officiers royaux contrôlant la perception de la taille en pays d'élections, sont tenus en 1662 de dissoudre les syndicats qu'ils avaient constitués et sont placés sous le contrôle direct des intendants. La diminution du nombre de leurs offices par rachat est même amorcée, mais vite arrêtée, il est vrai, faute de moyens financiers suffisants.

Les états provinciaux subsistent dans quelques provinces rattachées tardivement au royaume, notamment la Bourgogne, le Languedoc, la Bretagne. En Provence, ils ont été remplacés en 1639 par une assemblée des communautés jouant le même rôle. Représentant les trois ordres, les états sont constitués de membres de droit (évêques, seigneurs de fiefs, maires) et de députés élus suivant des procédures très diverses, mais de plus en plus surveillées. Leurs attributions restent importantes, notamment en ce qui concerne la répartition et la levée des impôts et l'administration de la province. Mais leurs sessions, généralement annuelles, sont étroitement contrôlées soit par l'intendant, commissaire du roi, soit par le gouverneur, en Bretagne où il n'y aura d'intendant qu'en 1689. Mme de Sévigné, qui assiste en août 1671 à Vitré à la session des états de Bretagne, écrit à sa fille : « Les états ne doivent pas être longs ; il n'y a qu'à demander ce que veut le roi ; on ne dit pas un mot ; voilà qui est fait. Pour le gouverneur, il y trouve, je ne sais comment, plus de quarante mille écus qui lui reviennent. Une infinité d'autres présents, des pensions, des réparations des chemins et des villes, quinze ou vingt grandes tables, un jeu continuel, des bals éternels, des comédies trois fois la semaine, une grande "braverie" ; voilà les états. » Toutefois, la marquise force quelque peu le trait pour amuser sa fille et s'en tient à la surface des choses : en réalité, les états de Bretagne ne sont pas aussi falots et impuissants qu'elle le dit et gardent une part d'initiative sous la tutelle du gouverneur et, plus tard, de l'intendant.

Quant aux villes, plusieurs d'entre elles, foyers d'agitation pendant la Fronde, sont privées du droit d'élection de leurs magistrats municipaux, désormais nommés par le roi ; dans les autres, les élections sont très surveillées. Enfin, sous prétexte de mettre de l'ordre dans leur comptabilité souvent obérée, l'intendant intervient constamment dans leur administration. A Paris, l'édit du 15 mars 1667 crée un nouveau magistrat, le lieutenant général de police, dont les fonctions sont très étendues : sécurité, subsistances, épidémies, surveillance des mœurs, censure des livres. Le premier titulaire, Nicolas de La Reynie, occupe la charge jusqu'en 1697 et contribue, par ses qualités d'administrateur, à en faire un poste de première importance, au détriment du prévôt des marchands et de l'hôtel de ville, les fréquents conflits de compétence étant le plus souvent arbitrés par le premier président du Parlement en faveur du lieutenant de police. A sa mort, La Reynie s'attirera ce bel éloge de la part de Saint-Simon : « C'était un homme d'une grande vertu et d'une grande capacité qui, dans une place qu'il avait pour ainsi dire créée, devait s'attirer la haine publique et s'acquit pourtant l'estime universelle. »

La réforme de la législation du royaume découle, elle aussi, de l'application de la « maxime de l'ordre ». Regrettant la diversité des pratiques juridiques en usage (droit romain dans le Sud, coutumes variées et généralement mises par écrit au siècle précédent dans le Nord), le roi et Colbert essaient d'établir une certaine unité de législation. A cet effet est créé en septembre 1665 un conseil de justice qui associe des conseillers d'État et des parlementaires et qui rédige cinq grands codes, sur lesquels nous reviendrons. L'ordonnance civile de Saint-Germain-en-Laye ou code Louis (1667), l'ordonnance sur les eaux et forêts (1669), l'ordonnance criminelle (1670), l'ordonnance du commerce ou code Savary (1673), l'ordonnance maritime (1681), l'ordonnance coloniale ou code Noir (1685) s'efforcent, chacune dans leur domaine, de fixer les principes d'une réorganisation méthodique et uniforme. En fait, la distance sera souvent grande de ces textes à leur application, et les imperfections de la justice, notamment, resteront évidentes : multiplicité des juridictions, lenteur et coût des procès, cruauté de la procédure criminelle. Il n'en reste pas moins que l'œuvre de codification réalisée en quelques années est considérable.

Le maintien de la tranquillité publique.

Le maintien de la tranquillité publique est évidemment, aux yeux du roi, une exigence essentielle. En 1665-1666, une commission extraordinaire du parlement de Paris se déplace à Clermont et y tient les « grands jours » d'Auvergne pour châtier un certain nombre de seigneurs brigands qui rançonnaient le pays. Des soulèvements populaires, moins fréquents que dans la première moitié du siècle, ne s'en produisent pas moins encore de temps en temps, provoqués comme toujours par la misère ou la création de quelque impôt nouveau. Ils sont impitoyablement réprimés, ainsi dans le Boulonnais en 1662, en Chalosse et Béarn en 1663-1665 (un gentilhomme, Audijos, est à la tête des révoltés), dans le Vivarais en 1670, en Bretagne en 1675. Ce dernier soulèvement, le plus grave, est provoqué par l'introduction, en Bretagne, de nouveaux droits, notamment un « papier timbré pour les actes authentiques et judiciaires ». Une émeute éclate à Rennes, le 3 avril 1675 : le bureau des tabacs et celui du papier timbré sont mis à sac, avec la complicité tacite des autorités locales, parlementaires en tête. Des troubles semblables se produisent à Nantes, Vannes, Lamballe, Dol, Dinan. Depuis les villes de Haute-Bretagne, la révolte gagne bientôt les campagnes de Basse-Bretagne où elle prend un tour différent et beaucoup plus radical. Les émeutiers, dits « bonnets rouges », s'en prennent, durant l'été, non seulement aux agents du fisc, mais aussi aux gens de justice et aux nobles, dont plusieurs châteaux sont brûlés. Dans un second temps, ils s'organisent et rédigent des codes stipulant l'abolition des droits féodaux, le renforcement du pouvoir des communautés villageoises, la défense des libertés bretonnes. Sous la direction du duc de Chaulnes, gouverneur de la province, la répression par les troupes royales est rapide et efficace. Les meneurs sont pris et exécutés. 20 000 dragons séjournent tout l'hiver suivant en Bretagne, « vivant, ma foi, comme en pays de conquête », note Mme de Sévigné, le 8 décembre. Le parlement de Rennes est exilé à Vannes où il restera jusqu'en 1690. Les états réunis à Dinan se plient à toutes les exigences royales.

Au-delà de la répression immédiate en cas de révolte

ouverte, c'est sur les intendants que le roi et Colbert comptent pour restaurer et renforcer partout l'autorité monarchique. C'est Henri II qui, le premier, a pris l'initiative d'envoyer auprès des gouverneurs et lieutenants généraux des provinces des intendants de justice et des intendants de finances qui, pour une durée limitée, assistaient le représentant du roi pour les affaires judiciaires et financières. A partir de 1598, Henri IV, soucieux de mettre de l'ordre dans ses finances et de veiller à la bonne application de l'édit de Nantes, multiplie ce recours à des commissaires royaux choisis de préférence parmi les conseillers d'État ou surtout les maîtres des requêtes et travaillant désormais sans lien direct avec le gouverneur : intendants de justice dans les ressorts des parlements, intendants des finances dans les généralités, circonscriptions financières pourvues d'un bureau des finances (dans les pays encore dotés d'états, ceux-ci s'occupent des questions financières). Cette pratique n'exclut d'ailleurs pas, ici ou là et à titre temporaire, l'envoi d'un intendant auprès d'un gouverneur. Puis, en 1634, l'institution franchit une étape décisive, à l'instigation du futur chancelier Séguier, alors garde des sceaux, plus que de Richelieu lui-même qui s'intéressait surtout aux intendants d'armées. Les exigences fiscales découlant de la guerre contre les Habsbourg et les soulèvements populaires qu'elles provoquent amènent Séguier à imposer la présence d'un intendant des finances pour contrôler dans chaque généralité le « département » de la taille. L'édit de mai 1635 charge les intendants, désormais qualifiés d'intendants de justice, police et finances, non seulement de prendre en main l'assiette et la répartition des impôts, mais aussi de « connaître toutes injustices et oppressions que les sujets du roi pourraient souffrir des officiers et ministres de la justice par corruption, négligence, ignorance ou autrement, en quelque sorte et manière que ce soit, et de toutes contraventions aux ordonnances ».

Entre 1635 et 1648, l'institution devient peu à peu permanente et étendue à presque toutes les généralités et à quelques pays d'états ; toutefois, une même province peut rester encore plusieurs mois, voire plusieurs années, sans intendant. Cette évolution suscite l'hostilité plus ou moins marquée des cours souveraines locales (parlements, cours des comptes) et des

Le roi et l'exercice du pouvoir

bureaux des finances, dont les officiers, s'estimant spoliés, obtiennent, au début de la Fronde, en juillet et octobre 1648, le rappel de tous les intendants. Mazarin tente de tourner la difficulté. S'appuyant sur les anciennes ordonnances du XVIe siècle autorisant les « chevauchées » en province de maîtres des requêtes chargés par le roi d'effectuer des missions de contrôle et de surveillance, il envoie dans quelques provinces des maîtres des requêtes qui, sous le titre de « commissaires départis pour l'exécution des ordres du roi », reçoivent en fait des pouvoirs de justice, police et finances.

Dès 1661, le roi et Colbert, qui a hérité en ce domaine des attributions du chancelier, s'emploient au rétablissement général des intendants. Le statut de ceux-ci est double : en tant que conseillers d'État ou maîtres des requêtes (120 sur 150 entre 1661 et 1715), ce sont des officiers propriétaires de leur charge ; en tant qu'intendants, ce sont des commissaires, révocables ou mutés au gré de la volonté du roi. Celui-ci hésite quelque peu au début sur la nature exacte de l'institution. Un intendant doit-il rester longtemps dans le même poste et doit-il être remplacé aussitôt après son départ ? Deux généralités ou provinces voisines peuvent-elles être confiées à un même intendant ? Pour mieux assurer face aux officiers locaux le pouvoir effectif des intendants, faut-il autoriser ceux-ci à multiplier les subdélégués permanents, officiers qu'ils nomment et révoquent eux-mêmes et à qui ils délèguent une partie de leurs pouvoirs à la tête d'une partie de la généralité ? Longtemps, les réponses à ces questions sont variables au gré des circonstances. A partir des années 1670, la politique du roi en ce domaine se fait plus précise. Désormais, il y a un intendant par généralité ou province (la seule exception est la Bretagne qui n'en sera pourvue qu'en 1689) ; il reste en poste plusieurs années et est immédiatement remplacé en cas de mutation ou de décès en charge ; ses compétences s'élargissent et il a sous ses ordres un secrétaire, des commis, des gardes. Toutefois, Colbert reste très réservé sur l'utilisation des subdélégués, qui ne se généralise que dans la seconde partie du règne.

Presque tous maîtres des requêtes, les intendants appartiennent à la haute robe. Ils sont souvent alliés entre eux et aux grandes familles ministérielles. Notons seulement ici

Officiers et commissaires

A l'époque de Louis XIV et à la suite d'une longue évolution, l'office est devenu une dignité et un état que son titulaire, l'officier, possède en titre, par achat ou par héritage, la valeur d'un office étant très variable selon l'importance de celui-ci : 500 000 livres, vers 1695, pour un intendant des finances, 118 000 pour un maître des requêtes, 22 000 pour le lieutenant général du présidial de Blois, 400 pour le concierge de la prison de Sarrelouis. En revanche, la commission est, selon la définition de Furetière (1690), « un pouvoir donné pour un temps à quelque personne d'exercer quelque charge ». La différence essentielle entre l'office et la commission est donc que le roi ne peut déposséder un officier de son office (sauf à lui racheter celui-ci), alors qu'il nomme et révoque à son gré le commissaire. Les risques de la vénalité et de l'hérédité des offices résident dans le fait de donner le pas à la richesse sur le mérite et surtout de laisser aux officiers civils (de justice, de finances, de police) une large marge d'indépendance à l'égard du pouvoir royal dont ils sont les serviteurs et qui les paient (les gages représentant la rente du capital que constitue l'office). C'est pourquoi Colbert songe un moment à supprimer un grand nombre d'offices, mais il doit reculer devant l'énormité de la dépense que cela entraînerait. Bien plus, ses successeurs, notamment Pontchartrain et Desmarets, multiplieront les ventes d'offices sans autre justification que d'alimenter le trésor royal. A Louis XIV étonné, Pontchartrain dira : « Toutes les fois que V. M. crée un office, Dieu crée un sot pour l'acheter. » Il est vrai que, pour pallier le risque d'indépendance de certains corps d'officiers, la monarchie recourt aux commissaires. Sous Louis XIV, le type même du commissaire est l'intendant, « commissaire départi dans les provinces pour l'exécution des ordres de Sa Majesté » et doté de pouvoirs considérables en matière de justice, police et finances. Il faut noter que si l'opposition entre office et commission est nette, elle l'est beaucoup moins au niveau des hommes, le roi choisissant le plus souvent ses commissaires parmi les officiers en raison de leur compétence. L'exemple le plus net est celui des intendants qui, à la fin du règne, sont presque tous des maîtres des requêtes, c'est-à-dire des officiers propriétaires de leur charge et membres du conseil d'État qu'ils réintègrent à l'issue de leur commission.

Le roi et l'exercice du pouvoir 55

que, dans la liste des 150 intendants du règne personnel, il y a cinq Colbert, sans compter un Charron de Ménars, beau-frère de Jean-Baptiste, un Desmarets, neveu du même, un Jubert de Bouville, autre neveu par alliance, un Hotman, beau-frère d'un de ses cousins. Beaucoup d'intendants font la plus longue partie de leur carrière dans l'intendance ; pour d'autres, celle-ci n'est qu'une étape dans une carrière personnelle et familiale plus prestigieuse. On peut citer, à titre d'exemple de belle carrière, celle de Claude Bazin de Bezons, avocat général au grand conseil en 1639, intendant à Soissons en 1640, « visiteur général » en Catalogne en 1650, puis intendant en Languedoc pendant vingt ans de 1653 à 1673 (« longévité » exceptionnelle à cette date) ; il finit sa vie conseiller d'État et laisse trois fils dont l'un sera maréchal de France, le deuxième, archevêque de Bordeaux, puis de Rouen, le troisième, maître des requêtes, intendant à Limoges, puis à Bordeaux où il mourra en charge en 1700.

Sur place, l'intendant est doté de pouvoirs considérables. Intendant de justice, il surveille tous les magistrats de son ressort, peut présider tous les tribunaux et instituer des commissions extraordinaires ; intendant de police, il maintient l'ordre, s'occupe des problèmes de subsistances et de ponts et chaussées, surveille les municipalités ; intendant des finances, il veille à la répartition et à la levée de la taille par les « élus » et les trésoriers de France en pays d'élections, et soumet aux états les exigences royales en pays d'états. En outre, depuis le mémoire de Colbert de 1664, il a le pouvoir de vérifier les dettes des communautés, un droit de regard sur toutes les administrations locales, le contrôle de l'activité économique. Il lui revient enfin d'informer le pouvoir central sur les réalités de la province qui lui est confiée. La grande « Instruction pour les maîtres des requêtes, commissaires départis dans les provinces », rédigée par Colbert en septembre 1663 et envoyée à ses destinataires en avril-mai 1664 pour servir de cadre au rapport qui leur est demandé, est à l'origine de la première grande enquête confiée aux trente intendants alors en poste. Certes, en dépit de l'importance qu'il va prendre peu à peu, l'intendant n'est pas, comme l'a écrit Lavisse, « le roi présent en sa province » (le mot s'appliquerait mieux au gouverneur, ou à son lieutenant général, qui conserve la haute main sur l'administration militaire). Il n'en reste pas moins qu'il représente désormais un rouage essentiel dans le processus de renforcement de l'autorité. Encore convient-il de souligner que son action ne se révèle efficace que dans la mesure où il sait s'assurer sur place des relais directement intéressés à la paix et à la prospérité de leur province. C'est vrai des municipalités, surveillées, certes, notamment dans la gestion de leurs finances et au moment des élections de leurs membres, mais qui conservent d'importants pouvoirs d'administration ; c'est vrai des évêques, restant souvent longtemps à la tête d'un même diocèse où ils résident et où ils jouent un rôle considérable, bien au-delà de leurs attributions proprement ecclésiastiques, grâce au réseau des curés de paroisse dont ils sont la tête ; c'est vrai des parlements qui, dépouillés de toute fonction proprement politique, n'en exercent que mieux leurs fonctions judiciaires ; c'est vrai des officiers qui, propriétaires de leur charge, acceptent de collaborer avec l'intendant, commissaire royal. C'est sans doute là que réside le secret de la réussite de Louis XIV et de Colbert en matière d'application de la « maxime de l'ordre » : dans ce pragmatisme qui, tenant compte des institutions existantes, les surveillent et, plutôt que de les attaquer de front, les apprivoisent et finalement les associent à l'œuvre commune.

Mais, au-delà du rôle déterminant des intendants, il y a plus. Bien des indices convergents permettent de déceler une pacification en profondeur de la société française, après une centaine d'années de bruit et de fureur entre 1560 et 1660. Alors que, jusque vers 1670, les inventaires d'intérieurs parisiens, non seulement de nobles, mais de bourgeois et de marchands, font état de très nombreuses armes, épées, pistolets et arquebuses, après cette date, celles-ci, beaucoup moins nombreuses, ne sont plus que des armes d'apparat décorant les murs. L'édit d'août 1679 contre les duels renouvelle des prescriptions antérieures, mais il est, cette fois, plus facilement accepté et les contrevenants, plus rigoureusement punis. Enfin, dans ces mêmes années 1670, on détruit, dans beaucoup de villes, à commencer par Paris, les remparts derrière lesquels les habitants s'étaient abrités jusque-là et on les remplace par des boulevards. Les Français s'habituent peu à peu aux bienfaits de la paix civile.

3

Colbert face aux réalités économiques
1661-1683

Les données de la démographie.

Jean Bodin voyait juste : la puissance d'un souverain et la richesse de son État sont directement liées au nombre de ses habitants qui sont d'abord des imposables et des producteurs. A cet égard, Louis XIV, avec ses quelque 20 millions de sujets en 1661, pèse d'un poids incomparable dans l'Europe du temps. Derrière ce chiffre global – et approximatif – se cachent des réalités démographiques dont il n'est sans doute pas inutile de rappeler ici les grandes lignes. La famille française du XVIIe siècle est le plus souvent une famille conjugale regroupant au même foyer, ou « feu », le père, la mère et les enfants, avec cependant dans certaines régions méridionales d'importantes minorités de familles « complexes », de type plus ou moins patriarcal. L'âge au premier mariage est tardif, 28 ans en moyenne pour les garçons, 25 ans pour les filles. En amputant de plusieurs années, et même d'une dizaine par rapport à un mariage pubertaire, la période de fécondité des femmes, cet âge tardif des filles au premier mariage constitue bien, selon le mot de Pierre Chaunu, « la grande arme contraceptive de l'Europe classique ». Par ailleurs, la pratique de l'allaitement maternel, entraînant une stérilité temporaire, explique que l'espacement entre les naissances est de l'ordre de deux ans. Si l'on ajoute que les couples sont fréquemment brisés par la mort de l'un ou de l'autre des époux, notamment la femme en couches, on comprend que, compte tenu de tous ces éléments, le nombre moyen d'enfants par famille soit de l'ordre de quatre.

Or la mort vient très vite réduire ce chiffre, dès la première année, au cours de laquelle un enfant sur quatre disparaît, et encore dans les années suivantes de l'enfance et de l'adolescence, si bien que guère plus de deux enfants sur quatre arrivent à l'âge adulte et sont susceptibles de remplacer leurs père et mère. Au-delà, la mortalité reste importante puisque l'on peut estimer à trente années environ l'espérance de vie à 20 ans. Cette très forte mortalité s'explique par une alimentation tout juste suffisante et fortement carencée dans les classes populaires et par l'impuissance de l'art de guérir face à la maladie qui est, dans toutes les classes de la société, la grande pourvoyeuse de la mort. Pourtant, en temps ordinaire, le nombre des décès est légèrement inférieur à celui des naissances, ce qui pourrait permettre l'essor de la population. Malheureusement, à intervalles plus ou moins réguliers, de brutales crises démographiques viennent remettre en cause cette timide amorce d'expansion. On a dit plus haut les conséquences dramatiques de la « famine de l'Avènement ». En revanche, l'une des chances de Colbert a été d'inscrire son action dans une période de météorologie favorable et d'épidémies localisées.

L'épidémie de peste qui frappe le nord du royaume entre 1667 et 1669, la dernière avant l'ultime épisode provençal de 1720, aurait pu être dramatique sans l'intervention efficace des autorités, Colbert en tête. Venue d'Amsterdam, la peste a gagné les Pays-Bas et les îles Britanniques en 1664. La France du Nord est d'abord épargnée grâce à la rigoureuse application des mesures de contrôle décidées par les parlements de Paris et de Rouen. Pourtant, en novembre 1667, Lille et Cambrai sont atteints par le fléau, puis, au printemps et à l'été 1668, Amiens, Beauvais, Reims, Rouen, Le Havre, Dieppe et les campagnes avoisinant chacune de ces villes. L'automne et l'hiver 1668 voient un recul général de l'épidémie et sa disparition totale au début de 1670 après quelques nouvelles alertes au printemps et à l'été 1669. Si l'épidémie a pu ainsi être cantonnée au nord de la France et surtout si Paris a pu en être préservé, alors que Londres a été ravagé en 1665, le mérite en revient à Colbert. En effet, celui-ci rapidement informé a pris conscience tout de suite du danger que court la capitale, point de convergence des routes venues du Nord. Aussi ne se contente-t-il pas de faire remettre en vigueur les diverses dispositions préventives, traditionnelles en pareille circonstance, il veille soigneusement à leur stricte application. La tâche n'est pas facile, car, dans une région aussi manufacturière et marchande que la France du Nord, les contrôles, les interdictions de circulation, les quarantaines des marchandises et des hommes sont autant d'entraves à l'activité. Colbert lui-même est plus conscient que quiconque du problème et soucieux de rétablir très vite une situation normale. Mais, malgré les plaintes intéressées qu'il reçoit de toutes parts, il donne l'ordre aux intendants de ne pas relâcher les efforts entrepris pour freiner l'extension du mal. Le fait que la capitale et le reste du royaume aient été épargnés est incontestablement à mettre à l'actif de cette politique menée par le pouvoir central.

Quelques années plus tard, en 1674-1675, une crise de subsistances frappe certaines provinces de l'Est, Alsace et Franche-Comté notamment, mais ses effets sont limités, bien que la situation soit aggravée par l'état de guerre. Au total, aucune crise démographique majeure d'ampleur nationale ne frappe le royaume avant 1693 et le début des « années de misère ». Il en résulte que pendant les quelque trente années qui vont de 1663 à 1693 il semble que la population française – rurale à près de 90 % – ait non seulement réparé les pertes des années tragiques 1661-1662, mais augmenté quelque peu, atteignant vers 1690 le chiffre de quelque 22 millions d'habitants.

Les problèmes financiers.

Ces hommes, ces « feux », nombreux, assurent au roi de France des moyens financiers potentiels bien supérieurs à ceux dont dispose n'importe quel autre souverain européen. Il est vrai qu'au début du XVIIe siècle les juristes évoquent toujours le principe médiéval selon lequel le roi est censé « vivre du sien », c'est-à-dire des seuls revenus du domaine royal. C'est seulement dans des circonstances exceptionnelles, comme la guerre extérieure, qu'il peut avoir recours à des revenus « extraordinaires » levés sur ses sujets. Encore doit-il obtenir pour cela l'assentiment des états. En 1631, dans son *Formulaire des élus*, La Barre, président de l'élection de Haute-Normandie, écrit : « Les lois fondamentales du royaume ne permettent point et n'autorisent personne à lever deniers, non pas même les rois, sans délibération du public et consentement des états, les trois ordres du royaume étant pour ce congrégés et assemblés. » Et ce même auteur classe parmi ces levées de deniers ou impôts extraordinaires « toutes les impositions qui se mettent sur le peuple, taille, aides, gabelles et autres subsides qui ne sont point d'ancienneté et qui se posent et imposent à la volonté et nécessité des rois ». C'est effectivement la « nécessité » liée à la guerre contre les Habsbourg qui explique la création de plusieurs taxes nouvelles à partir de 1635, à côté de la taille devenue impôt permanent dès le XVe siècle. En fait, le rappel du nécessaire assentiment des états est devenu pure rhétorique, et les impôts « extraordinaires », des impôts « ordinaires » de par la seule volonté du roi.

A la veille de la mort de Mazarin, deux types d'impôts royaux pèsent sur la plupart des Français, indépendamment de la dîme prélevée par le clergé et des divers droits seigneuriaux : un impôt direct, la taille, et un ensemble de revenus divers, impôts indirects (aides, gabelle, traites, octrois, etc.), ventes d'offices, rentes sur l'hôtel de ville de Paris. La taille, seul impôt direct jusqu'à la création de la capitation en 1695, est dite « personnelle » ou « réelle » selon qu'elle pèse sur les revenus, arbitrairement appréciés, soit des personnes dans la France du Nord, soit des biens dans la France du Midi. En sont exempts non seulement les membres des deux ordres privilégiés, clergé et noblesse, mais aussi certains officiers, les habitants de certaines villes dites « franches », quelques provinces. Sa perception est différente selon qu'il s'agit des pays d'états et des pays d'élections. Dans les premiers (Languedoc, Provence, Bourgogne, Dauphiné, Bretagne), les états, on l'a vu, répartissent et lèvent eux-mêmes la taille ou son équivalent (le fouage en Bretagne) à partir du chiffre total fixé par le roi, ce qui fait que leur assentiment, apparemment demandé, est de pure forme. Dans les seconds, répartition et levée se font dans le cadre territorial des 17 généralités, subdivisées chacune en une dizaine d'élections en moyenne ; chaque année, les officiers dits « élus » d'une même généralité établissent la répartition du chiffre demandé entre les diverses paroisses de leur élection; les assemblées de paroisse choisissent ensuite parmi les habitants de la paroisse des « asséeurs » chargés de dresser les rôles par « feux » et des collecteurs responsables sur leurs propres deniers de la levée de l'impôt. Il revient ensuite aux receveurs généraux, dans le cadre de chaque généralité, de faire parvenir à Paris, sous forme de lourds convois bien encadrés, l'argent ainsi collecté. A partir des années 1635, *a fortiori* après 1661, les intendants jouent un rôle déterminant dans la surveillance de ces diverses opérations.

A côté de la taille, les impôts indirects ont pris de plus en plus d'importance. Les aides sont levées sur la circulation et la consommation de certaines denrées, notamment les boissons, lourdement taxées. La gabelle désigne essentiellement l'impôt levé sur la vente du sel depuis le XIVe siècle; le royaume est divisé en un certain nombre de secteurs où, en fonction de la présence ou non de salines, le poids de la gabelle est plus ou moins lourd, ces différences donnant naissance à une fructueuse contrebande, dite faux-saunage, par exemple à la frontière de la Bretagne, où le minot de sel (50 litres environ) vaut trois livres, et le Maine et l'Anjou, où il vaut près de vingt fois plus. Les traites, apparues à la fin du XVIe siècle, sont des taxes levées sur les marchandises à l'entrée et à la sortie du royaume, mais aussi, à l'intérieur de celui-ci, à l'entrée et à la sortie d'une province ou d'un groupe de provinces. L'octroi est un droit levé par une ville à son profit avec l'accord (ou octroi) du souverain; en 1647, Mazarin a décidé le doublement des octrois, une moitié étant attribuée désormais au roi.

Une autre grande source de revenus pour le trésor royal est constituée par la vente d'offices. Depuis la fin du XVe siècle, l'office n'est plus seulement une « dignité » dont le titulaire participe au pouvoir royal et une « fonction » publique exercée pour le service du roi, notamment dans le domaine judiciaire et financier, c'est aussi une « propriété » susceptible d'être achetée, vendue, transmise en héritage. Ce caractère patrimonial et héréditaire est reconnu par l'édit de 1604 en échange du versement par l'officier d'un droit annuel, dit « paulette », et d'un droit de mutation. Dans ces conditions, la création et la vente d'offices, souvent sans réelle justification, deviennent une grande source de profits pour le bureau des « parties casuelles », chargé de ce secteur du trésor royal, mais en même temps elles alourdissent la dette par le paiement des gages qu'elles entraînent. La collecte de ces diverses taxes indirectes et du produit de la vente d'offices n'est pas faite par des agents de l'État, mais affermée à des financiers qui signent avec le roi un bail, dit traité ou parti (d'où leurs noms de « traitants » ou de « partisans »), sur le principe de l'avance au roi du produit escompté et de sa levée directe par leurs soins, avec bénéfices substantiels. Le système de l'affermage et des traités a pris avec Fouquet une importance sans précédent et c'est pour mettre un frein à cette dérive que Louis XIV, poussé par Colbert, s'est débarrassé du surintendant.

Avant même d'être contrôleur général des finances en 1665, Colbert se donne pour tâche prioritaire de remettre de l'ordre dans les finances royales. Profitant de douze années de paix (la guerre de Dévolution sera rapide et peu coûteuse), il réussit à rétablir l'équilibre du budget. Certes, le mot est anachronique (il ne date, dans son acception actuelle, que de 1806) et la chose renvoie à une réalité encore floue. A vrai dire, il n'existe pas, au XVIIe siècle, de réel budget de l'État dans la mesure où celui-ci ne prévoit qu'approximativement ses recettes et ses dépenses. Il existe tout au plus des « états de prévoyance », tenus chaque année, où dépenses et recettes escomptées apparaissent en équilibre, mais qui sont rarement confirmés par les faits : des dépenses imprévues, notamment militaires, peuvent survenir, de même qu'une partie de l'argent espéré peut ne pas rentrer, ne serait-ce que du fait d'une conjoncture météorologique défavorable. Dans ces conditions, les « états au vrai » dressés l'année suivante ne peuvent que constater la réalité.

Quoi qu'il en soit, Colbert réussit pendant plusieurs années à équilibrer dépenses et recettes et même à dégager un léger excédent. Pour y parvenir, il s'acharne à diminuer les charges de l'État. Il rachète un certain nombre d'offices inutiles dont le paiement des gages coûtait fort cher. Il procède à des réductions ou même à des annulations de rentes, intérêts des emprunts d'État contractés sous Richelieu et surtout sous Mazarin et dont le paiement absorbait chaque année plus du tiers des revenus. L'économie annuelle ainsi réalisée est de plusieurs millions, et la part des charges budgétaires permanentes (gages des officiers, rentes) diminue en dix ans de plus de moitié. Une chambre de justice est instituée en décembre 1661 pour juger Fouquet et plus généralement pour « la recherche des abus et malversations commis depuis 1635 ». Composée de 30 commissaires, en principe dévoués au roi, et présidée par le premier président du parlement de Paris Lamoignon, puis par le chancelier Séguier, elle siège jusqu'en 1665, sous l'étroite surveillance de Colbert et de son oncle Henri Pussort, conseiller d'État et membre de la chambre. Après quatre ans de travail intensif, celle-ci prononce un certain nombre de condamnations à des peines pécuniaires et à des peines corporelles. En même temps, elle décide de cesser toutes poursuites contre les traitants acceptant une amende forfaitaire. La vérité est que, Fouquet mis à part, la monarchie ne s'est pas montrée impitoyable vis-à-vis des financiers malhonnêtes. Mais pouvait-elle se permettre de sévir trop durement contre un groupe qui lui était devenu indispensable ?

Colbert s'efforce en même temps d'augmenter les recettes grâce à un meilleur rendement de l'impôt. Certes, il connaît mieux que personne les vices du système fiscal; les impôts sont à la fois lourds et insuffisants parce que mal répartis et mal levés. Ne pouvant refondre totalement un système qui met notamment en cause la structure sociale de l'État, avec l'existence des deux ordres privilégiés, il s'efforce du moins d'en atténuer certaines imperfections : il diminue progressivement la taille personnelle dont le poids est devenu intolérable à la suite des augmentations qui se sont succédé depuis 1635 ; en même temps, la perception en est rendue plus facile, plus rapide et surtout moins onéreuse ; la chasse aux exempts abusifs (notamment les faux nobles) permet une meilleure répartition du fardeau commun. De même, le produit des impôts indirects se trouve substantiellement accru moins par l'augmentation des tarifs que par une étroite surveillance des traitants auxquels ils sont affermés ; il en est de même des revenus du domaine royal. En revanche, certains impôts sont augmentés, ainsi les dons gratuits du clergé et de certaines provinces et la taille réelle, beaucoup moins lourde jusque-là que la taille personnelle ; en 1665, le droit annuel, dit « paulette », payé par les officiers, est augmenté d'un sixième. Ces efforts méthodiques portent leurs fruits : de 1661 à 1671, les revenus de l'État doublent largement ; dès 1662, les recettes excèdent de peu les dépenses, ce qui est le cas chaque année jusqu'en 1672, sauf en 1668.

Mais avec le début de la guerre de Hollande, en 1672, commencent les difficultés financières qui ne vont plus cesser désormais ; le déficit budgétaire devient la règle. Cela s'explique essentiellement par les dépenses sans cesse plus lourdes qu'entraînent la politique agressive du roi en Europe et, très secondairement, la construction de Versailles et l'entretien de la cour : en 1683, année de paix, les dépenses excèdent de peu les recettes, les unes et les autres approchant les 110 millions de livres, mais les quelque 65 millions de dépenses militaires, en pleine paix, représentent plus de la moitié des dépenses totales, alors que la construction de Versailles a absorbé de son côté 5 millions de livres. De plus, malgré les objurgations de son ministre, Louis XIV utilise de plus en plus la pratique du « comptant », c'est-à-dire la possibilité pour lui d'obtenir du Trésor telle somme dont il a besoin sans justification ni contrôle par la chambre des comptes, rendant ainsi illusoires les calculs budgétaires et l'état de prévoyance. Pour faire face à la situation, Colbert se résout à augmenter les impôts et surtout à recourir à la pratique des expédients abandonnée depuis Fouquet. On aliène une partie du domaine royal, on vend de nouveaux offices, on multiplie les emprunts auprès des particuliers. En 1674, une caisse des emprunts est créée pour regrouper les diverses initiatives en ce domaine ; elle procure 5 % d'intérêt aux prêteurs et rapporte plus de 33 millions de livres au Trésor. Cette même année est créé le monopole royal sur la vente du tabac, immédiatement affermée, et généralisée l'obligation du papier timbré pour tous les actes « authentiques », instituée en mars 1673. Cette dernière mesure est le détonateur de la révolte bretonne de 1675, dite « du Papier timbré ». Le 25 juillet 1681, un règlement réorganise la perception des impôts indirects, en créant la « Ferme générale » qui regroupe les fermes des aides, des gabelles, des traites et du domaine. Le roi a désormais pour partenaire un seul groupe de financiers qui se porte adjudicataire de la levée de l'ensemble des impôts indirects et qui sous-traite ensuite pour son propre compte. Alors que les baux des différentes fermes atteignaient en 1661 le total de 26 millions de livres, le bail de la Ferme générale rapportera annuellement à l'État, entre 1687 et 1691, 63 millions de livres, les fermiers généraux s'assurant un bénéfice de l'ordre de 9 à 14 % de cette somme. La création de la Ferme générale facilite la tâche de l'État, mais n'atténue en rien l'arbitraire de la perception.

En 1681, Colbert désabusé écrit à Louis XIV : « Après les huit à neuf années de guerre et une dépense de 110 à 120 millions par chaque année, V. M. n'avait consommé que 22 millions sur les années suivantes. En 1680, la dépense excède la recette de 20 millions [...] Tout ce que l'on peut penser sur cette matière ne peut aboutir qu'à augmenter la recette et diminuer la dépense. Pour l'augmentation de la recette, je ne puis m'empêcher de dire à V. M. qu'il y a à craindre que je n'aille trop loin et que les prodigieuses augmentations des fermes ne soient fort à charge aux peuples [...] A l'égard de la dépense, quoique cela ne me regarde en rien, je supplie seulement V. M. de me permettre de lui dire qu'en guerre et en paix, elle n'a jamais consulté ses finances pour résoudre ses dépenses, [ce] qui est si extraordinaire qu'assurément il n'y en a point d'exemple. Et si elle voulait bien se représenter et comparer les temps et les années passées depuis vingt ans que j'ai l'honneur de la servir, elle trouverait que, quoique les recettes aient beaucoup augmenté, les dépenses ont excédé de beaucoup les recettes, et peut-être que cela conviendrait V. M. à modifier et retrancher les excessives, et mettre par ce moyen un peu plus de proportion entre les recettes et les dépenses. »

L'agriculture et l'industrie.

C'est sans doute faire trop d'honneur à Colbert que de donner son nom à une doctrine qu'il n'a pas inventée et qu'il n'a réussi à appliquer que fort imparfaitement. Le « colbertisme » n'est que la version française du mercantilisme ou, mieux, du « système mercantile » élaboré et plus ou moins pratiqué dans plusieurs pays d'Europe dès le XVIᵉ siècle. En fait, le terme de *Merkantilismus*, inventé par les historiens allemands de la seconde moitié du XIXᵉ siècle, est trompeur : le mercantilisme est moins une véritable doctrine économique qu'un ensemble de préceptes à l'usage des gouvernants de l'Europe. Essentiellement nationaliste et protectionniste, le système mercantile est susceptible d'applications diverses selon les pays. En France, au début du XVIIᵉ siècle, Barthélemy de Laffemas et Antoine de Montchrestien se font les théoriciens de ce nationalisme économique. Pour eux, la France est le seul pays européen suffisamment vaste, fertile et industrieux pour se passer des étrangers, alors que ceux-ci ont besoin des produits français. C'est donc en stimulant ses industries exportatrices et en développant son commerce que la France réussira à drainer la plus grande partie des métaux précieux en circulation dans le monde. Or, selon le postulat mercantiliste, la puissance d'un État est liée à la masse de métaux précieux dont il dispose ; à défaut de ressources minières, celle-ci ne peut s'accroître que grâce à un commerce extérieur excédentaire, puisque le stock monétaire mondial est réputé à peu près stable. Le commerce devient ainsi une « guerre d'argent » permanente.

Le premier mérite de Colbert est d'avoir donné une formulation claire de ces principes. Dès 1653, dans une lettre à Mazarin, il fixait les buts suivants à l'action du roi en matière économique : « Restituer à la France le transport maritime de ses produits ; développer les colonies et les attacher commercialement à la France ; supprimer tous les intermédiaires entre la France et l'Inde ; développer la marine militaire pour protéger la marine marchande. » A partir de 1661, les nombreux mémoires et rapports qu'il adresse à Louis XIV sont émaillés de maximes qu'il suffit de rapprocher pour avoir un condensé cohérent : « Je crois que l'on demeurera facilement d'accord sur ce principe qu'il n'y a que l'abondance d'argent dans un État qui fasse la différence de sa grandeur et de sa puissance [...] Il n'y a qu'une même quantité d'argent qui roule dans toute l'Europe et qui est augmentée de temps en temps par celui qui vient des Indes occidentales [...] On ne peut augmenter l'argent dans le royaume qu'en même temps que l'on en ôte la même quantité dans les États voisins [...] Il n'y a rien de plus nécessaire dans un État que le commerce ; c'est lui qui le rend florissant [...] Ce royaume a tout généralement en lui-même, si l'on en excepte très peu de choses ; mais il n'en est pas de même des États qui lui confinent, et il faut de toute nécessité qu'ils aient recours à nous. »

L'autre mérite de Colbert et l'autre face du « colbertisme » résident dans l'effort persévérant entrepris par le ministre pour diriger l'économie française selon les principes énoncés. Ce faisant, il se montre d'ailleurs beaucoup moins systématique qu'on ne l'a dit parfois. Bien informé par les nombreuses enquêtes qu'il fait entreprendre, notamment par les intendants, il sait tenir compte des contingences et faire preuve de pragmatisme. Par ailleurs, il n'est pas un partisan inconditionnel de l'intervention de l'État en matière économique. C'est par nécessité qu'il se fait dirigiste et protectionniste à l'égard de l'industrie française. Conscient du retard accumulé par celle-ci et de l'urgence d'une relance que seul l'État peut impulser, il espère bien, une fois cette relance faite, pouvoir désengager l'État et laisser jouer initiative privée et liberté. Il écrit à la municipalité de Lyon à propos des privilèges accordés aux industries de la ville, notamment la soierie : « Les habitants de cette ville feraient bien de considérer les faveurs dont leur industrie est l'objet comme des béquilles à l'aide desquelles ils devraient se mettre en mesure d'apprendre à marcher le plus tôt possible, et que mon intention est de leur retirer ensuite. » On ne saurait mieux dire. Son point de vue est le même en ce qui concerne les compagnies de commerce qui, loin d'être à ses yeux la solution idéale, ne sont pour lui que des palliatifs provisoires. Il n'en reste pas moins qu'il s'est donné explicitement un « grand dessein », la gloire du roi, et que celle-ci postule la richesse et la puissance de l'État.

On a souvent dit que contrairement à Sully pour qui, selon l'aphorisme célèbre, « labourage et pâturage sont les deux mamelles de la France », Colbert ne s'est pas intéressé à l'agriculture. En fait, la manière dont il a su, en moins de vingt ans, redresser la situation catastrophique de la forêt française suffirait à prouver qu'il sait prendre quand il faut les mesures nécessaires. C'est ainsi qu'en 1663 il décide de protéger les paysans endettés en faisant déclarer insaisissables les instruments aratoires, les animaux de labour et les quatre cinquièmes du bétail. Ce qu'il attend des paysans, c'est qu'ils fournissent aux villes pain et matières premières à bon marché, outre quelques produits exportables, comme les vins. Or, tel est bien le cas dans la France des années 1661-1683. Non seulement l'agriculture satisfait aux besoins des campagnes et des villes, mais elle est aussi le secteur de beaucoup le plus important de toute l'économie par le nombre de bras qu'elle emploie et fixe à la terre (les quelque neuf dixièmes de la population), par les divers prélèvements opérés par les propriétaires, les seigneurs, le clergé, sans oublier l'impôt royal, par les matières premières qu'elle procure à l'industrie. Paysages agraires, systèmes de culture, techniques agricoles ne changent guère au XVIIe siècle. L'étendue du territoire, de la latitude de Dunkerque à celle de Perpignan, et la variété des climats, des reliefs et des sols expliquent la diversité des paysages : grandes plaines ou plateaux du Bassin parisien, avec leurs champs ouverts consacrés aux « blés » et leur habitat groupé ; pays plus humides de l'Ouest et du Centre, avec leur habitat dispersé en hameaux et fermes isolées et leurs horizons bocagers de champs clos aux cultures diversifiées ; pays méditerranéens, avec leurs cultures en terrasses et leur élevage transhumant ; pays de montagnes où l'élevage sur les prairies d'altitude et l'exploitation de la forêt priment sur les cultures. Au-delà de cette diversité, pratiques et techniques sont à peu près partout les mêmes.

A côté des cultures secondaires (vigne ici ; lin ou chanvre là ; pastel ou garance ailleurs), la plus grande partie des terres cultivables, cernées par les bois et les landes, est consacrée à la production des céréales ou « blés » : seigle presque partout ; froment sur les meilleures terres ; sarrasin dans l'Ouest ; maïs, venu d'Amérique par l'Espagne, dans le Midi ; avoine, orge. C'est là une nécessité absolue, compte tenu de la faiblesse des rendements. Celle-ci est due surtout à l'insuffisance des engrais, constitués presque exclusivement par le fumier qui prend de ce fait une valeur considérable. Mais il est en quantité trop limitée, du fait de la faiblesse relative

Colbert face aux réalités économiques

de l'élevage, pour ne pas rendre obligatoire la pratique de la jachère qui permet à la terre de se reposer : un an sur deux (assolement biennal) dans le Centre et le Midi, un an sur trois (assolement triennal, avec culture secondaire sur la deuxième « sole ») dans le Bassin parisien, parfois un an sur quatre, voire davantage sur les terres les plus pauvres en toutes régions, certaines landes de l'Ouest étant même l'objet d'une culture sur brûlis tous les dix ou douze ans. La mauvaise qualité des semences, le caractère rudimentaire de l'outillage (l'emploi de la houe ou de l'araire est général, celui de la charrue à versoir, exceptionnel), l'insuffisance des attelages, en nombre et en qualité, contribuent également à la faiblesse des rendements : 4 à 5 quintaux à l'hectare sur la plupart des terres, 15 à 20, sur les plus riches (100 aujourd'hui). L'insuffisance de l'élevage apparaît à bien des égards comme le problème central lié à tous les autres. Certes, le bétail est élevé non seulement comme source d'engrais, mais aussi comme matière première (laine des moutons) et comme force de travail (bovins pour les travaux des champs, chevaux dont la production est très importante, comme bêtes de somme et de selle, par exemple en Ile-de-France du fait de la proximité de la capitale). Mais comment ce bétail pourrait-il être nombreux et de bonne qualité alors qu'il doit se contenter le plus souvent de la maigre nourriture de la jachère, des chaumes, des landes, des sous-bois ? Prairies et fourrages sont trop rares, mais ne peuvent être multipliés sans danger aux dépens des céréales.

Les exploitations agricoles, en faire-valoir direct ou affermées, sont de taille et de nature variées, mais toutes sont d'abord d'autosubsistance. La petite exploitation se trouve partout ; elle suffit tout juste à faire vivre, en année normale et à la merci d'une mauvaise récolte, la famille qui y travaille sans charrue ni attelage. La moyenne exploitation (entre 10 et 30 hectares) dégage, en temps ordinaire, un léger excédent permettant de payer impôts et loyer et de réaliser un modeste bénéfice. La grande exploitation (parfois 100 ou 200 hectares), généralement liée à la grande propriété ecclésiastique ou nobiliaire, domine dans les grandes plaines céréalières du Bassin parisien ; le fermier est doté d'un important outillage et de gros moyens financiers et emploie de nombreux ouvriers agricoles. Partout subsistent des pratiques communautaires, contraintes d'assolement, droits de vaine pâture et d'usage sur les biens communaux.

Si Colbert intervient peu dans le domaine proprement agricole, il n'en est pas de même pour la forêt. Celle-ci joue un rôle capital dans l'économie française et se trouve en 1661 dans une situation critique du fait d'une politique d'abandons successifs qui, depuis près d'un siècle, s'est traduite par une lente dégradation du patrimoine forestier. La forêt, encore très présente puisqu'elle couvre près de 20 % du territoire, fournit des terrains de parcours aux bovins, chevaux et porcs, et surtout le bois sous toutes ses formes et en vue de multiples utilisations, chauffage, bois d'œuvre, constructions navales, industrie minière et métallurgique. Colbert, conscient de l'enjeu, décide dès octobre 1661 une réformation générale des forêts du domaine royal, soit le dixième de la surface forestière du royaume. A cet effet, il rédige en 1663 une instruction sur le sujet et charge les intendants, à l'occasion de leur grande enquête de l'année suivante, de dresser un inventaire et de prendre toutes les mesures de sauvegarde nécessaires : arpentages, relevés de plans et clôtures ; annulations d'aliénations irrégulières et lutte contre les usurpations ; règlements d'exploitation, mises en coupes réglées ici, reboisements là. Le tout aboutit à la grande ordonnance des eaux et forêts d'août 1669, véritable code forestier qui restera en vigueur jusqu'à la Révolution. Divisée en 32 chapitres, l'ordonnance aborde trois points principaux : la structure administrative, avec la mise en place d'officiers des eaux et forêts ; la répression contre les abus en tout genre, avec des peines sévères à la clé ; enfin, l'orientation sylvicole proprement dite (mais à l'usage le « modèle colbertien » allait se révéler un peu trop rigide).

Il est normal que, dans la perspective mercantiliste qui est la sienne, Colbert attache une importance toute particulière à l'industrie française. Ce dernier mot, anachronique et trompeur, est employé ici par commodité pour désigner les différentes formes que peut revêtir toute activité tendant à transformer une matière première, depuis l'atelier artisanal où quelques compagnons travaillent avec le maître, voire où le maître travaille seul avec l'aide éventuelle de sa famille,

Colbert face aux réalités économiques

jusqu'à la manufacture pouvant regrouper dans un même lieu plusieurs dizaines, voire une ou deux centaines d'ouvriers. Le terme de manufacture renvoie d'abord à la notion de travail proprement manuel du fait d'un outillage encore médiocre et quelle que soit l'importance des énergies auxiliaires fournies par la force animale et les moulins à eau et à vent. Il désigne aussi, au XVIIe siècle, à la fois le lieu où peuvent se concentrer de nombreux ouvriers et l'ensemble constitué par des ateliers dispersés dans une ville et la campagne proche et travaillant dans un même secteur d'activité pour le compte d'un négociant ou groupe de négociants de la ville, car, si l'artisanat rural est très répandu, il est toujours sous la dépendance étroite de la ville. Un bon exemple est fourni par ce que l'intendant de Bretagne désignera sous l'appellation de « manufacture de Vitré » et qu'il décrira ainsi dans son *Mémoire sur la province de Bretagne*, rédigé en 1698 : « Les vitrés sont de grosses toiles de chanvre qui demeurent écrues, sans blanchir, et qu'on fabrique dans près de trente paroisses qui sont sous trois lieues autour de Vitré, et c'est ce qui leur donne le nom de vitrés. Les dites toiles s'achètent dans les paroisses par les marchands de Vitré qui en font magasin et les envoient ensuite à Saint-Malo, à Rennes, à Nantes, où elles se vendent en gros. » Ainsi, la dispersion en petits ateliers et la médiocrité de l'outillage (un simple métier à tisser suffit au paysan tisserand des environs de Vitré) n'excluent pas les progrès du capitalisme au niveau de la production, dans le cadre de ce que l'on a proposé d'appeler la proto-industrialisation. C'est ainsi que dans l'industrie textile le rôle du marchand-fabricant tend à devenir prépondérant : véritable chef d'orchestre, il fait travailler de nombreux artisans dispersés à qui il procure la matière première et qu'il rémunère pour le travail fourni, se chargeant ensuite de la finition éventuelle (blanchiment notamment) et surtout de la commercialisation du produit ainsi fabriqué.

Le dernier trait qui caractérise cette proto-industrie, c'est la prédominance de ce que l'on appellera au XIXe siècle les industries de consommation sur les industries d'équipement. Le textile est au premier rang de ces industries de consommation : toiles de lin ou de chanvre, notamment dans l'Ouest armoricain ; draps de laine un peu partout, mais spécialement en Flandre, Picardie, Champagne, Normandie, Languedoc ; soieries à Lyon et à Tours, à partir de soie grège importée du Levant plus que de soie du Vivarais ; cotonnades en Languedoc, à Marseille, Lyon, Rouen. A côté du textile, l'autre secteur important est le bâtiment, dont il convient de rapprocher les industries de luxe qui gravitent autour de lui et qui sont localisées surtout à Paris : ébénisterie, maroquinerie, verrerie, faïence et porcelaine, et aussi dentelles et tapisseries. Dans l'industrie minière et métallurgique, qui vient loin derrière textile et bâtiment, le charbon de bois reste le combustible indispensable, ce qui explique la dispersion des forges en petites unités fondant le minerai de fer et localisées à proximité des forêts plutôt que des mines elles-mêmes.

C'est cette production industrielle que Colbert s'efforce de développer, de protéger, de réglementer. Le développement de la production est assuré par la chasse aux oisifs et autres vagabonds que l'on met au travail, au besoin de force, et par la diminution du nombre des fêtes chômées. Celles-ci, dans la plupart des diocèses, sont de l'ordre d'une cinquantaine par an, ce qui, avec les cinquante-deux dimanches, porte à la centaine le nombre de jours où tout travail est interdit par l'Église. Or, parallèlement à Colbert qui enrage de ce temps perdu, nombreux sont les évêques qui déplorent que ces jours de fête soient trop souvent consacrés non à la prière, mais « à la débauche et au désordre ». C'est pourquoi Louis XIV et son ministre n'ont pas grand-mal à obtenir de l'archevêque de Paris en 1666 que le nombre des fêtes soit ramené dans le diocèse de 56 à 34. Comme le note Louis XIV dans ses *Mémoires :* « Il voulut bien comme pasteur de la capitale de mon royaume donner en cela l'exemple à tous ses confrères. » En réalité, ceux-ci ne l'imitent que de façon fort variable selon les diocèses.

Un autre moyen de développer la production est de favoriser, grâce à l'octroi de privilèges, la création de manufactures imitant des productions étrangères et travaillant surtout pour l'exportation, par exemple dentelles de Hollande, glaces de Venise, soieries d'Italie. Les unes, les manufactures d'État, appartiennent à l'État et travaillent directement pour lui, telle la manufacture de tapisseries des Gobelins à Paris, créée en 1667 à partir d'un atelier établi faubourg Saint-Marcel depuis

Colbert face aux réalités économiques

1601 ; sous la direction de Charles Le Brun, les Gobelins deviennent la grande pourvoyeuse en tapisseries et meubles de cour. Les autres, les manufactures royales, appartiennent à des particuliers, mais reçoivent du roi des privilèges importants, comme des exemptions fiscales, un monopole de fabrication, l'assurance d'une aide financière, en échange d'engagements précis en matière de production, quantité et surtout qualité. On ne peut citer que les principales de ces créations : glaces de Saint-Gobain, tapisseries de la Savonnerie de Chaillot, faïenceries de Nevers, forges de Clamecy et de Saint-Étienne, raffineries de sucre de Bordeaux, de La Rochelle, de Nantes, papeteries d'Angoulême, sans parler de nombreuses manufactures textiles dans tout le royaume.

L'une des plus célèbres est celle de draps créée à Abbeville en 1665 par le Hollandais Van Robais et dont le privilège de fondation stipule que Van Robais et les cinquante ouvriers qu'il amène avec lui pourront établir « en icelle ville une manufacture de draps fins tels qu'ils se fabriquent en Espagne et Hollande et pour cet effet d'y faire transporter et dresser trente métiers à draper », qu'ils seront « exempts de tous subsides, impositions, logements de gens de guerre, charges de ville, corvées et autres charges publiques », qu'ils seront « censés et réputés véritables Français régnicoles et naturalisés », qu'ils auront le droit de « faire profession de la religion prétendue réformée », que ledit Van Robais recevra comptant la somme de 12 000 livres, enfin, que la manufacture jouira pendant vingt ans d'un monopole de fabrication « desdits draps dans la dite ville et à dix lieues aux environs d'icelle ». Pour Colbert, ces manufactures ne jouissent des privilèges, monopoles et aides financières de l'État que pour un temps limité, afin d'assurer leur démarrage et de leur permettre de jouer un rôle de modèle et d'entraînement vis-à-vis des autres entreprises. Mais le développement de celles-ci, laissées à elles-mêmes, se heurte à la frilosité de la plupart des entrepreneurs qui reculent devant les risques des gros investissements nécessaires pour une production à la fois plus importante et de meilleure qualité. Il est vrai que le retard à rattraper est considérable dans beaucoup de secteurs et que la conjoncture de la seconde moitié du XVIIe siècle est défavorable.

La réglementation est le fait du conseil du commerce, qui est réorganisé en 1665 et publie à partir de 1666 des règlements généraux sur les manufactures et des édits particuliers sur les divers métiers, fixant les détails techniques de la fabrication et punissant rigoureusement les malfaçons. Pour mieux assurer l'exécution de ces prescriptions, Colbert favorise la multiplication des métiers jurés (qu'on appellera plus tard corporations) et fait la chasse aux métiers libres. De leur côté, les intendants reçoivent pleins pouvoirs de contrôle. Enfin, la protection de l'industrie française, face au redoutable adversaire qu'est la Hollande, est assurée par une révision des tarifs douaniers dans le but de « décharger les entrées des marchandises qui servent aux manufactures, charger celles qui sont manufacturées, décharger entièrement les marchandises du dehors qui, ayant payé l'entrée, sortent pour le dehors, et soulager les droits de sortie des marchandises manufacturées au-dedans du royaume ». Le tarif de 1664 répond partiellement à ces objectifs. Il frappe, d'ailleurs modérément, moins les marchandises fabriquées par les Hollandais que toutes celles que transportent ces « rouliers des mers », en provenance de toute l'Europe. La Hollande ne s'y trompe pas et proteste, cependant que les manufacturiers français, de leur côté, trouvent le tarif insuffisamment protecteur. C'est pourquoi, en 1667, Colbert établit un nouveau tarif qui double, voire triple les taxes de 1664. Cette fois, les Hollandais ripostent en taxant de droits quasi prohibitifs les produits venant de France, sel et vins notamment, et réclament le retour au tarif de 1664. Mais Louis XIV et Colbert tiennent bon, persuadés de venir facilement à bout de ces « marchands de fromages », le moment venu. En novembre 1671, les états généraux des Provinces-Unies interdisent pour un an toutes les importations en provenance de France. La guerre douanière va bientôt déboucher sur la guerre tout court.

Le commerce.

L'enjeu, il est vrai, est de taille. Car produire n'est qu'une première étape, l'essentiel est de vendre surtout à l'étranger.

Cela suppose d'abord une mise en ordre de la législation, insuffisante et dispersée, concernant les activités commerciales. C'est à cet objectif que répond, en mars 1673, l'Ordonnance du commerce, préparée sous la direction d'Henri Pussort, oncle de Colbert, assisté de Jacques Savary, ancien négociant devenu membre du conseil des finances, d'où le nom de code Savary donné parfois à ce texte. La lettre que Colbert adresse, le 14 mai 1670, au prévôt des marchands de Lyon fournit un exemple des problèmes qu'il y avait à résoudre : « Le roi a été informé que le plus grand désordre qui arrive dans le commerce vient des banqueroutes frauduleuses et que ce qui y contribue davantage naît de la confusion avec laquelle la plus grande partie des négociants tiennent leurs livres, journaux et caisses, et de ce qu'aucuns [quelques-uns] n'ont que de simples brouillons où ils écrivent confusément leurs achats, prêts ou emprunts, afin d'ôter toutes les lumières qu'on pourrait avoir de leur conduite, quand ils viennent à manquer [faillir]. » De fait, l'Ordonnance de 1673 rassemble, dans une double perspective mercantiliste et centralisatrice, tous les textes concernant les pratiques commerciales, la législation des sociétés, les faillites frauduleuses, la compétence des juridictions consulaires, etc. Ainsi sera mieux surveillé et rendu plus efficace le monde si divers de tous ceux qui s'adonnent au commerce. Toutefois, ici comme en d'autres domaines, l'écart sera grand entre le texte et son application : l'obligation du livre de comptes faite à chaque commerçant, par exemple, restera largement lettre morte. Deux ans plus tard, en 1675, Jacques Savary publie *Le Parfait Négociant*, paraphrase de l'ordonnance, au succès immédiat et prolongé. En 1664, le mathématicien François Barrême avait dédié à Colbert une première version de ce qui devient, en 1682, *Le Livre des comptes faits*, petit manuel d'arithmétique élémentaire à l'usage, entre autres, des négociants.

La prospérité du commerce est inséparable d'une bonne circulation des produits à l'intérieur du royaume et notamment en direction des grands ports. Colbert aurait souhaité réaliser l'unité douanière par la suppression des douanes existant aux frontières de chaque province et des péages municipaux ou seigneuriaux. Il y réussit partiellement, avec l'unification douanière des provinces du Centre, d'Amiens à Poitiers, de Caen à Dijon, soit un tiers à peu près de toute la surface du royaume : elles constituent, à partir de 1664, « l'étendue des cinq grosses fermes », sorte d'union douanière à l'intérieur de laquelle les marchandises circulent sans entrave, cependant qu'à ses frontières est prélevé, par des fermiers pour le compte de l'État, un même droit d'entrée ou de sortie. Le reste du royaume relève soit des « provinces réputées étrangères », soit de celles réunies récemment et dites « de l'étranger effectif » ; les premières (Flandre, Artois, Bretagne et presque tout le territoire au sud d'une ligne La Rochelle-Lyon) conservent leurs droits spécifiques, tant entre elles que vis-à-vis des « cinq grosses fermes » ; les secondes (essentiellement Alsace et Franche-Comté) commercent en franchise avec les pays étrangers voisins, mais sont séparées du reste de la France par une barrière douanière. Malgré une tentative en 1667, Colbert ne réussit pas à créer des droits uniformes aux frontières du royaume. Quant aux péages sur les routes et les voies d'eau navigables, au passage d'un pont ou d'un simple carrefour, ils sont levés de façon extrêmement variée au profit soit d'un seigneur, laïc ou ecclésiastique, soit d'une ville, soit du roi lui-même. Ils constituent, par leur nombre et les frais qu'ils entraînent, une sérieuse entrave au commerce intérieur : dans le seul bassin de la Loire navigable, il en existe une centaine, sans parler de l'importante douane d'Ingrandes, à la frontière de l'Anjou, qui fait partie de « l'étendue des cinq grosses fermes », et de la Bretagne, « province réputée étrangère ». Colbert est largement impuissant face à cet état de choses.

Voies d'eau, cabotage maritime, routes sont les grands moyens de communication intérieure. Reprenant la politique de Sully, Colbert s'efforce de créer une véritable administration regroupant, sous l'autorité des intendants, dans le cadre des généralités et des pays d'états, tout ce qui concerne les ponts et chaussées, la grande Ordonnance de 1669 sur le sujet servant de référence. Des techniciens de qualité sont formés et envoyés sur place. C'est ainsi que sont créés les intendants des « turcies et levées » (les deux mots, synonymes, désignent au-delà de leur sens propre tout ce qui concerne la protection des fonds de vallées contre les eaux

Colbert face aux réalités économiques

d'une rivière, mais surtout la navigabilité de celle-ci). La circulation sur la Loire, artère vitale au centre du royaume, est améliorée, en liaison avec la puissante « communauté des marchands fréquentant la rivière de Loire et fleuves descendant en icelle ». Depuis 1642, le canal de Briare à Montargis relie la Loire à la Seine par le Loing, mais très vite apparaît l'intérêt d'une liaison directe Orléans-Montargis et, malgré l'opposition de la compagnie exploitant le canal de Briare, Colbert encourage la construction du canal d'Orléans commencée en 1676 (elle sera terminée en 1690). Mais la plus grandiose réalisation en ce domaine est le canal des Deux-Mers, ou du Midi, qui répond à un vœu de Sully repris par Richelieu : « Joindre la mer Océane et la Méditerranée par un canal de transnavigation. » La tâche était gigantesque compte tenu de la distance à parcourir, de l'importance de la dénivellation, des problèmes techniques à résoudre. Et pourtant, en quinze ans, entre 1666 et 1681, l'œuvre est réalisée sous la direction de Pierre-Paul Riquet, qui meurt un an avant son achèvement. Ce bourgeois languedocien a réussi à convaincre Colbert de la justesse de son plan dont l'idée centrale consiste à détourner une partie des eaux des torrents de la montagne Noire vers le seuil de Naurouze pour alimenter les deux parties du canal. L'énorme chantier qui réunit 2 000 ouvriers en 1667, en compte 12 000 en 1678. Ces hommes, attirés par de hauts salaires, réussissent, avec les moyens de l'époque (pics, pioches, pelles, brouettes), à creuser un canal de près de 250 kilomètres, avec 62 écluses, 20 bassins et retenues d'eau et 3 lacs artificiels. Désormais, le port de Sète, créé de toutes pièces, offrait de nouvelles perspectives au commerce du Languedoc. En ce qui concerne les routes, les efforts de Colbert portent surtout sur l'entretien de celles menant vers les ports, outre les routes stratégiques du Nord-Est, mais les résultats sont limités, et la voie d'eau même médiocrement navigable ou le cabotage de port à port sont toujours préférés aux routes de terre.

Transporter les marchandises jusqu'aux ports d'embarquement est une chose, les vendre à l'étranger, de préférence grâce à des bateaux français, en est une autre. Or, vers 1660, ce sont toujours les navires hollandais qui font la plus grande partie du commerce extérieur du royaume. Pour tenter de se débarrasser de ces intermédiaires, Colbert favorise la construction navale en accordant des primes aux armateurs et surtout s'efforce de créer des compagnies de commerce dotées de monopoles d'exploitation et d'importants privilèges. En août 1664, est créée à son instigation la Compagnie des Indes orientales sur le modèle des compagnies anglaise (1600) et hollandaise (1602). La Compagnie est ouverte à « toutes personnes de quelque qualité ou condition qu'elles soient », donc aux nobles, et formée grâce à des capitaux privés et à une participation de l'État. Elle reçoit pour cinquante ans le privilège du commerce à l'est du cap de Bonne-Espérance, c'est-à-dire dans l'océan Indien, en Extrême-Orient et dans la mer du Sud (Pacifique), et, en outre, la propriété de l'île de Madagascar et de « toutes les terres conquises sur les ennemis du roi ». La direction générale, qui siège à Paris, est composée de 21 directeurs, 12 parisiens et 9 représentant les principales villes du royaume. Dès 1666, un port est créé à son intention en Bretagne, à l'embouchure du Blavet, face à la forteresse de Port-Louis, sur des « terres vagues et inutiles » baptisées L'Orient. Mais, dès le début, la Compagnie se heurte au scepticisme et aux réticences des milieux d'affaires et ne réussit pas à réunir les 12 millions de livres prévus comme capital initial. Si le roi contribue pour 3 millions et la cour pour 2, les villes marchandes parviennent, non sans mal, à ne réunir que moins de 4 millions. Mis à part Rouen, où l'accueil est favorable, la plupart des villes, grandes ou plus modestes, ne participent que de façon dérisoire ou même se récusent, à l'instar de la municipalité d'Angers qui répond : « Il ne s'est trouvé personne en cette ville qui ait voulu entrer en ladite association, et cela procède de la pauvreté des habitants. » Excuse commode, en partie exacte, mais en tout cas très incomplète. En fait, les propriétaires et autres possédants continuent à préférer investir en placements fonciers, en emprunts d'État, en constitutions de rentes entre particuliers, en achats d'offices. Quant aux grands négociants et armateurs, ils aiment mieux courir les risques d'une entreprise commerciale strictement privée, plutôt que d'investir leurs profits dans ces grandes compagnies dont ils redoutent le monopole et les privilèges et qu'ils considèrent comme trop liées à l'État.

Cependant, deux premières expéditions de la Compagnie des Indes orientales partent de Brest en 1665 et de La Rochelle en 1666. Sur la côte indienne de Coromandel, un comptoir est installé à Surate en 1668, un autre à Pondichéry en 1674. Les vaisseaux de la Compagnie importent aux Indes alcools, quincaillerie, textiles, et en rapportent épices, porcelaines, soieries, cotonnades. Parmi ces produits, les étoffes de coton, peintes ou imprimées, deviennent très vite à la mode sous le nom d'indiennes. La Compagnie ne pouvant suffire à la demande, une intense contrebande se met en place avec l'Angleterre et la Hollande, cependant que commencent à se créer dans le royaume des manufactures qui imitent les véritables indiennes en imprimant des toiles de coton, voire de lin ou de chanvre. Colbert pousse à de telles créations dans la mesure où il y voit le meilleur moyen d'empêcher la contrebande, tout en développant la production nationale. En dehors de la Compagnie des Indes orientales, le ministre est à l'origine de la création, en 1669, de la Compagnie du Nord pour le trafic avec les pays de la Baltique et, en 1670, de celle du Levant à destination de la Méditerranée orientale. Il ne ménage aucun effort pour tenter de drainer vers ces compagnies les capitaux privés : propagande, pressions, menaces. Mais les résultats sont aussi décevants que pour la Compagnie des Indes orientales.

Une autre façon de « se passer des étrangers » et de protéger l'industrie française est de réserver à celle-ci l'exclusivité du marché colonial en tant que producteur de matières premières et de consommateur de produits fabriqués. En 1661, la France est présente à la fois dans la mer des Caraïbes et en Amérique du Nord. Profitant de l'affaiblissement de la puissance navale espagnole à partir des années 1620, les Français se sont installés dans quelques îles antillaises, à Saint-Christophe dès 1625, à la Martinique et à la Guadeloupe en 1635 : flibustiers pratiquant la piraterie, boucaniers vivant de la chasse aux bovins sauvages, rares agriculteurs cultivant les produits tropicaux. Mais la concurrence des Anglais et surtout des Hollandais est rude, ces derniers s'assurant pratiquement toutes les liaisons commerciales avec la France. C'est pourquoi, en 1661, Colbert décide de reprendre en main ces îles françaises où vivent alors quelque 15 000 colons, qui sont maintenant en majorité des planteurs, « engagés » en Bretagne, en Normandie et en Poitou, et cultivant le tabac et la canne à sucre grâce à une main-d'œuvre parmi laquelle les esclaves noirs amenés d'Afrique sont de plus en plus nombreux. Le monopole de l'exploitation est confié à une Compagnie des Indes occidentales créée en mai 1664. « Le principal dessein de Sa Majesté en remettant toutes les îles françaises sous la main de la Compagnie des Indes occidentales, écrira Colbert en 1670, a été d'établir un grand et considérable commerce à l'avantage de ses sujets qui y habitent, en donnant l'exclusion aux étrangers qui jusqu'alors en avaient tout le profit [...] La maxime d'exclure les étrangers veut que tout vaisseau étranger abordant ou navigant aux environs des îles soit confisqué [...] La maxime de la liberté aux Français veut que tout vaisseau français porteur d'une permission du roi soit reçu dans toutes les îles et y ait entière liberté de trafiquer, vendre et débiter ses marchandises à tel prix que bon lui semblera, comme aussi la même liberté doit être donnée aux habitants des îles de lui vendre leurs sucres. » Cette politique de reprise en main par le biais de la Compagnie suscite des conflits non seulement avec les Hollandais, menacés dans leur monopole de fait, et avec les Espagnols qui continuent à voir dans les Français des intrus sur des terres leur appartenant, mais aussi avec les colons eux-mêmes. En effet, ceux-ci, installés en outre depuis 1665 dans la partie occidentale de l'île de Saint-Domingue, supportent mal le nouvel état de choses, car ils trouvaient leur compte à commercer avec les Hollandais qui leur achetaient tabac et sucre brut et leur vendaient tout ce dont ils avaient besoin (farines, morue, boissons).

La Compagnie des Indes occidentales a aussi le monopole des relations avec le Canada ou Nouvelle-France. Mais la situation y est très différente de ce qu'elle est aux Antilles. La création de Québec (1608), puis de Montréal (1642), a été surtout une aventure spirituelle, soutenue en France par le parti dévot et ayant pour but l'évangélisation des Indiens. Pourtant, à côté des missionnaires, se sont implantés dans la vallée du Saint-Laurent des coureurs de bois à la recherche des précieuses fourrures et des agriculteurs sédentaires. Il est vrai que vers 1660 la Nouvelle-France ne compte guère que 2 000 Blancs à la merci des attaques des Iroquois. En 1665, Colbert décide d'envoyer les 1 200 hommes du régiment de Carignan-Salières pour mettre fin à cette menace et de doter la colonie, devenue possession de la Couronne dès 1663, des structures administratives d'une province française, avec un conseil souverain (l'équivalent d'un parlement), un gouverneur (le comte de Frontenac, de 1672 à 1682 et de 1689 à 1698), un intendant (Jean Talon, de 1665 à 1672). En même temps, il encourage le départ outre-Atlantique de plus de 4 000 paysans « engagés », originaires de Paris et des provinces de l'Ouest, et recommande de pratiquer une politique d'assimilation à l'égard des Indiens. De toute façon, les relations commerciales d'une communauté aussi numériquement limitée et quel qu'ait été l'intérêt de la vente des fourrures ne pouvaient constituer qu'une activité très mineure pour la Compagnie des Indes occidentales.

L'épreuve des faits.

La politique de Colbert, faite de multiples initiatives sur tous les fronts, vise avec obstination à faire du royaume la première puissance économique en Europe et sur toutes les mers du globe. Jusqu'au début des années 1670, cette politique marque des points. Dressant en 1669 un « état des manufactures », le ministre peut conclure la longue énumération par ces mots triomphants : « Grandeur et magnificence. » Il n'en reste pas moins que sur l'essentiel, à savoir le commerce extérieur, les résultats sont très modestes : les positions commerciales des Hollandais en France et dans le monde sont même si peu entamées que le roi et son ministre sont de plus en plus persuadés que l'indépendance économique du royaume et l'essor de son commerce extérieur ont pour préalable la défaite militaire des Provinces-Unies. Mais la guerre déclenchée en 1672 ne produit pas les résultats escomptés. Certes, la Hollande sort du conflit épuisée et en partie ravagée, mais elle n'est ni vaincue ni démembrée, et Louis XIV est même obligé d'abandonner par une clause du traité de Nimègue de 1678 le tarif douanier de 1667. Les grandes Compagnies de commerce, mal soutenues par des capitaux privés insuffisants, périclitent ou disparaissent dès que l'aide de l'État se fait plus chiche, voire disparaît : la Compagnie des Indes occidentales se dissout en 1674 ; celle du Nord est incapable d'enlever aux Hollandais la primauté du commerce baltique et elle est liquidée en 1684 ; celle du Levant le sera en 1690. Seule, la Compagnie des Indes orientales réussit à se maintenir grâce à l'habileté de certains de ses agents sur place, tel François Martin, créateur, en 1674, du comptoir de Pondichéry qu'il défend contre les Hollandais, mais elle ne parvient pas à faire rentrer des capitaux promis, mais non versés, et ne distribue à ses actionnaires que des dividendes dérisoires. D'autre part, Colbert, déçu par les compagnies à monopole, joue de plus en plus la carte de la liberté. En 1682, il fait décréter la liberté du commerce avec les Indes, sauf le transport et l'entrepôt qui restent le monopole de la compagnie. De même, le relâchement du soutien financier apporté par l'État aux grandes manufactures, sauf celles intéressant l'effort de guerre (forges, arsenaux) ou la gloire du roi (les Gobelins), entraîne, après 1674, la disparition de plusieurs d'entre elles créées à grands frais dans les années 1660.

Par ailleurs, le colbertisme et la guerre économique qu'il implique portent en eux-mêmes un danger potentiel, à savoir les mesures de rétorsion prises par les puissances étrangères directement menacées dans leurs positions commerciales et que seule leur élimination rapide pourrait éviter. En 1668, un mémoire anonyme dénonce en ces termes le danger : « M. Colbert ne prend pas garde qu'en voulant mettre les Français en état de se pouvoir passer de tous les autres peuples, il les conduit à faire la même chose de leur côté, car il est certain qu'ils ont pris une autre route pour aller chercher ailleurs la plupart des choses dont ils se venaient fournir dans nos provinces. » En 1667, on l'a vu, la Hollande riposte en taxant de droits exorbitants les produits venant de France. La Bretagne fournit un exemple des conséquences de ces redoutables représailles. En effet, l'un des résultats escomptés des tarifs de 1664 et surtout de 1667 est de favoriser la draperie française en essayant de fermer le royaume aux draps anglais et hollandais par l'application de droits de

Colbert face aux réalités économiques

douane élevés. C'est ainsi qu'après 1667 le droit sur la pièce de drap d'Angleterre ou de Hollande passe de 40 à 80 livres, celui sur le cent de bonnets de laine, de 8 à 20 livres. Et, de fait, l'importation de draps étrangers tombe brutalement, permettant ainsi l'essor des draperies normandes et picardes. Mais la réaction ne se fait pas attendre : les Anglais, grands acheteurs de toiles bretonnes, surtout celles du Léon, se tournent vers d'autres fournisseurs européens ou créent leurs propres manufactures de toiles, notamment de toiles à voile en Irlande, au grand dam des tisserands bretons. En outre, dans bien des domaines, la volonté colbertienne de réglementer la production et d'accorder des monopoles commerciaux se heurte à la mauvaise volonté des artisans et des grands fabricants aussi bien que des marchands, négociants et armateurs. Les uns et les autres, qui ont l'habitude de la liberté, acceptent mal règlements et monopoles et essaient de les tourner, souvent avec succès. Les efforts des inspecteurs des manufactures, créés officiellement en 1669-1670, se révèlent en ce domaine d'autant plus vains qu'une grande partie de l'activité manufacturière échappe à tout contrôle : métiers libres dans les villes, encore nombreux en dépit de l'édit de 1673, travail des artisans et des paysans des campagnes.

Dresser un rapide bilan de l'œuvre de Colbert à la veille de sa mort en 1683 est un peu artificiel, puisque la disparition du grand ministre n'entraînera pas de véritable rupture dans la politique qu'il a menée. Toutefois, il n'est peut-être pas inutile de mesurer l'œuvre accomplie en près de vingt-cinq ans, sans vouloir pour autant rapporter ces résultats aux ambitions initiales, car, vu sous cet angle, le bilan est négatif. Non seulement la France n'a pas réussi à supplanter ces redoutables concurrents que sont les Hollandais et les Anglais, mais les positions de ceux-ci se sont, dans le même temps, renforcées (c'est au détriment des autres puissances européennes, notamment l'Espagne, que la France réussit à prendre des avantages). Sur le plan strictement militaire, l'élimination de la Hollande par les armes a échoué, peut-être du fait de l'outrecuidance de Louis XIV en juin 1672 (voir chapitre 5). Sur le plan industriel, les produits anglais et hollandais sont toujours d'une qualité et d'un débit que les artisans et manufacturiers français ne réussissent pas à égaler. Sur le plan commercial surtout, les Hollandais, en dépit des difficultés de toutes sortes liées à la guerre contre la France et à la concurrence anglaise, sont toujours les « rouliers des mers » les plus sûrs et les moins chers grâce à leur flotte marchande, à leur Compagnie de Indes orientales, à leur banque. Protégés par leurs Actes de navigation, les Anglais ont réussi à accaparer une partie du commerce européen, notamment en Méditerranée. Il est vrai que, malgré les efforts de ses chantiers navals depuis 1661, la France ne possède, en 1670, qu'une flotte marchande de 80 000 tonnes, alors que la flotte anglaise est de plus de 100 000 tonnes et la flotte hollandaise de près de 600 000 tonnes.

En outre, les Hollandais restent présents à Curaçao et à Surinam et surtout poursuivent l'exploitation systématique du domaine colonial créé en Insulinde par leur compagnie des Indes (la V. O. C.). Batavia reste le grand entrepôt de l'Asie du Sud-Est, d'où repartent vers l'Europe, en faisant escale dans les comptoirs de l'océan Indien (Malacca, Colombo, Cochin), les lourds voiliers venus d'Amsterdam. La Compagnie française des Indes orientales ne peut pas grand-chose contre un adversaire aussi redoutable. Plus encore, les Anglais renforcent considérablement leurs positions sur tous les continents face aux Français. Dans l'Inde, Bombay devient en 1668 le quartier général de la puissante Compagnie anglaise des Indes orientales qui en fait le comptoir européen le plus actif de la péninsule indienne. Aux Antilles, les Anglais ont fait de la Jamaïque, dont ils se sont emparé en 1655, la plus riche de toutes les îles à sucre. Le long de la côte atlantique de l'Amérique du Nord, les établissements anglais n'ont cessé de s'étendre, parfois aux dépens des Hollandais (la Nouvelle-Amsterdam devient New York en 1664) ; ils forment vers 1680 un front presque continu du Canada à la Floride.

Ceci dit, il ne faut pas minimiser pour autant les réussites françaises qu'il convient d'apprécier en elles-mêmes. Certaines fabrications stimulées par les progrès du commerce extérieur résistent victorieusement au marasme. L'implantation coloniale se poursuit en Amérique. Aux Antilles, l'exploitation de la partie occidentale de Saint-Domingue progresse rapidement. Là, comme à la Martinique et à la

Guadeloupe, se met peu à peu en place une société coloniale fondée sur la culture de la canne à sucre et l'esclavage. Les esclaves, captifs noirs amenés d'Afrique, sont près de 50 000 vers 1680. Leur très forte mortalité, du fait de leur condition, des épidémies et du travail forcé, et la faible fécondité des femmes esclaves ont pour conséquence l'obligation d'importer constamment de nouveaux effectifs par la « traite ». Élaborée à l'instigation de Colbert et publiée en 1685, l'ordonnance dite code Noir entend réglementer la condition des esclaves en 60 articles dont le premier est censé légitimer l'odieux trafic : « Tous les esclaves qui seront dans nos Iles seront baptisés et instruits dans la religion catholique. » Le code Noir qui fait de l'esclave un bien meuble, propriété de son maître, définit les obligations de celui-ci à son égard, c'est-à-dire, outre celles découlant de l'article un, le nourrir correctement, l'entretenir s'il devient infirme, s'interdire de le mutiler et de le torturer (mais éventuellement user du droit de le battre ou de l'enchaîner). Dans la réalité, de nombreux articles du code Noir ne sont pas respectés et les mauvais maîtres agissent en toute impunité. Il est vrai que leur nombre est limité par l'intérêt bien compris : l'esclave représente un investissement que le maître aurait tort de dilapider. En Amérique du Nord, la Nouvelle-France s'agrandit sous les efforts conjugués des missionnaires et des soldats, des commerçants et des coureurs de bois. En 1669-1670, un jésuite, le père Marquette, et un négociant de Québec, Louis Joliet, explorent le pourtour des Grands Lacs ; en 1673, partis du lac Michigan, ils découvrent le Mississippi et en commencent la descente. En 1681-1682, Cavelier de La Salle descend le grand fleuve jusqu'à son embouchure et, le 9 août 1682, prend possession au nom de Louis XIV de tout le pays, qu'il baptise Louisiane. D'autres explorateurs atteignent vers l'ouest le lac Winnipeg et la Saskatchewan, cependant que trafiquants et pêcheurs français s'efforcent de disputer aux Anglais la région de la baie d'Hudson et les rivages de Terre-Neuve. Ainsi, vers 1685, c'est presque toute l'Amérique du Nord qui semble en passe de devenir française, même si, dans la réalité, les quelque 12 000 Français comptent peu face aux quelque 400 000 Anglais installés sur la côte.

En matière de commerce extérieur, le bilan n'est pas non plus médiocre. La flotte marchande, d'une capacité dérisoire en 1660, connaît un redressement spectaculaire grâce aux encouragements financiers apportés à la construction navale. Les échanges extérieurs s'accroissent en volume et sont assurés de plus en plus par des navires français. Saint-Malo, premier port du royaume, est en relation notamment avec Terre-Neuve, l'Italie et l'Espagne. Rouen, Nantes, La Rochelle, Bordeaux sont prospères. Marseille réussit à développer le commerce du Levant malgré la concurrence anglaise et l'insécurité que font régner les pirates barbaresques. Au total, en dépit de multiples difficultés que compense en partie une tranquillité intérieure que le royaume n'avait pas connue depuis longtemps, l'économie française est, vers 1680, dans une situation nettement meilleure que vingt ans plus tôt.

Mais on peut se demander si, paradoxalement, les succès ne sont pas à imputer aux secteurs de l'économie où a pu se développer l'initiative privée, alors que l'intervention de l'État, en matière de manufactures et surtout de compagnies de commerce, a provoqué surtout des mécomptes. Tel sera le point de vue du négociant Nicolas Mesnager qui sera l'interprète de toute une fraction de l'opinion lorsqu'il écrira en 1704 : « C'est un principe incontestable en matière de commerce que toutes les compagnies exclusives sont bien plus propres à le resserrer qu'à l'étendre, et qu'il est beaucoup plus avantageux pour l'État que son commerce soit entre les mains de tous les sujets que d'être restreint à un petit nombre de gens. »

4

Le « siècle de Louis XIV »

La société française.

A la dernière page de ses *Mémoires* pour l'année 1666, Louis XIV évoque, à l'intention de son fils, la société française : « Ceux qui suivent le métier des armes ne sont ni plus obligés ni plus utiles à [mon] service que le reste de [mes] sujets. Chaque profession contribue, en sa manière, au soutien de la monarchie. Le laboureur fournit par son travail la nourriture à tout ce grand corps ; l'artisan donne par son industrie toutes les choses qui servent à la commodité du public ; et le marchand assemble de mille endroits différents tout ce que le monde entier produit d'utile ou d'agréable pour le fournir à chaque particulier au moment qu'il en a besoin. Les financiers, en recueillant les deniers publics, servent à la subsistance de l'État ; les juges, en faisant l'application des lois, entretiennent la sûreté parmi les hommes ; et les ecclésiastiques, en instruisant les peuples à la religion, attirent les bénédictions du Ciel et conservent le repos sur la terre. C'est pourquoi, bien loin de mépriser aucune de ces conditions ou d'en favoriser l'une aux dépens de l'autre, nous devons être le père commun de toutes. »

Certes, le roi évoque plus loin « cette secrète prédilection que les âmes généreuses ont presque toujours pour la profession des armes » et sa « bienveillance particulière » pour sa vaillante noblesse. Il n'en reste pas moins que l'image qu'il se fait de l'ensemble de ses sujets doit peu à la notion des trois ordres traditionnels (clergé, noblesse, tiers état) et renvoie davantage à une conception organique du corps social, chacun contribuant par son travail ou sa fonction à l'harmonie du tout. Mais la réalité que traduit ce point de vue n'exclut pas pour autant une extrême hiérarchisation de la société dans laquelle les notions de dignité, d'honneur, d'estime ont leur place à côté de l'activité exercée et des revenus qu'elle procure. Incontestablement, les Français du milieu du XVIIe siècle constituent à la fois une société d'ordres et une société de classes, et les présenter brièvement postule de mêler ces deux concepts.

Le clergé est le premier ordre du royaume, le seul à disposer d'une organisation qui lui soit propre et reconnue par la monarchie. En effet, depuis le seconde moitié du XVIe siècle, l'Assemblée générale du clergé de France se réunit tous les dix ans (années se terminant par un 5) pour voter un « don gratuit » au roi en échange de la reconnaissance par celui-ci de son immunité en matière fiscale. A ces sessions décennales, dites grandes assemblées, se sont ajoutées au début du XVIIe siècle des sessions intermédiaires, dites petites assemblées et réunies elles aussi tous les dix ans (années se terminant par un 0). Chacune des 18 provinces ecclésiastiques (ou archevêchés), dans les limites du royaume en 1561, est représentée par 2 députés du haut clergé et 2 du bas clergé. Les réunions se tiennent généralement à Paris dans le couvent des Grands-Augustins et durent en principe de trois à six mois. Entre les sessions quinquennales, deux agents généraux veillent à l'exécution des décisions prises et au respect des privilèges du clergé. Si l'activité de l'Assemblée du clergé reste principalement d'ordre financier, celle-ci n'en constitue pas moins, le cas échéant, un organe efficace de défense des libertés de l'Église gallicane et plus précisément de son clergé.

Celui-ci reste toujours aussi cloisonné et hiérarchisé. Le haut clergé comprend les archevêques et évêques, ainsi que les abbés des grandes abbayes. Depuis le concordat de 1516, ils sont nommés par le roi, le pape se contentant de leur conférer l'investiture spirituelle ou canonique. Louis XIV est très conscient de ses responsabilités en ce domaine et déclare dans ses *Mémoires* qu'il ne se laisse guider, en matière de nominations épiscopales, que par des considérations proprement religieuses. De fait, la plupart des évêques se montrent généralement dignes de leurs responsabilités et, si le roi les choisit encore majoritairement dans la vieille noblesse de cour, il élargit ses choix vers la noblesse de robe et la bourgeoisie. Le bas clergé compte environ 100 000 réguliers, religieux et religieuses, et à peu près autant de curés et vicaires constituant le clergé séculier. Composée des revenus de la dîme et surtout de très vastes propriétés foncières (à peu près le dixième de la surface du royaume), la fortune du clergé est considérable, mais très inégalement répartie : l'écart est grand entre les 300 000 livres de revenus de l'évêque de Strasbourg et les 300 livres de portion congrue versée par les décimateurs aux curés privés de la dîme. On conçoit dans ces conditions l'audience qu'ont rencontrée peu à peu auprès de certains membres du bas clergé les idées d'un curé parisien, Edmond Richer, mort en 1631, qui réclamait plus d'autonomie pour les curés de paroisse par rapport non seulement à Rome, mais aussi à leur évêque.

La noblesse forme le second ordre du royaume. Elle s'est longtemps définie par la possession d'un fief et par des privilèges, notamment honorifiques et fiscaux, justifiés par le rôle qui était théoriquement le sien dans la conception trifonctionnelle de la société : à côté des clercs chargés de prier (*oratores*), les nobles étaient ceux à qui incombait d'assurer par les armes (*bellatores*) la défense du troisième état composé de tous ceux qui travaillaient à un titre ou à un autre (*laboratores*). Dans la seconde moitié du XVIIe siècle, cette répartition a largement perdu de sa pertinence. D'une part, des nobles s'adonnent au commerce maritime, ce qu'ils peuvent faire ouvertement sans déroger aux termes de l'édit d'août 1669 qui précise : « Il importe au bien de nos sujets et à notre propre satisfaction d'effacer entièrement les restes d'une opinion qui s'est universellement répandue que le commerce maritime est incompatible avec la noblesse et qu'il en détruit les privilèges. Nous avons estimé à propos de faire entendre notre intention sur ce sujet et de déclarer le commerce de mer ne pas déroger à la noblesse par une loi rendue publique et généralement reçue dans toute l'étendue de notre royaume. » D'autre part, et en sens inverse, de nombreux roturiers servent à côté des nobles dans les armées du roi. En outre, la notion de privilèges déborde largement le premier et le second ordre, avec entre autres les privilèges de certaines provinces, villes ou professions. Enfin, si la noblesse continue à se transmettre par le sang, elle peut aussi s'acquérir, notamment par l'achat de charges anoblissantes. En dépit des préjugés, cette noblesse acquise se fond le plus souvent assez vite avec la vieille noblesse, essentiellement par le biais de fructueuses alliances matrimoniales. Saint-Simon attribue à Mme de Grignan ce propos cynique à l'occasion d'une alliance de ce type : « Il fallait bien de temps en temps du fumier sur les meilleures terres. »

Quoi qu'il en soit, rien n'est plus divers que la noblesse française au temps du Grand Roi. Au sommet de cette hiérarchie nobiliaire fondée à la fois sur la dignité, la richesse et le pouvoir, figurent les grands et les courtisans, tous de noblesse ancienne, vivant à la cour, forts de leur clientèle et de leur fortune (généralement considérable), souvent titulaires du gouvernement d'une province (mais la réalité du pouvoir est en train de passer dans les mains des intendants), parfois engagés directement dans la vie économique et financière du royaume par l'intermédiaire de prête-noms. La noblesse d'offices occupe une place de plus en plus importante. A côté de la noblesse parlementaire, à Paris et en province (Rennes, Bordeaux, Toulouse, Aix, Grenoble), ancienne, riche et influente, se développe la noblesse directement liée à l'exercice du pouvoir. Souvent anoblis récents, ces serviteurs de la monarchie (conseillers d'État, maîtres des requêtes, intendants en province) doivent tout au roi et forment une véritable caste relativement fermée et dont les membres sont liés entre eux par de multiples alliances familiales ; on l'a vu à propos des Colbert, et l'étude des intendants permettrait aussi de le vérifier. Au-delà, la noblesse de province, que l'on peut, dans nombre de cas, qualifier de « seconde » par rapport à la précédente, est infiniment diverse dans ses occupations : beaucoup de ses membres, après avoir servi quelques années dans les armées du roi, gèrent leurs domaines fonciers ou, moins souvent, pratiquent telle ou telle activité non dérogeante, comme le grand commerce maritime, l'exploitation minière ou la gestion d'une manufacture. L'éventail des revenus de ces nobles provinciaux est plus ouvert encore, pouvant aller de l'opulence à une réelle pauvreté (en Bretagne par exemple). Mais tous partagent au moins, quelle que soit l'ancienneté de leur noblesse, le sentiment d'appartenir au second ordre du royaume et un certain nombre de valeurs réputées nobiliaires, comme l'attachement au service et à la personne du roi, l'attrait pour le métier des armes, le mépris de l'argent, le sens de l'honneur.

C'est à ce niveau des valeurs partagées qu'il convient de chercher la différence entre noblesse et roture, plus qu'à celui de la richesse et du pouvoir. Même si l'on dépasse les acceptions du mot « bourgeois » défini, au XVIIe siècle, soit comme l'habitant d'un bourg ou d'une ville, soit, de façon restrictive, comme le citadin qui n'est ni clerc, ni noble, la notion de « bourgeoisie » recouvre des réalités très diverses que l'on ne peut qu'évoquer brièvement : haute bourgeoisie de la finance, de la manufacture, du grand négoce ; bourgeoisie d'offices ou « à talents », par exemple magistrats des présidiaux ou des bailliages, subdélégués, notaires, avocats, procureurs, médecins, professeurs d'université ; petite bourgeoisie de l'artisanat, de la boutique et du petit négoce ; bourgeoisie rentière, enfin, vivant de ses revenus fonciers ou de ses rentes sur l'hôtel de ville. C'est insensiblement que l'on passe au peuple des villes. Si l'on en croit le *Dictionnaire universel* de Furetière (1690), « *peuple* se dit des habitants d'une ville, plus particulièrement par opposition à ceux qui sont nobles, riches ou éclairés ». Les exemples qu'il fournit sont significatifs du jugement dépréciatif formulé par la minorité favorisée par la naissance, la fortune ou la culture à l'égard de la majorité de la population : « Le *peuple* est peuple par tout, c'est-à-dire sot, remuant, aimant les nouveautés […] Le commun du *peuple* est malin et séditieux. » Ce peuple des villes est formé des ouvriers et compagnons employés par un maître, des travailleurs manuels de toutes sortes installés à leur compte dans les multiples métiers urbains, des manouvriers sans qualification prêts à se faire embaucher pour une journée ou une semaine. Ce sont ces derniers qui constituent la frange la plus vulnérable de la société urbaine : gagnant en temps ordinaire et dans le meilleur des cas le strict nécessaire pour leur survie et celle de leur famille, ils sont les victimes désignées des temps de crise. Si le prix du pain vient à monter à la suite d'une mauvaise récolte, ils peuvent d'autant moins faire face à la situation que très souvent ils perdent le travail qui leur permettait de survivre, leurs employeurs éventuels étant eux-mêmes touchés par la crise. Certes, des organismes publics de charité existent dans la plupart des villes, de même que de nombreuses initiatives privées, mais dans les cas les plus graves ce ne sont que de maigres palliatifs à une détresse généralisée.

Au-delà des murailles qui ceignent encore la plupart des agglomérations, s'étend la campagne où vivent les neuf dixièmes environ des 20 millions de Français. Si l'on ajoute la variété introduite par la géographie et les conditions naturelles entre les différentes provinces du royaume, c'est assez dire l'extrême diversité de cette population rurale. Quoi de commun entre le gros fermier d'Ile-de-France, producteur de céréales et de chevaux pour l'énorme marché de la capitale, et le petit métayer des bocages de l'Ouest armoricain qui cultive seigle et plantes textiles et fournit en matière première son voisin, tisserand de village, travaillant pour le négociant de la ville proche ? Quoi de commun entre le viticulteur propriétaire d'un petit clos en région de vignobles et le montagnard partageant sa vie entre son village de vallée et les alpages où il mène ses troupeaux l'été ? Plus que le mode de faire-valoir, ce qui compte et assure la richesse ou au moins l'aisance, c'est d'avoir une exploitation suffisamment grande pour disposer d'importants excédents commercialisables. Mais la masse des ruraux est formée de paysans qui, propriétaires ou non d'une partie ou de la totalité de leur petite exploitation, n'ont à leur disposition qu'une surface cultivable tout juste suffisante pour faire vivre leur famille et leur permettre de payer l'impôt au roi, la dîme au curé, les droits au seigneur et, éventuellement, le loyer au propriétaire.

Mais il y a sort plus dur encore, c'est celui qu'évoquera Vauban en 1707 dans son *Projet d'une dîme royale :* « Parmi le menu peuple, notamment celui de la campagne, il y a un très grand nombre de gens qui, ne faisant profession d'aucun métier en particulier, ne laissent pas d'en faire plusieurs très nécessaires et dont on ne saurait se passer. Tels sont ceux que nous appelons manouvriers, dont la plupart n'ayant que leurs bras, ou fort peu de choses au-delà, travaillent à la journée, ou par entreprise, pour qui les veut employer. Ce sont eux

Le « siècle de Louis XIV »

qui font toutes les grandes besognes comme de faucher, moissonner, battre à la grange, couper les bois, labourer la terre et les vignes, défricher, boucher les héritages [clôturer les propriétés], faire ou relever les fossés, porter de la terre dans les vignes et ailleurs, servir les maçons, et faire plusieurs autres ouvrages qui sont tous rudes et pénibles. Ces gens peuvent bien trouver à s'employer de la sorte une partie de l'année […] Mais il n'en est pas de même le reste de l'année. » De même que les manouvriers urbains, ce sont ces paysans qui sont les plus fragiles et les premières victimes des « années de misère » : comme ils ne peuvent guère espérer être secourus sur place, contrairement à ce qui se passe en ville, ils sont alors condamnés à prendre la route, mendiant leur pain et gonflant le nombre des errants.

Ainsi, au-delà du clivage villes-campagnes, l'existence de cette armée de malheureux, qui sont condamnés à la mendicité et au vagabondage et dont le nombre grossit brutalement à chaque crise, pose au pouvoir un redoutable problème. Depuis le début du siècle, l'idée s'est répandue qu'il faut séparer les pauvres du reste de la société pour laquelle beaucoup d'entre eux sont une menace et procéder à leur enfermement dans des hôpitaux généraux où ils seront à la fois détenus, nourris, envoyés vers les hôtels-Dieu s'ils sont malades, mis au travail s'ils sont valides. Quelques établissements de ce genre sont créés entre 1614 (Lyon) et 1656 (Paris). A l'instigation de Colbert, l'édit du 12 juin 1662 ordonne l'établissement d'un hôpital général « dans toutes les villes et gros bourgs du royaume pour former les pauvres à la piété et religion chrétienne et aux métiers dont ils sont capables ». Un arrêt du conseil de 1673 et une lettre circulaire du roi en 1676 reviennent sur cette obligation : entre 1657 et 1690 35 hôpitaux généraux sont créés dans le royaume. Mais cet effort est très insuffisant pour faire face à la situation, et le « grand renfermement des pauvres » reste un objectif plus qu'une réalité. D'ailleurs, s'il est appuyé par Colbert, soucieux en même temps de maintenir l'ordre et de mettre les oisifs au travail, cet objectif se heurte à l'opposition de nombreux hommes d'Église qui, de Vincent de Paul à Fénelon, s'inquiètent de la dérive qui tend à substituer l'image du vagabond, oisif et dangereux, à celle du pauvre, image vivante du Christ. Et Massillon prêchant devant la cour en 1705 répond d'avance à l'objection qu'il connaît : « Quand un imposteur séduirait votre charité, qu'en serait-il ? N'est-ce pas toujours Jésus-Christ qui la reçoit de votre main ? »

Le « Fils aîné de l'Église ».

Vers 1660, la profonde réforme de l'Église préconisée par le concile de Trente (1545-1563) reste encore largement à faire, même si elle a marqué des points, au temps de Louis XIII et de la minorité de Louis XIV, dans deux domaines, la réforme du clergé régulier et le renouveau de la piété chez une minorité de pieux laïcs. Cependant que beaucoup d'ordres anciens se réformaient, tels les bénédictins de Saint-Maur, les jésuites étaient réintroduits dans le royaume et des « compagnies » de prêtres étaient fondées, oratoriens, lazaristes, eudistes, sulpiciens. Tous se sont mis au service de la renaissance catholique dans divers domaines : formation du clergé séculier, instruction de la jeunesse, prédication, missions intérieures et missions hors de France. Les ordres féminins n'étaient pas en reste, avec l'introduction ou la création des carmélites, des visitandines, des ursulines, des filles de la Charité.

Ces multiples initiatives du clergé régulier étaient soutenues par une élite de pieux laïcs, hommes et femmes, appartenant à tous les milieux, mais où dominaient gentilshommes et riches bourgeois. Ces dévots avaient constitué, sous Louis XIII, un « parti » qui, dans la tradition de la Ligue, avait cherché à intervenir sur le plan temporel en s'opposant notamment à la politique extérieure de Richelieu qui n'hésitait pas à s'allier avec certains princes protestants allemands contre la très catholique Maison d'Autriche. La compagnie du Saint-Sacrement, fondée en 1627 dans le but de « promouvoir la gloire de Dieu par tous les moyens », s'était très vite attirée la méfiance de Richelieu, puis de Mazarin, inquiets de son ambition inavouée de contrôler l'État par le biais d'une défense, inlassable et hautement proclamée, de la morale chrétienne sur tous les fronts. De fait, elle a réussi à jouer à certains moments un rôle direct grâce à l'influence personnelle de tel ou tel de ses membres. Finalement, en 1660, Mazarin interdit la compagnie qui disparaît vers 1667. Son idéal de contrôle du temporel par le spirituel s'opposait de façon trop évidente à la conception du pouvoir du jeune Louis XIV pour qu'elle ait pu se survivre lontemps. Mais l'influence du « parti dévot », ou de ce qu'il en reste, se fait encore sentir lors de l'affaire de *Tartuffe*. Le 12 mai 1664, Molière joue devant Louis XIV les trois actes de sa nouvelle pièce, mais le roi cède à la cabale animée par la reine mère, l'archevêque de Paris Hardouin de Péréfixe et le premier président Lamoignon et interdit toute représentation publique de la pièce de Molière. Pourtant, celui-ci en donne des lectures et des représentations privées en 1665 et 1666 et même une représentation publique, chez Madame, le 5 août 1667. Il faut attendre la mort d'Anne d'Autriche pour que le roi autorise que la pièce soit jouée en public dans une nouvelle version en cinq actes ; la première, le 9 février 1669, est un véritable triomphe pour Molière. Toutefois, chez beaucoup de dévots, vrais ou faux, laïcs ou clercs (Bossuet, Fénelon), la tentation ne disparaîtra pas d'intervenir dans les affaires du siècle pour y faire mieux pénétrer les valeurs chrétiennes par l'intermédiaire d'hommes et de femmes jouant un rôle de premier plan dans l'entourage du prince, que ce soit autour de Mme de Maintenon après 1690 ou autour du jeune duc de Bourgogne entre 1700 et 1712. Mais Louis XIV restera le plus souvent insensible à ces influences ou à ces menées.

Dans le même temps, les dévots, déçus sur le plan politique, ne pouvaient qu'enregistrer avec satisfaction les progrès décisifs de la réforme catholique dans le royaume, dont l'historien note la coïncidence avec le règne personnel de Louis XIV. La généralisation des séminaires diocésains pour la formation du clergé séculier et le meilleur encadrement des fidèles sont les aspects les plus importants de ces progrès. Alors qu'en 1660 la formation des futurs prêtres se ramène encore le plus souvent à une « retraite pour ordinands » au cours des deux ou trois semaines précédant l'ordination, vers 1700 la plupart des 130 diocèses du royaume sont pourvus d'un séminaire au plein sens du terme, c'est-à-dire un établissement pris en charge par des clercs spécialisés (lazaristes ou sulpiciens notamment) et dans lequel les candidats à la prêtrise sont admis, pendant un an ou deux selon les cas, « pour y être élevés dans la piété et les vertus ecclésiastiques et instruits en la théologie, morale, administration des sacrements et autres sciences nécessaires à leur état », selon les termes employés par l'archevêque de Tours en 1675.

Dans ces conditions, un clergé mieux armé, comme le souhaitait un siècle plus tôt le concile de Trente, peut se consacrer à un meilleur encadrement des fidèles dans le cadre paroissial. Le catéchisme hebdomadaire aux enfants, le prône dominical, les missions prêchées tous les cinq ou dix ans par des prédicateurs extérieurs contribuent efficacement à l'instruction du « peuple chrétien ». Celui-ci se plie désormais presque unanimement aux pratiques obligatoires, telles que l'assistance à la messe les dimanches et jours de fête, la confession et la communion une fois par an à Pâques, la réception des sacrements ponctuant l'existence individuelle, du baptême à l'extrême-onction en passant par le mariage pour ceux qui, hommes ou femmes, ne consacrent pas leur vie à Dieu. D'ailleurs, cette observance du baptême et du mariage, de même que de l'inhumation religieuse, s'impose d'autant plus que leur enregistrement par le curé tient lieu d'état civil dans des conditions que l'ordonnance de Saint-Germain-en-Laye, dite code Louis, rappelle et précise en avril 1667. A ces pratiques obligatoires, s'ajoute, pour une minorité, un certain nombre de pratiques facultatives. Les unes sont collectives, comme l'affiliation à une confrérie du Rosaire, du Saint-Sacrement ou du Sacré-Cœur. La participation à un pèlerinage peut être individuelle ou collective, selon les cas. Les « voyages » lointains à Rome, Jérusalem ou Saint-Jacques de Compostelle sont plus rares qu'au Moyen Age, mais les grands pèlerinages nationaux, surtout mariaux, comme Chartres ou Rocamadour, sont toujours très fréquentés, et plus encore les petits sanctuaires locaux à la Vierge ou à un saint : il s'agit dans la plupart des cas de saints thérapeutes ayant chacun sa spécialité et invoqués selon des rites précis où dévotion et magie se mêlent inextricablement, en dépit de la vigilance des autorités ecclésiastiques. D'autres pratiques facultatives sont plus précisément individuelles, comme la communion fréquente, recommandée par tous les évêques, même ceux taxés de jansénisme, ou les œuvres de charité : aumône donnée au mendiant de passage, assistance chez eux des pauvres malades, fondation par testament d'une école pour l'instruction des enfants ou de messes pour le repos de l'âme du fondateur ou de ses parents et amis trépassés.

Pourtant, la christianisation en profondeur de la société française a ses limites. Il y a d'abord la survivance, dans certains milieux de la cour et de la ville, d'un courant libertin sous sa double forme de libertinage des mœurs et de libertinage philosophique pouvant aller jusqu'à l'athéisme ; le jeune roi qui affiche ses maîtresses successives sans vergogne, en dépit des mises en garde de Bossuet, est alors mal placé pour prêcher la vertu à la cour. L'autre limite est beaucoup plus généralisée et sensible dans tous les milieux, il s'agit de la sorcellerie et de la superstition. La grande épidémie de procès de sorcellerie des années 1580-1640 est certes révolue, et la révolution mentale est bien amorcée qui, à partir du milieu du siècle, amène peu à peu les juges à modifier leur attitude à l'égard des « prétendus sorciers ». Pourtant, l'affaire des Poisons qui éclate en 1679 et dans laquelle sont compromis plusieurs grands personnages de la cour, et notamment, on l'a vu, Mme de Montespan, témoigne de la persistance de comportements tels que messes noires, invocations du diable, envoûtements, empoisonnements, sacrifices d'enfants. Louis XIV fait suspendre la procédure engagée et use de lettres de cachet à l'égard de la plupart des suspects (mais la Voisin est brûlée en place de Grève). Surtout, à l'initiative de Colbert, il signe le 30 juillet 1682 l'édit qui ne voit plus dans les pouvoirs des magiciens, sorciers et autres devineresses qu'une « prétendue magie » et transforme le crime de sorcellerie en délit d'escroquerie. Quant aux superstitions, le terme finit par désigner toutes les pratiques et croyances qui, pour n'être pas strictement définies et codifiées par l'Église, sont jugées déviantes par celle-ci : évêques et curés mènent contre elles une lutte incessante, mais qui ne réussit pas à extirper des comportements trop voisins des gestes religieux eux-mêmes pour que les fidèles acceptent aisément le partage.

En même temps qu'elle s'engageait dans la mise en œuvre de la réforme tridentine, l'Église de France était agitée par la querelle janséniste (voir Encadré). Or Louis XIV, plus encore que Mazarin, est sensible à tout ce qui se cache d'opposition politique, consciente ou non, dans l'attitude de certains des amis de Port-Royal, anciens frondeurs, nobles de robe, officiers, qui transfèrent dans le jansénisme et son « refus du monde » leur opposition au renforcement du pouvoir royal. C'est pourquoi, dès 1661, il s'applique, selon ses propres termes dans ses *Mémoires*, « à détruire le jansénisme et à dissiper les communautés où se fomentait cet esprit de nouveauté, bien intentionnées peut-être, mais qui ignoraient ou voulaient ignorer les dangereuses suites qu'il pourrait avoir ». Or les religieuses de Port-Royal s'obstinent à n'accepter de signer le formulaire qu'en introduisant la distinction du droit et du fait. Finalement, en 1664, après une visite dramatique de l'archevêque de Paris, elles sont contraintes de quitter leur couvent parisien et de se regrouper à Port-Royal des Champs d'où sont chassés les « solitaires » qui s'y étaient installés en 1648 et y avaient ouvert des petites écoles.

Cependant, au sein de l'épiscopat, une nouvelle opposition se fait jour. Quatre évêques, dont celui d'Angers, Henry Arnauld, n'acceptent d'imposer à leur clergé la signature du formulaire, à nouveau prescrite par le pape en 1665, qu'en introduisant la même distinction du droit et du fait. Bientôt, une vingtaine d'évêques se solidarisent avec eux. Louis XIV, inquiet de voir Rome multiplier ses interventions dans le royaume, cherche à sortir de l'impasse. Après de longues tractations, on aboutit à un compromis : les quatre évêques écriront au pape Clément IX pour s'engager à faire signer le formulaire dans leur diocèse, mais le pape consentira tacitement à ce que ces signatures soient faites au bas d'un mandement distinguant le droit et le fait. Cette paix de l'Église, ou paix clémentine, rendue officielle par un arrêt du conseil (octobre 1668) et un bref du pape (janvier 1669), apporte une détente provisoire, mais ne résout en rien les problèmes de fond. Si les controverses cessent pour près de trente ans, le jansénisme, dont Port-Royal des Champs reste le bastion, n'en consolide pas moins ses positions, à Paris comme en

Les origines du jansénisme

Le mouvement janséniste s'inscrit à l'origine dans le cadre de la réforme catholique. En 1640, paraît à Louvain l'*Augustinus*, œuvre de l'évêque d'Ypres Jansenius dans laquelle celui-ci, s'abritant derrière l'autorité de saint Augustin, soutient que l'homme rendu radicalement mauvais par le péché originel ne peut être sauvé que par la grâce de Dieu qui n'est accordée qu'à un petit nombre d'élus. Les idées de Jansenius sont propagées en France par son ami l'abbé de Saint-Cyran et adoptées dans le milieu de Port-Royal. L'abbaye de Port-Royal des Champs, en vallée de Chevreuse, a été réformée en 1609 par une jeune abbesse énergique, Jacqueline Arnauld, devenue mère Angélique. Le couvent a essaimé à Paris, faubourg Saint-Jacques, cependant qu'aux Champs se sont installés quelques pieux laïcs pour y mener une vie de pénitence et d'étude ; ces Solitaires ou « Messieurs de Port-Royal », qui se recrutent dans les milieux parisiens de la robe, y ouvrent des petites écoles en 1638. En 1643, Antoine Arnauld, dernier frère de la mère Angélique et disciple de Saint-Cyran, publie un court traité en français, *De la fréquente communion*, dont le succès contribue, beaucoup plus que le pesant *Augustinus*, à la diffusion en France des idées jansénistes : il y dénonce la pratique des confesseurs jésuites autorisant trop facilement la communion et oppose à leur morale relâchée une morale austère et sans complaisance fondée sur les idées de Jansenius. La polémique qui oppose Antoine Arnauld et ses amis de Port-Royal à leurs adversaires, surtout les jésuites, dégénère en une violente querelle qui déborde les milieux ecclésiastiques et intéresse bientôt une large fraction de l'opinion à Paris et en province. En 1653, le pape condamne cinq propositions censées résumer l'*Augustinus* et, en dépit de l'argutie introduite par Arnauld (les cinq propositions sont *en droit* condamnables, mais ne sont pas *en fait* dans l'*Augustinus*), cette condamnation est renouvelée en 1656, en même temps qu'est imposée à tous les prêtres, religieux et religieuses la signature d'un formulaire de soumission. Les jansénistes les plus opiniâtres, notamment Antoine Arnauld et sa sœur, la mère Angélique, abbesse de Port-Royal, refusent de signer. En même temps, Blaise Pascal rencontre un immense succès auprès des « honnêtes gens » avec ses *Lettres provinciales*, publiées sous le manteau en 1656 et 1657, dans lesquelles il ridiculise les jésuites. Pourtant, Mazarin ne souhaite pas envenimer la querelle et temporise.

province, dans la noblesse et la bourgeoisie parlementaire, de même que dans le bas clergé et dans certains ordres religieux (oratoriens, bénédictins, dominicains).

Vers 1660, les protestants vivent toujours sous le régime concédé à ceux de la « religion prétendue réformée », la R. P. R., par l'édit de Nantes de 1598 revu en 1629 par l'édit d'Alais. Ils sont moins nombreux qu'ils ne l'étaient au début du siècle, sans doute 800 000, répartis en quelque 600 églises, surtout dans le Midi (Dauphiné, Languedoc) et dans l'Ouest (Poitou, Aunis, Saintonge), outre quelques riches églises urbaines dans le Nord (Paris, Rouen). Quant aux luthériens alsaciens à qui l'édit de Nantes ne s'applique pas, ils ont vu leur liberté religieuse garantie par les traités de 1648. On trouve des réformés dans tous les milieux; la bourgeoisie (manufacturiers, négociants, financiers) joue désormais le rôle moteur tenu par la noblesse un siècle plus tôt et les paysans ne sont numériquement les plus nombreux que dans certaines régions méridionales. Jusqu'en 1679, Louis XIV s'en tient au plan qu'il s'est fixé en 1661 : « Je crus, mon fils, que le meilleur moyen pour réduire peu à peu les huguenots de mon royaume était de ne les point presser du tout par quelque rigueur nouvelle, de faire observer ce qu'ils avaient obtenu sous les règnes précédents, mais aussi de ne leur accorder rien de plus, et d'en renfermer même l'exécution dans les plus étroites bornes que la justice et la bienséance le pouvaient permettre. » Cette politique de relative modération s'explique à la fois par l'influence de Colbert qui sait la puissance économique que représentent les réformés, par l'espoir du roi de voir ceux-ci rentrer d'eux-mêmes au bercail, convaincus par les controversistes catholiques et par le rôle discret, mais souvent efficace, du marquis de Ruvigny, député général des églises réformées auprès de la cour de 1653 à 1678 (le roi lui proposera même en 1685 d'être excepté, à l'instar de Duquesne, des clauses de l'édit de Révocation, mais Ruvigny refusera et s'exilera en Angleterre). L'application restrictive de l'édit de Nantes (tout ce qui n'est pas explicitement autorisé est considéré comme interdit) se traduit par une série d'enquêtes menées sur place par deux commissaires, l'un catholique, l'autre protestant. A la suite de ces enquêtes, plusieurs centaines d'interdictions de culte sont prononcées, souvent suivies de la démolition du temple. Dans certaines villes, les artisans protestants se voient refuser l'accès à la maîtrise. En outre, sont rappelées plusieurs fois par de nouveaux édits les interdictions d'émigrer, de se marier entre catholiques et protestants, de tenir des synodes sans autorisation royale. Parallèlement, l'effort de conversion par la controverse ne remporte qu'un succès limité : si Bossuet réussit auprès de Turenne en 1668, il échoue dix ans plus tard avec le pasteur Claude. Quant à la caisse des conversions créée en 1676 par Paul Pellisson, lui-même ancien réformé, pour faciliter la réinsertion des huguenots que leur conversion risquait de couper de leur milieu d'origine, elle ne ramène à l'Église, par ce moyen douteux, que quelques milliers d'individus. C'est à partir de 1679 que divers facteurs allaient entraîner, comme nous le verrons, un durcissement de la politique royale.

Roi Très Chrétien, « Fils aîné de l'Église », Louis XIV considère, comme ses prédécesseurs, qu'il est investi par son sacre d'un véritable « sacerdoce royal » et qu'il a donc un droit de regard sur les affaires ecclésiastiques de son royaume, non seulement au point de vue temporel, mais même, dans une certaine mesure, au point de vue spirituel. C'est ainsi qu'il peut refuser de recevoir telle décision pontificale considérée comme contraire aux libertés de l'Église gallicane. Ce gallicanisme politique rejoint ainsi, sans se confondre avec lui, le gallicanisme ecclésiastique du clergé de France pour qui le pape n'a la plénitude de la puissance apostolique que conjointement avec les évêques. C'est pourquoi Louis XIV s'appuie à l'occasion sur l'Assemblée du clergé pour affirmer son indépendance à l'égard du pape. Dès 1662, une rixe à Rome entre gardes corses pontificaux et personnel de l'ambassade de France est pour lui l'occasion de confisquer provisoirement Avignon et le Comtat et d'exiger du pape des excuses solennelles. Moins de dix ans plus tard, surgit l'affaire de la Régale. En 1673, poussé par Colbert pour des raisons financières, Louis XIV décide de son propre chef d'étendre aux diocèses du Midi, où il n'existait pas, le droit dit de régale selon lequel le roi de France percevait, à la place du Saint-Siège, les revenus d'un évêché vacant et nommait aux bénéfices locaux. Seuls deux évêques protestent, Caulet, de Pamiers, et Pavillon, d'Alet, et ce dernier fait appel à Rome. Or, Innocent XI, élu en 1676, est un pape austère et intransigeant sur les droits de la papauté. Il considère le geste de Louis XIV comme une usurpation et condamne par trois brefs successifs, en 1678 et 1679, le « prétendu droit de régale ». Le roi tardant à s'incliner, le pape refuse en 1680 le candidat désigné par celui-ci pour le siège de Pamiers après la mort de Caulet. Louis XIV décide alors de s'appuyer sur le clergé de France. En 1682, une Assemblée, extraordinaire, du clergé adopte, le 19 mars, non sans hésitations, une déclaration en quatre articles, préparée par Bossuet, qui affirme que « les rois et les souverains ne sont soumis à aucune puissance ecclésiastique, par l'ordre de Dieu, dans les choses temporelles », que le « jugement [du pape] n'est irréformable que si le consentement de l'Église s'y ajoute », enfin que la puissance apostolique doit respecter « les règles, coutumes et constitutions admises dans le royaume ». En outre, un édit royal du même jour prescrit que la déclaration dite des Quatre Articles sera obligatoirement enseignée dans les collèges et les séminaires et que tout candidat à un grade universitaire devra y souscrire. Innocent XI réplique en cassant les décisions de l'Assemblée, mais, ne voulant pas créer l'irrémédiable, ne condamne pas solennellement Louis XIV. En revanche, il décide de refuser l'investiture spirituelle aux nouveaux évêques nommés par le roi. Les deux adversaires campent alors sur leurs positions, chacun refusant de prendre la responsabilité de la rupture.

De Corneille à Bossuet.

« C'était un temps digne de l'attention des temps à venir que celui où les héros de Corneille et de Racine, les personnages de Molière, les symphonies de Lulli toutes nouvelles pour la nation, et (puisqu'il ne s'agit ici que des arts) les voix des Bossuet et des Bourdaloue se faisaient entendre à Louis XIV, à Madame, si célèbre par son goût, à un Condé, à un Turenne, à un Colbert, et à cette foule d'hommes supérieurs qui parurent en tout genre. Ce temps ne se retrouvera plus, où un duc de La Rochefoucauld, l'auteur des *Maximes*,

Le « siècle de Louis XIV »

au sortir de la conversation d'un Pascal et d'un Arnauld, allait au théâtre de Corneille. » Mieux que personne, Voltaire a senti la grandeur du siècle de Louis XIV, même s'il a sans doute exagéré le rôle personnel du roi dans cette floraison d'esprits exceptionnels, notamment au niveau de la littérature. « Non seulement il s'est fait de grandes choses sous son règne, mais c'est lui qui les faisait » est un propos qui perd toute pertinence de son exagération même. Il n'en est pas moins vrai que le roi est parfaitement conscient de la chance insigne qui est la sienne d'accéder au pouvoir au moment où les tragédies de Corneille, les premières pièces de Molière, les premiers sermons de Bossuet sont écrits, joués, prononcés, applaudis, au moment où, selon le mot de Voltaire, bon juge, les *Provinciales* de Pascal, parues en 1656, assurent « la fixation de la langue française ».

Le roi est également conscient du fait que les écrivains, de même que les artistes et les savants, peuvent contribuer à la glorification de son règne et il use de tous les moyens dont il dispose pour aider les meilleurs, témoignant, en outre, d'un goût personnel éclairé et sûr. En 1642, à la mort de Richelieu, son fondateur, l'Académie française avait choisi comme protecteur le chancelier Séguier. Lorsque celui-ci meurt en 1672, les académiciens ont l'heureuse idée de demander au roi lui-même d'être leur nouveau protecteur. Celui-ci non seulement accepte, mais décide de loger l'Académie au palais du Louvre et de lui accorder l'insigne privilège de le haranguer dans les circonstances solennelles, ce qui la mettait au rang des grands corps de l'État. Le roi s'intéresse pendant tout son règne à l'institution, veillant à la régularité des élections, mais s'interdisant le plus souvent toute ingérence. Pour encourager les académiciens dans leur tâche essentielle, c'est-à-dire la rédaction du dictionnaire, Colbert institue en 1683 l'octroi de jetons de présence. Le 24 août 1694, l'Académie offre solennellement au roi le premier exemplaire du *Dictionnaire de la langue française*, enfin terminé. Il est vrai que les académiciens avaient pillé sans scrupules excessifs les deux dictionnaires publiés antérieurement, celui de Pierre Richelet en 1680 et celui de leur confrère Antoine Furetière en 1690. Du moins tous ceux qui écrivaient en français, dans le royaume ou ailleurs, disposaient désormais d'instruments codifiant une langue claire, simple, débarrassée, au moins théoriquement, des obscurités et des archaïsmes.

Au-delà de l'usage de cette langue, les écrivains du temps de Louis XIV partagent un idéal que l'on peut dire « classique », à condition d'avoir conscience de l'anachronisme (le mot date, dans ce sens, du XIXe siècle), en d'autres termes un certain nombre de valeurs communes par-delà la variété des genres littéraires et surtout le génie propre à chacun. Le culte de l'Antiquité est la première de ces valeurs. Les auteurs latins et grecs sont lus et relus par tous. Les genres qu'ils ont illustrés et leurs manières d'écrire sont considérés comme des modèles inégalés. La *Poétique* d'Aristote et l'*Art poétique* d'Horace sont des références constantes. La théorie de la « catharsis », ou purgation des passions, imaginée par le premier, le précepte du second de mêler l'utile à l'agréable sont sans cesse rappelés. La deuxième valeur commune est le souci de la clarté et de la rigueur que l'on atteint en se soumettant au contrôle de la raison. Celle-ci qui doit donc l'emporter sur l'imagination, réputée inférieure et dangereuse, est le fondement même des règles qu'il convient de suivre pour atteindre le « beau idéal ». Obéir à la raison et aux règles qu'elle dicte (ainsi, dans la tragédie, la règle des trois unités), c'est rejeter tout ce qui est exceptionnel, excessif, spontané, irréfléchi, et rechercher au contraire ce qui est clair, sobre, vraisemblable et a valeur générale. L'écrivain doit notamment s'attacher à la peinture de l'homme dans ce qu'il a d'universel. Dans de telles perspectives, l'imitation de la nature qui mêle le beau au laid, l'horrible à l'agréable, doit être soigneusement contrôlée. Dans ses *Réflexions sur la Poétique d'Aristote* (1675), le père Rapin écrit : « Ce n'est pas assez de s'attacher à la nature qui est rude et désagréable en certains endroits ; il faut choisir ce qu'elle a de beau d'avec ce qui ne l'est pas. » Enfin, il faut viser aussi le grandiose et le majestueux, sans jamais tomber dans l'exagération et la démesure. Le « grand goût » établit une hiérarchie dans les genres et dans les sujets : la tragédie à personnages historiques, empruntés le plus souvent à l'Antiquité et s'exprimant en alexandrins, l'emporte sur la comédie, surtout si elle est en prose ; l'éloquence sacrée, notamment l'oraison funèbre, est un genre noble par excellence. Dans son *Art poétique,* publié en 1674, Boileau (1636-1711), par ailleurs poète pittoresque et caustique, se fait le grand théoricien de cet idéal classique.

Le théâtre, manifestation de la vie sociale, est un des genres les plus prisés du public. Corneille, qui s'est éloigné de la scène après l'échec de *Pertharite* en 1651, y revient à partir de 1659 avec *Œdipe*. Il fait jouer alors une nouvelle tragédie par an, ou presque, jusqu'en 1667, mais sans retrouver le succès des années 1640-1650 : la jeune génération se détourne de lui, les critiques se font cruels, tel Boileau après l'échec de ses deux dernières pièces en 1666 et 1667 (« Après l'*Agésilas,* / Hélas ! / Mais après l'*Attila,* / Holà ! »). Le succès est désormais du côté de Racine, qu'il affronte en 1670 sur un même sujet : mais alors que la *Bérénice* de son jeune rival connaît un triomphe, sa propre pièce, *Tite et Bérénice*, doit être retirée de l'affiche après une vingtaine de représentations. L'échec de *Suréna,* en 1674, le convainc de faire un adieu définitif à la scène. Il meurt dix ans plus tard, non sans avoir veillé à la réédition de son œuvre. Il est resté jusqu'au bout fidèle non seulement à sa conception du théâtre dont l'action est pour lui le ressort essentiel, mais aussi à une certaine vision de l'homme et du monde, conciliant héroïsme et liberté. Pour lui, le sujet même d'une bonne tragédie est la confrontation de l'homme avec ce qui le dépasse et sa victoire finale face à des exigences contradictoires. Il n'a pas senti que les temps et les goûts ont changé et que la cour du jeune roi, notamment, tout en restant fidèle à l'idéal cornélien, souhaite que le théâtre tragique s'ouvre davantage à la tendresse et à la peinture des passions.

Dès *Andromaque* qui connaît en 1667 un immense succès, Jean Racine s'affirme comme le plus grand poète dramatique du siècle. Ancien élève des petites écoles de Port-Royal des Champs, il rompt tôt avec ses anciens maîtres et se consacre au théâtre. De 1667 à 1677, il fait jouer à Paris, à l'hôtel de Bourgogne, avec un succès qui ne se dément pas, sept tragédies, notamment *Britannicus, Bérénice, Mithridate,* dont les sujets sont empruntés à l'histoire romaine, comme chez son illustre aîné. Au-delà de l'incomparable pureté de la forme, il y témoigne d'une étonnante profondeur dans l'analyse psychologique. Il atteint le sommet de son art en 1677 avec

Phèdre, mais la cabale que provoque la pièce l'amène non seulement à rompre avec le théâtre, mais aussi à changer de vie. Il est nommé, avec Boileau, historiographe du roi, et tous deux se consacrent à leurs nouvelles fonctions, sans éviter la flagornerie (« Grand roi, cesse de vaincre, ou je cesse d'écrire », rimaille Boileau). Par ailleurs, après avoir mené jusque-là une vie sentimentale agitée, Racine épouse, à la fin de 1677, la petite-fille d'un notaire parisien et se rapproche de ses anciens amis jansénistes. Il ne revient au théâtre, en 1689 et 1691, que pour écrire, à la demande de Mme de Maintenon et à l'intention des jeunes pensionnaires de Saint-Cyr, deux tragédies bibliques, *Esther*, puis *Athalie*.

C'est en 1659 que Molière et sa troupe s'installent définitivement à Paris. Fils d'un bourgeois parisien, tapissier du roi, Jean-Baptiste Poquelin, dit Molière, a très tôt répondu à sa vocation des planches et, avec l'Illustre Théâtre, parcouru les provinces françaises. Soucieux d'élargir son répertoire, de comédies empruntées à l'actualité, il écrit *Les Précieuses ridicules,* représentées avec plein succès en novembre 1659 sur la scène du Petit-Bourbon proche du Louvre, que le roi a mise à sa disposition. En 1662, il écrit et joue *L'École des femmes,* l'une de ses meilleures pièces. Mais certaines audaces ameutent contre lui les dévots, hostiles de surcroît à toutes formes de théâtre. C'est pour se venger de ceux-ci qu'il écrit *Tartuffe*, provoquant la cabale que l'on a évoquée plus haut. En 1664, Louis XIV lui confie une partie de l'organisation des *Plaisirs de l'Ile enchantée* et ne cessera ensuite de lui accorder son appui et de l'inviter à jouer devant la cour. De 1665 à sa mort, en 1673, il écrit et joue *Dom Juan* (1665), *Amphitryon* (1668), *Les Femmes savantes* (1672), mais aussi plusieurs comédies-ballets sur la musique de Lulli. Molière est un artiste exceptionnel, rêvant d'un spectacle où le texte, la musique et la danse seraient intimement associés. C'est aussi un grand moraliste, exigeant et généreux, qui veut « corriger les vices » en divertissant et s'en prend, au-delà des travers de ses contemporains, aux « faux-monnayeurs » de tous les temps.

Jean de La Fontaine se veut, lui aussi, moraliste. Aimant écrire, il compose une comédie, puis un ballet, et, en 1662, une élégie « Aux nymphes de Vaux » pour implorer la clémence du roi à l'égard de Fouquet dont il demeure, après sa chute, l'un des rares fidèles. Il est vrai qu'il a connu à l'ombre du surintendant un mécénat fait d'intelligence et de liberté, très éloigné de la mobilisation des lettres et des arts au service du roi. Il publie des *Contes*, inspirés de Boccace et de l'Arioste, et, en 1668, un recueil de 124 *Fables,* imitées d'Ésope et réparties en six livres, qu'il dédie au dauphin, alors âgé de sept ans. Le succès en est tout de suite considérable. Dans les années suivantes, il publie de nouveaux contes licencieux où il met en scène nonnes et religieux et qui lui valent une interdiction à la vente prononcée par le lieutenant de police. En 1678, il fait paraître un second recueil de *Fables*. Il est mêlé en 1687 à la querelle des Anciens et des Modernes et meurt en 1692, après avoir abjuré ses contes qu'il traite de « livre abominable ». « Une vaste comédie aux cent actes divers / Et dont la scène est l'univers » : La Fontaine dit vrai en définissant ainsi ses fables. Sous des dehors faciles, elles cachent un art savant et prêchent une morale moins mesquine et plus complexe qu'il n'y semble à première lecture. Quant à leur auteur, il apparaît, dans sa vie et dans son œuvre, comme l'un des meilleurs représentants de cette petite minorité d'écrivains et d'artistes trop épris de liberté pour se sentir à l'aise dans l'académisme officiel.

L'éloquence sacrée connaît sous Louis XIV un rayonnement dû moins au succès de la réforme catholique qu'à quelques prédicateurs exceptionnels qui donnent à ce genre littéraire ses lettres de noblesse. C'est le cas, après 1660, de Bourdaloue, de Fléchier, surtout de Bossuet. Né à Dijon en 1627, Bénigne Bossuet est ordonné prêtre en 1652 et subit fortement l'influence de Vincent de Paul à qui il doit en partie son sens de la prédication, son attention aux pauvres, sa conscience aiguë des exigences du sacerdoce. Chanoine de Metz, il y commence son activité de prédicateur. De 1660 à 1670, il prêche à Paris, devant la cour, notamment quatre « stations » (c'est-à-dire des suites de sermons pendant l'avent ou le carême); il prononce, en 1669, l'oraison funèbre d'Henriette de France, sœur de Louis XIII et reine d'Angleterre, et, l'année suivante, celle de sa fille, Henriette d'Angleterre, Madame, duchesse d'Orléans, belle-sœur du roi, morte en quelques jours à vingt-six ans (« Madame se meurt, Madame est morte... »). Évêque de Condom en 1669, il est nommé par le roi en 1670 précepteur du dauphin et se démet l'année suivante de son évêché. Il joue dès lors un rôle considérable à la cour, s'efforçant notamment d'amener Louis XIV à mettre fin au scandale public de ses adultères affichés. Évêque de Meaux en 1680, il réside dans son diocèse, mais n'en reste pas moins mêlé à toutes les grandes affaires ecclésiastiques, notamment la rédaction de la *Déclaration des quatre articles* en 1682. Il ne prêche plus que très rarement à la cour et la dernière oraison funèbre qu'il prononce en 1687 est celle du Grand Condé. Il s'oppose violemment à Fénelon en 1698 et meurt en 1704. Outre ses sermons qui assurent sa renommée, Bossuet a mis sa plume au service de la défense et de l'illustration de l'Église romaine contre tous ses adversaires, protestants, libertins, comédiens. Grand témoin de son temps, il est aussi l'un des plus importants prosateurs français. Rappeler ces quelques grands noms n'épuise pas la richesse de ce quart de siècle qui, entre 1660 et 1685, voit en outre la publication des *Maximes* de La Rochefoucauld en 1665, des *Pensées*, posthumes, de Blaise Pascal en 1670, de *La Princesse de Clèves* de Mme de La Fayette en 1675, du *Traité de la nature et de la grâce* de Malebranche en 1680.

Mais ces livres qui sont lus dans toute l'Europe cultivée et qui contribuent ainsi à la gloire du roi ne dépassent guère, en France même, le cercle de ce que l'on appelle « la cour et la ville », c'est-à-dire une toute petite minorité de gens instruits et cultivés. Cela ne signifie pas pour autant que la culture de la grande majorité des Français soit totalement repliée sur elle-même et imperméable à cette culture « classique ». Certes, l'analphabétisme des hommes et surtout des femmes est massif : vers 1686-1690, environ 71 % des hommes et 86 % des femmes ne savent pas signer leur acte de mariage. Ils participent pourtant à une culture qui, pour être essentiellement orale, n'en est pas moins ouverte sur l'écrit par le biais notamment de la lecture à haute voix. En témoigne le succès des livres et livrets de ce que l'on a appelé la Bibliothèque Bleue de Troyes et qui, diffusés par les colporteurs, atteignent, en ville et à la campagne, des publics très variés.

Or ce répertoire « troyen » comporte aussi bien des contes de fées et des almanachs que des ouvrages de la littérature savante, à dominante religieuse, souvent récrits et mis « à la portée du peuple ». Les *Histoires ou Contes du temps passé, avec des moralités,* publiées à Paris en 1697, ont été écrites par Charles Perrault, sous le nom de son fils Pierre Darmancour, à partir des récits que lui faisait sa nourrice lorsqu'il était enfant. Les imprimeurs troyens ont alors l'idée de reprendre ces divers « contes dont on amuse les enfants » (comme dit Furetière), de les adapter à leur clientèle et de les diffuser avec le plus grand succès. Les *Contes* de Perrault sont ainsi le témoignage des échanges réciproques entre culture dite savante et culture dite populaire, ou plutôt à l'intérieur d'une vaste culture commune aux Français du temps de Louis XIV.

Les progrès des sciences.

C'est dans la première moitié du XVIIe siècle qu'est née en Europe, avec Galilée et Descartes, la science moderne fondée sur l'observation, l'expérience et le langage mathématique, et portée par l'intérêt des autorités et du public. A Florence, le grand-duc de Toscane Ferdinand II fonde en 1657 l'Accademia del Cimento. En Angleterre, le roi Charles II signe en 1662 la charte de fondation de la Royal Society de Londres qui jouera un rôle moteur dans les progrès des sciences et des techniques et qui dès 1665 prend l'initiative de la publication d'un grand périodique consacré aux travaux des savants, les *Philosophical Transactions*. En France, Colbert toujours soucieux de ce qui peut servir la gloire du roi favorise les débuts du *Journal des Savants,* créé en 1665 par un jeune conseiller au Parlement. Paraissant tous les lundis, cet hebdomadaire comporte une recension de la production imprimée française et étrangère, des notices nécrologiques, des comptes rendus de séances de sociétés savantes, des rapports d'expériences et de découvertes scientifiques. En dépit de difficultés liées à une succession de directeurs dont certains se montrent peu actifs, entraînant une parution parfois irrégulière, le *Journal des Savants* réussit à se maintenir et à jouer son rôle de lien entre les membres de la société scientifique française et étrangère.

Par ailleurs, Colbert, jaloux du prompt succès de la Royal Society, persuade sans peine le roi de l'intérêt de créer à Paris une institution du même type et susceptible de rivaliser avec elle. Une telle initiative pouvait s'appuyer sur des précédents, le « cabinet » des frères Dupuy, rendez-vous, entre 1635 et 1656, de tous les savants du temps, l'« académie » d'Habert de Montmort, jouant un peu le même rôle entre 1657 et 1664. Les choses se précisent après l'arrivée en France, en avril 1666, du Hollandais Christian Huygens, l'un des plus grands savants du siècle, à la fois astronome, physicien, mathématicien (il compose en 1657 le premier traité complet de calcul des probabilités). Cédant aux instances de Colbert, il accepte de résider à Paris moyennant une pension annuelle de 6 000 livres et de siéger au sein de l'Académie projetée. A l'été de 1666, les premiers académiciens sont nommés par le roi, 16 à l'origine, parmi lesquels, outre Huygens, figurent Mariotte, Claude Perrault, Roberval. La première séance de l'Académie royale des sciences se tient le 22 décembre 1666, dans les locaux de la Bibliothèque du roi que Colbert vient d'installer rue Vivienne. « Ce jour, rapporte le procès-verbal, il a été arrêté dans la Compagnie : 1. Qu'elle s'assemblera deux fois la semaine, le mercredi et le samedi ; 2. Que l'un de ces deux jours, savoir le mercredi, on traitera des mathématiques ; le samedi, on travaillera à la physique ; 3. Comme il y a une grande liaison entre ces deux sciences, on a jugé à propos que la Compagnie ne se partage point et que tous se trouvent à l'assemblée les mêmes jours. » Dans le dernier tiers du siècle, l'Académie, dont les membres reçoivent du roi une gratification annuelle, contribue plus ou moins directement aux progrès scientifiques, inégaux d'ailleurs selon les branches.

Si, dès 1631, Galilée a magistralement confirmé les intuitions de Copernic, il s'en faut de beaucoup que l'héliocentrisme ait tout de suite conquis les milieux scientifiques. En France, il faut attendre la seconde moitié du siècle, avec notamment l'*Abrégé de la philosophie de Gassendi*, publié en 1672 par François Bernier, pour que l'astronomie marque des points décisifs au détriment de l'astrologie. Celle-ci,

Le « siècle de Louis XIV »

confondue jusque-là avec la science des astres, est qualifiée par Furetière en 1690 de « science vaine et incertaine » et condamnée par l'Église au nom du libre arbitre. Elle est laissée aux classes populaires auprès desquelles elle est diffusée par les almanachs de la littérature de colportage et elle est récusée désormais avec dédain par les « honnêtes gens », non sans certaines ambiguïtés. Louis XIV, dont l'horoscope a été tiré à la naissance par Campanella, est le premier roi de France à n'avoir ensuite aucun recours aux astrologues et, s'il décide de prendre le Soleil comme image de son propre pouvoir, c'est non par référence à l'astrologie, mais par le libre choix d'une analogie flatteuse. Il faut donc attendre le début du règne personnel pour que l'observation et l'étude du système solaire, dans le prolongement des travaux de Galilée, de Kepler et de Tycho Brahé, marquent des points importants, en même temps qu'en géodésie, plaçant la France au premier rang dans ces deux domaines. L'Observatoire de Paris y est pour beaucoup. Sa construction est décidée par Colbert dès 1666, le futur établissement étant placé sous la tutelle de l'Académie des sciences (il y restera jusqu'en 1711). Les travaux, dont l'architecte est Claude Perrault, sont menés rapidement et terminés pour l'essentiel en 1672 (les aménagements se poursuivront jusqu'en 1683). De 1669 à 1671, l'abbé Jean Picard y mène à bien la mesure de l'arc de méridien entre Amiens et Paris, ce qui lui permet de déterminer une valeur exacte du rayon de la terre, préludant ainsi aux travaux de triangulation sur lesquels devait être fondé à la fin du XVIIIe siècle le système métrique. Colbert, poursuivant sa politique systématique d'appel aux savants étrangers, réussit à faire venir l'astronome italien Jean-Dominique Cassini qui devient directeur de l'Observatoire et y réalise d'importantes observations de Vénus, Mars, Jupiter, découvrant en outre les deuxième et troisième satellites de Saturne. De son côté, le Danois Römer, appelé lui aussi à Paris à l'instigation de Picard qui l'a rencontré au Danemark, démontre la vitesse de la lumière et annonce sa découverte le 16 novembre 1676 à l'Académie des sciences dont le procès-verbal précise que « M. Römer a lu à la compagnie un écrit par lequel il montre que le mouvement de la lumière n'est pas instantané, ce qu'il fait voir par l'inégalité des immersions et émersions du premier satellite de Jupiter ». Publiée quelques jours plus tard dans le *Journal des Savants*, cette découverte a un très gros retentissement et, bientôt, des répercussions scientifiques et philosophiques considérables.

La chimie est illustrée surtout par Edme Mariotte, dont la première communication à l'Académie, en 1667, « Observations sur l'organe de la vision », expose la découverte du point aveugle de l'œil. En 1676, dans son traité *De la nature de l'air*, il établit la loi de compressibilité des gaz qui porte son nom et qui est découverte à peu près en même temps en Angleterre par Robert Boyle : le volume d'une masse gazeuse est, à température constante, inversement proportionnel à sa pression. Mais, en dépit de certains progrès ainsi réalisés dans l'explication des phénomènes, la chimie reste encore essentiellement qualitative. En mécanique, Huygens met en évidence la force centrifuge et entrevoit le principe d'inertie formulé un peu plus tard par Newton. Dans le domaine des sciences de la vie, les quelques progrès réalisés le sont surtout à l'étranger, avant que Joseph de Tournefort, démonstrateur au Jardin du roi, ne se fasse connaître à partir de 1692 par d'importantes découvertes en botanique. Quant à la médecine, elle est encore presque totalement impuissante, malgré l'apparition de nouveaux médicaments, comme l'antimoine, le quinquina, l'ipécacuana. L'enseignement médical, notamment dans les deux grandes facultés de Montpellier et de Paris, est toujours tributaire des grands Anciens, Aristote, Hippocrate, Galien, et se ferme presque totalement aux leçons majeures du siècle dans le domaine de la pensée. Molière a beau jeu, dans ces conditions, de faire rire aux dépens de tous les Diafoirus de son temps. Au-delà des facultés de médecine, c'est tout l'enseignement universitaire que brocarde Boileau dans son *Arrêt burlesque* de 1671, conscient qu'il est, comme les meilleurs de ses contemporains, que les progrès de la pensée et des sciences ne sont plus à attendre des vieilles universités ratiocinantes et sclérosées, mais des nouveaux établissements créés en dehors d'elles depuis plus d'un siècle, à l'initiative des rois, Collège royal, Jardin du roi, Observatoire. A cet égard, la visite solennelle que Louis XIV fait à l'Observatoire, le 1er mai 1682, a valeur de symbole. Le roi, accompagné de toute la cour, se fait longuement présenter par Cassini et Picard les lunettes astronomiques, les pendules, les dessins de la lune, le puits pour l'observation des étoiles verticales, la grande salle, la terrasse. Tableaux et gravures répercutent l'événement, saluant dans le roi le protecteur des sciences.

Les arts au service du roi.

Plus encore sans doute que des écrivains et des savants, le roi attend des artistes qu'ils travaillent à sa gloire. Les diverses résidences royales doivent dans leur architecture, leur décoration, leur mobilier, leurs jardins, l'emporter sur tout ce qui se fait en beauté et en magnificence, et les meilleurs artistes, français et étrangers, doivent avoir à honneur de travailler pour le roi de France. Les fêtes de cour, avec leurs ballets et leurs opéras, célèbrent le Roi-Soleil au sein de l'Olympe. Mais cette mobilisation des artistes dépasse le seul cadre de la cour : à Paris, comme dans les grandes villes du royaume, les arcs de triomphe ou les places royales obéissent au même mobile. Louis XIV n'est pas l'inventeur de cet art royal. Mais il est vrai que la première partie de son règne personnel voit ses plus éclatantes réussites, et très souvent à son initiative.

L'action du roi est en effet déterminante dans la mesure même où il fait travailler les meilleurs artistes du temps sur des chantiers non seulement nombreux, mais surtout considérables, comme Versailles. L'infatigable Colbert, surintendant des bâtiments en 1664, relaie là encore l'action royale. Il soutient activement l'Académie de peinture et sculpture, fondée en 1648, qui devient sous l'impulsion autoritaire de Charles Le Brun un véritable laboratoire, formulant « des règles certaines en faveur de ceux qui veulent professer ces nobles arts ». Il réunit, en 1663, sous le nom de Petite Académie, un groupe de quatre écrivains choisis par lui au sein de l'Académie française et chargés de composer les inscriptions et devises des monuments élevés par le roi et des médailles frappées en son honneur, d'où le nom d'Académie des inscriptions et médailles qui sera bientôt le sien. Louis XIV souligne lui-même l'importance que revêt à ses yeux la nouvelle institution en déclarant à ses membres : « Vous pouvez, Messieurs, juger de l'estime que je fais de vous, puisque je vous confie la chose du monde qui m'est la plus précieuse, qui est ma gloire. » Colbert transforme, en 1670, la petite communauté d'architectes réunie pour la construction de la colonnade du Louvre en une Académie d'architecture. Mais alors que l'Académie de peinture et sculpture avait un recrutement illimité, la nouvelle Académie n'est composée que des architectes du roi, c'est-à-dire « occupés à ses bâtiments ». Présidée par le premier architecte, elle est chargée d'examiner les projets proposés pour les édifices de la Couronne et de donner des conseils aux villes ou aux provinces qui pouvaient les solliciter. En même temps, elle dispense un enseignement et reçoit du roi la possibilité d'envoyer à Rome ses meilleurs élèves, afin qu'ils étudient sur place les grands monuments de l'Antiquité et de la Renaissance, au sein de l'Académie de France à Rome fondée par Colbert en 1666 ; ainsi, le « voyage en Italie », qui relevait jusque-là de l'initiative personnelle de jeunes artistes fortunés, devient une véritable institution.

Vers 1660, en architecture, en sculpture et en peinture, l'art classique est en place, avec ses impératifs dont l'élaboration théorique se poursuit : au premier chef, le culte de l'Antiquité doublé du goût très français pour la clarté et la rigueur et combiné avec le sens du grandiose et du majestueux. En architecture, on reste fidèle aux formules antiques revues par la Renaissance, fronton triangulaire, ordres superposés, colonnade, coupole, terrasse. C'est dans le jeu de ces divers éléments, parfois combinés avec quelques influences de l'Italie contemporaine, que s'exprime l'originalité de chaque édifice et de son constructeur. En sculpture, les allégories mythologiques sont plus que jamais à la mode, de même que les portraits à l'antique. Il en est de même en peinture où de tels sujets sont seuls dignes d'un véritable artiste : les paysages, à moins qu'ils ne servent de cadres à une action humaine, et plus encore les natures mortes relèvent des genres « bas » qu'il faut laisser, selon le théoricien Félibien, à ceux que « leur génie ne rend pas capables de plus grands sujets ».

France classique ? France baroque ? Ces deux adjectifs ne

sont pas seulement anachroniques, ils sont trompeurs dans leur opposition forcée. L'influence italienne, si forte en France dans les années 1640-1660, notamment avec Mazarin et son entourage de parents et d'artistes, renvoie toujours et d'abord à l'Antiquité gréco-latine et à la Renaissance florentine, romaine ou vénitienne, mais aussi à cet art qui triomphe depuis les années 1600 dans la péninsule et surtout dans la Rome pontificale et qu'illustre au premier chef Lorenzo Bernini, le « décorateur » de Saint-Pierre, avec le gigantesque baldaquin de bronze aux quatre colonnes torses en 1624, et plus tard, en 1667, l'énorme « gloire de saint Pierre » dans l'abside : art du mouvement et de l'ostentation, de l'exubérance et de l'irrationnel. Il est sans doute faux de dire que l'échec du voyage à Paris du « cavalier Bernin » à l'invitation du roi, en 1665, signifie que la France a alors écarté « la tentation du baroque ». Plus prosaïquement, la jactance de l'architecte romain et ses propositions concernant l'achèvement du Louvre sont apparues mal adaptées et trop coûteuses aux yeux du roi, de Colbert et des architectes qui les entourent. Mais s'il est vrai qu'en architecture le goût français reste résolument « classique », sculpteurs, peintres, tapissiers, décorateurs, auteurs de ces « constructions éphémères » que sont les décors de théâtre ou les grandes pompes funèbres seront sensibles à certaines formes de cet art « baroque » qui triomphe alors dans la péninsule italienne et bientôt en Europe centrale.

En 1661, Louis XIV et Colbert songent à achever le palais du Louvre du côté de Saint-Germain l'Auxerrois. Après le départ du Bernin, la tâche est confiée à une petite équipe d'architectes français, avec à leur tête Louis Le Vau et Claude Perrault. Ils sont chargés d'édifier la longue façade qui, avec ses lignes horizontales, son fronton triangulaire et surtout sa colonnade, résume dans sa sobriété et son élégance les données de l'architecture classique. Mais déjà le roi a pratiquement abandonné le grand dessein du Louvre et s'est attaché à ce qui va devenir la plus grandiose réalisation du règne : transformer le modeste pavillon de chasse construit par son père à Versailles entre 1624 et 1638 en une résidence digne de lui. Il fait appel pour cela à Le Vau, à Charles Le Brun et au jardinier André Le Nôtre qui tous trois ont construit et décoré entre 1656 et 1661 le château de Vaux-le-Vicomte pour Nicolas Fouquet; celui-ci éliminé, les trois hommes passent au service du roi. Les travaux de Versailles vont s'étaler en trois étapes successives. Entre 1661 et 1666, les premiers remaniements de Le Vau consistent à embellir extérieurement le petit château Louis XIII en le décorant de bustes, de colonnes de marbre et de grilles décorées, à modifier de fond en comble l'aménagement intérieur et à édifier, de chaque côté d'une avant-cour plus large que la cour primitive, des communs en brique et pierre dans le même style que le château. De son côté, Le Nôtre veille à la constitution d'un immense parc giboyeux de 6 000 hectares et dessine les jardins, construisant parterres et bassins décorés de sculptures. Versailles n'est encore qu'un lieu de fêtes, la cour étant le plus souvent à Saint-Germain; en mai 1664, les *Plaisirs de l'Ile enchantée* se déroulent pour l'essentiel à l'emplacement du futur bassin de Latone. La seconde étape, entre 1666 et 1683, est celle de la transformation radicale du château. Louis XIV qui a maintenant décidé d'en faire la résidence définitive et permanente de la cour et du gouvernement, et qui fera part publiquement de cette décision en 1677, donne l'ordre à Le Vau d'agrandir considérablement l'édifice, tout en le respectant, et de prévoir les bâtiments administratifs indispensables. Celui-ci « enveloppe » alors le château Louis XIII du côté des jardins de deux vastes pavillons d'ordonnance italo-antique reliés entre eux par une terrasse à l'italienne. A la mort de Le Vau en 1670, l'œuvre est très avancée. Elle est achevée en 1674, sous la direction de François d'Orbay, mais l'aménagement intérieur s'étale encore sur de longues années.

Il est réalisé sous la direction de Charles Le Brun par de nombreux artistes qui peignent les plafonds et les voussures des salons et multiplient les tableaux, les marbres et les miroirs. Les plus belles réalisations sont le grand appartement, « où le roi reçoit, mais ne vit pas », l'escalier des Ambassadeurs, aujourd'hui détruit, et la grande galerie construite par Jules Hardouin-Mansart, successeur de Le Vau, sur la terrasse édifiée par ce dernier; les immenses glaces qui la décorent et lui donneront son nom au XIXe siècle proviennent non de Venise, mais de manufactures françaises,

Le « siècle de Louis XIV »

notamment de celle du faubourg Saint-Antoine. Le grand appartement du roi, composé de sept pièces dédiées chacune à une planète du système solaire, est décoré à partir de 1671 selon un programme iconographique conçu par Le Brun et illustrant le thème du « bon gouvernement » exercé par les plus prestigieux princes de l'Antiquité, Cyrus, Alexandre, César, Auguste. L'escalier des Ambassadeurs, dont le décor est réalisé entre 1676 et 1680, au temps de la paix de Nimègue, mêle à la fiction classique faite d'allégories et de figures mythologiques la réalité de l'histoire du règne évoquée sous ses divers aspects, aussi bien la réformation de la justice que le passage du Rhin. Avec la décoration de la galerie des Glaces, encadrée par les deux salons symétriques de la Guerre et de la Paix, la mutation s'achève, le mythe fait définitivement place à l'histoire. En effet, à la fin de 1678, Louis XIV donne l'ordre à Le Brun de réaliser un programme illustrant les campagnes du roi lors des guerres de Dévolution et de Hollande, en lui recommandant de « n'y rien faire entrer qui ne fût conforme à la vérité ». La décoration de la galerie est achevée en 1684 : douze grands tableaux mettent directement en image le roi participant à la guerre et triomphant de ses ennemis ; plus modestement, dix-huit petits tableaux et camaïeux illustrent encore des actions guerrières et diplomatiques, à côté de quelques faits de politique intérieure, comme la construction du canal du Midi. Au total, le château apparaît bien comme un temple dédié au « roi de guerre » et mettant en images ses actions d'éclat. Comme l'écrit sans fard, en 1685, l'auteur d'un *Parallèle de Louis le Grand avec les princes qui ont été surnommés Grands* : « Pourquoi donc chercher dans la fable les travaux d'un Hercule et dans l'histoire celle d'un Alexandre, si Louis le Grand donne les exemples de toutes les vertus ? »

A une plus vaste échelle, les jardins de Le Nôtre participent à cette magnificence. Ils s'ordonnent, de part et d'autre du Tapis vert et du parterre d'eau, selon l'axe qui part de la statue du roi dans la cour d'accès, passe par la pièce qui sera plus tard sa chambre au centre du château et se prolonge par le Grand Canal. Ils se peuplent, entre 1670 et 1683, de multiples statues, bassins et grottes, notamment la grotte de Thétys où Girardon met en place un Apollon servi par les nymphes. En 1670, le roi a fait édifier, en quelques mois, à une demi-lieue du palais, à Trianon, un petit pavillon « commode pour passer quelques heures pendant le chaud de l'été », entouré de quatre plus petits, le tout décoré « en façon de Chine », ce qui lui vaut le surnom de « Trianon de porcelaine ». Finalement, en 1682, Versailles peut devenir effectivement la résidence de la cour, mais les travaux ne sont pas pour autant terminés.

La gloire de Versailles ne doit pas faire oublier les autres chantiers royaux, notamment les grandes réalisations parisiennes. La construction du collège des Quatre-Nations, fondation testamentaire de Mazarin en faveur de la jeunesse des provinces annexées en 1648 et 1659 (Italie, Flandre, Artois, Roussillon), est commencée en bordure de Seine, en 1663, sur les plans de Le Vau et de François d'Orbay; achevé en 1672, le collège ouvrira en 1684. En 1670, le roi décide la démolition des remparts septentrionaux de la capitale, jugés désormais inutiles. Un boulevard les remplace, avec deux portes monumentales, les portes Saint-Denis et Saint-Martin construites en 1672 et 1674 par François Blondel et célébrant la première le passage du Rhin, la seconde la conquête de la Franche-Comté. C'est également en 1670 que Louis XIV décide de faire construire un établissement où seraient entretenus à ses frais les soldats blessés, estropiés ou vieillis dans le service : l'hôtel des Invalides est construit entre 1671 et 1676 sur les plans de Libéral Bruant, puis Hardouin-Mansart entreprend à partir de 1680 la construction de la chapelle royale de Saint-Louis avec un portique monumental et un dôme qui ne sera achevé qu'en 1715. C'est aussi Hardouin-Mansart qui dessine en 1685 à la gloire de Louis XIV deux places royales. La place des Victoires comporte en son centre, à l'initiative d'un courtisan, le duc de La Feuillade, une statue du roi à pied, en costume du sacre, sur un piédestal orné de bas-reliefs. Quant à la place Louis-le-Grand, sur un terrain acheté par le roi aux Vendôme, d'où le nom qui très vite sera le sien, elle ne sera inaugurée qu'en 1699, avec une colossale statue de Louis XIV en empereur romain et en perruque, œuvre de François Girardon. Même la poupe et la proue des vaisseaux de la marine royale reçoivent mission de glorifier le roi de France sur toutes les mers du monde : sous la direction de Pierre Puget, les artistes travaillant dans les arsenaux de Toulon, de Rochefort, de Brest, exécutent des dessins qui leur sont expédiés de Paris et souvent dus à Le Brun.

« Chanter la gloire du roi » : la musique joue dans les fêtes de cour un rôle de premier plan. Musicien comme son père, Louis XIV est en outre un danseur accompli. En ce milieu du XVIIe siècle, savoir danser est pour un gentilhomme aussi indispensable que savoir lire, monter à cheval ou manier les armes. Le roi lui-même danse sur scène, au moins jusqu'en 1670, soit en tête de ses gentilshommes, soit même avec des danseurs professionnels. C'est avec son plein appui que Lully acclimate en France l'opéra italien. Pour le roi, la « tragédie en musique » se distingue de la tragédie parlée, ou plutôt déclamée, par son sens du spectacle et du merveilleux que traduisent les décors, les costumes et les effets de machinerie. Tout autant que dans certaines architectures durables ou éphémères, c'est dans l'opéra qu'éclate le mieux le caractère baroque du règne, en contrepoint du classicisme de la tragédie racinienne et non en contradiction avec lui. A ses côtés, Michel Richard Delalande et François Couperin dominent la musique du Grand Siècle, avec des œuvres mêlant la musique profane pour les divertissements de la cour et la musique religieuse.

Loin de Paris et de la cour, la province cherche à imiter, autant qu'elle le peut, les exemples qu'ils donnent. On retrouve le modèle parisien de la place royale dans le projet de Mansart pour la place des États à Dijon, dans celui de Puget pour Marseille, ou dans le plan de la future place Bellecour à Lyon. De nombreuses municipalités prennent l'initiative de faire édifier une statue du souverain, à pied ou à cheval, sur l'une des plus belles places de leur ville. Dans le domaine des édifices religieux, ou bien commanditaires et architectes restent plus ou moins fidèles au style gothique, ou bien ils s'inspirent d'exemples italiens, comme le Gesu de Rome, dans la construction des façades à deux ou trois étages ou dans celle de coupoles au-dessus du chœur. C'est surtout dans la décoration intérieure de nombreuses églises urbaines ou rurales qu'apparaît un goût nouveau traduisant dans la pierre, le bois ou la toile certaines orientations du

Lully,
musicien du Roi-Soleil

Giambattista Lulli est né à Florence en 1632. Il arrive à Paris, à quatorze ans, en 1646 comme « garçon de chambre » de Mlle de Montpensier, dite la Grande Mademoiselle. Danseur, violoniste, compositeur de ballets, il réussit à s'intégrer à la cour et séduit le jeune Louis XIV, le 23 février 1653, lors de la représentation du *Ballet royal de la Nuit*, à la composition duquel il a participé. Vers 1660, grâce à l'appui du roi, le « sieur Baptiste » a déjà atteint la notoriété. En 1661, il obtient des lettres de naturalité sous le nom francisé de Jean-Baptiste Lully et devient surintendant de la musique du roi. En 1672, il obtient la direction de l'Académie royale de musique, créée en 1669, et, entre autres privilèges, la défense faite à quiconque de « faire chanter aucune pièce entière en musique, soit en vers français ou autres langues, sans la permission écrite dudit sieur Lully ». En 1664, il a commencé avec Molière une collaboration qui se traduit par neuf comédies-ballets, dont *L'Amour médecin* en 1665, *Monsieur de Pourceaugnac* en 1669, *Le Bourgeois gentilhomme* en 1670, et aboutit en 1671 à la tragi-comédie-ballet de *Psyché* à laquelle collaborent également Corneille et Quinault.

Il rompt avec Molière en 1672 et s'ingénie alors à créer un genre nouveau, la tragédie lyrique, forme francisée de l'opéra italien, sur des livrets mythologiques ou héroïques.

Cadmus et Hermione, écrit sur un livret de Quinault et représenté à Paris le 27 avril 1673 en présence de Louis XIV, est le premier opéra français digne de ce nom. Délaissant la pratique italienne consistant à séparer récitatifs et arias, Lully rapproche les uns des autres, contribuant ainsi à un déroulement plus rapide de l'action dramatique. Jusqu'à sa mort, en 1687, Lully écrit près d'une dizaine d'opéras, notamment *Atys* en 1676 et *Armide* en 1686. Dans le même temps, il écrit pour les fêtes de Versailles de nombreux ballets de cour. Bien que ses fonctions n'aient pas comporté la composition d'œuvres religieuses, il est également l'auteur de grands motets, notamment un *Miserere* (1664) et un *Te Deum* (1677).

Au total, l'influence de Lully est considérable non seulement en France où elle sera sensible surtout après sa mort, mais aussi dans toute l'Europe. Il meurt le 22 mars 1687 après s'être blessé au pied avec son bâton de mesure au cours d'une exécution de son *Te Deum* en l'église des feuillants de la rue Saint-Honoré.

Le « siècle de Louis XIV » 121

concile de Trente qui avait voulu valoriser l'église maison de Dieu et encourager le culte des saints. C'est la vogue notamment des retables, véritables constructions théâtrales au-dessus de l'autel du chœur ou de quelque chapelle latérale, avec leur tableau central entouré de colonnes ou de statues richement sculptées et polychromées. Ces retables que la pieuse générosité des donateurs permet d'édifier aussi bien dans de grandes cathédrales que dans de modestes oratoires de campagne, chantent non plus la gloire du roi, mais celle de la Sainte Trinité, de la Vierge et des saints. Mais n'est-ce pas une façon indirecte d'exalter en même temps ce « vice-Dieu » qu'est le Roi Très Chrétien ?

5

La politique conquérante du « roi de guerre »
1661-1679

La guerre, fondement du régime.

Plus que n'importe quel autre prince de son temps, Louis XIV estime que l'exercice de la guerre est une composante essentielle de son autorité souveraine. Certes, elle est conçue comme une nécessité qui ne s'impose qu'en dernier ressort, lorsqu'un « différend entre les États ne se peut terminer par la justice », selon la définition de Furetière. Mais Louis XIV va plus loin encore lorsqu'il écrit dans ses *Mémoires* : « La guerre, quand elle est nécessaire, est une activité non seulement permise, mais commandée aux rois. » Se trouve ainsi posé le problème de la « nécessité » de la guerre ou, en d'autres termes, la notion de « guerre juste » qu'après saint Augustin et saint Thomas les juristes du XVIIe siècle essaient de clarifier, en insistant notamment sur la défense de la souveraineté territoriale, source inépuisable de contestations. Ils s'accordent généralement pour voir dans la guerre un véritable jugement de Dieu auquel les rois sont soumis, le sort des armes indiquant pour qui Dieu a tranché.

Louis XIV, pour sa part, est profondément imbu de la justice de sa cause qui lui impose de veiller à la « sûreté de ses peuples », mais aussi de sa responsabilité particulière de Roi Très Chrétien à qui Dieu a donné une puissance supérieure à celle des autres souverains, faisant de lui en quelque sorte l'arbitre de la paix et de la guerre. En 1661, on l'a vu, il ne peut s'empêcher de regretter quelque peu la paix qui règne au-dehors et le prive du « plaisir d'être à la tête de [s]es armées ». Cinq ans plus tard, lorsque se présente la double conjoncture de défendre ses alliés anglais contre les Hollandais et de rappeler, à l'occasion de la mort de Philippe IV, ses droits sur la couronne d'Espagne, il écrit : « J'envisageais avec plaisir le dessein de ces deux guerres comme un vaste champ où pouvaient naître à toute heure de grandes occasions de me signaler. » Et il ajoute, songeant à sa « vaillante noblesse » : « Tant de braves gens que je voyais animés pour mon service semblaient à toute heure me solliciter de fournir quelque matière à leur valeur. » C'est que la guerre est l'occasion pour le roi de se montrer à la tête de ses troupes dans tout l'appareil de sa puissance et d'acquérir éventuellement sur les champs de bataille la seule gloire qui vaille, celle des armes. Certes, Louis XIV n'est pas Gustave-Adolphe chargeant à la tête de sa cavalerie, mais il est présent au passage du Rhin, le 12 juin 1672, et surtout préside, du moins jusqu'en 1692, à de très nombreux sièges de places fortes et notamment à leur reddition. Sur 42 sièges dirigés par Vauban, il est présent à l'heureuse issue de 19 d'entre eux, notamment Maastricht en 1673, Besançon en 1674, Cambrai en 1677, Namur en 1692. Ces redditions sont de grands spectacles qui font éclater la gloire du roi.

Toutefois, les années passant et l'âge venant en même temps que les déconvenues et même les défaites, le roi s'assagira et, avant même les désastres de la guerre de Succession d'Espagne, donnera en 1700 à son petit-fils le duc d'Anjou devenu roi d'Espagne cette recommandation quelque peu désabusée : « Faites le bonheur de vos sujets, et, dans cette vue, n'ayez de guerre que lorsque vous y serez forcé et que vous en aurez bien considéré et bien pesé les raisons dans votre Conseil. » Mais une telle consigne n'implique pas pour autant l'abandon des devoirs incombant à un roi digne de ce nom, puisqu'il ajoute : « Si vous êtes contraint de faire la guerre, mettez-vous à la tête de vos armées. » Enfin, à la veille de paraître devant Dieu, le vieux roi confie à son jeune successeur : « Ne m'imitez pas dans le goût que j'ai eu pour la guerre. » Aveu sans fard, mais tardif. Le fait est que, de 1661 à 1715, la France a été en guerre avec ses voisins pendant trente-trois ans sur cinquante-quatre.

Il est vrai qu'en accédant au pouvoir en 1661 Louis XIV hérite d'un système qui tend à faire de la guerre le fondement même du régime. Entre 1635 et 1659, Richelieu, puis Mazarin ont engagé toutes les forces du royaume dans une guerre de survie face à la menace jugée mortelle que faisait peser la Maison d'Autriche. Pour mener cette lutte à bien, les deux cardinaux-ministres ont mis à contribution tous les Français par le biais d'une véritable « dictature fiscale ». En effet, les ressources « ordinaires » de la monarchie, notamment les revenus du domaine royal, ne suffisant plus, on a fait appel aux ressources dites « extraordinaires ». Elles sont appelées ainsi du fait de leur caractère théoriquement exceptionnel, mais elles deviennent alors permanentes et de plus en plus lourdes. Il faut faire face en effet à l'entretien d'une armée sur pied de guerre, qui passe de quelque 10 000 hommes sous Henri IV à près de 200 000 à la veille de la paix des Pyrénées, et aux besoins d'une diplomatie de plus en plus onéreuse pour s'attacher des alliés indispensables contre les Habsbourg (roi de Suède, république des Provinces-Unies, princes protestants allemands).

L'administration royale ne peut elle-même, avec ses seuls officiers, assurer la totalité de prélèvements sans cesse plus importants et variés : taille, aides et gabelle, mais aussi ventes d'offices et surtout emprunts. C'est pourquoi la monarchie a de plus en plus recours au système de la « ferme » déjà utilisé pour la perception des impôts indirects. Le roi signe avec un financier un « traité » aux termes duquel celui-ci avance au roi le montant de tel impôt, de tel emprunt, de telle vente d'offices, puis rentre dans ses frais, et bien au-delà, en faisant payer directement le contribuable, le prêteur ou l'acheteur d'office. Ainsi le roi touche l'argent avant même qu'il soit levé et il est libéré des frais liés à cette levée. Mais les inconvénients du système sont évidents et lourds de conséquences à long terme. Non seulement la pression fiscale, déjà insupportable en elle-même, est considérablement alourdie par la voracité des « fermiers » et « traitants », mais en outre ceux-ci constituent, en marge des agents du roi, une puissance parasitaire qui a su se rendre indispensable. Le système est d'autant plus pernicieux qu'il implique la participation indirecte d'une fraction importante de la classe dirigeante. En effet, pour faire face aux engagements qu'il a pris, le traitant est souvent obligé soit de partager la tâche avec d'autres financiers, constituant ainsi un « parti » ou syndicat », soit de sous-traiter en intéressant à son bail des représentants du haut clergé, de la noblesse, de la bourgeoisie d'offices attirés par les bénéfices d'un argent ainsi discrètement placé. Le recours aux financiers, traitants et autres partisans existait avant 1630, mais c'est la guerre contre les Habsbourg qui, à partir de 1635, lui a permis de prendre un développement spectaculaire.

C'est contre cet état de choses que Louis XIV et Colbert tentent de réagir. La « révolution de 1661 », c'est d'abord la chute de Fouquet, symbole du système, et la création d'une chambre de justice chargée, on l'a vu, de rechercher toutes les malversations commises depuis 1635 et de faire rendre gorge à leurs auteurs. Mais ces bonnes intentions débouchent en 1665 sur un arrêt décidant l'abandon des poursuites contre les fermiers et traitants, moyennant le versement d'une taxe individuelle forfaitaire. Les ramifications du système sont trop nombreuses (jusque dans l'entourage royal) et le recours aux financiers trop indispensable pour qu'il ait pu en être autrement. Il est vrai, pourtant, que pendant les premières années du règne personnel Colbert réussit à desserrer la pression fiscale et à rendre aux intendants et aux différents officiers de finance une partie des prérogatives qui leur avaient échappé. Mais, dès le début de la guerre de Hollande, en 1672, Louis XIV se trouve entraîné dans la logique qu'il a voulu briser et qui naît de la guerre elle-même. Derrière le spectacle du roi caracolant à la tête de ses armées se dissimule une réalité moins brillante, mais inéluctable : la guerre a un prix de plus en plus élevé. La France, le pays le plus peuplé et peut-être le plus riche de l'Europe, sera-t-elle capable de payer longtemps un tel prix ? C'est là une première question à laquelle la misère de la fin du règne apportera une cruelle réponse. Mais il en est une autre : comment drainer, depuis les paroisses les plus reculées et par tous les moyens, l'argent nécessaire, sans recourir à ce « système fisco-financier » qui tend ainsi à devenir partie intégrante du régime, tel le ver dans le fruit ?

Cette guerre que Louis XIV ne se cache pas d'aimer, est-elle donc aussi inévitable qu'au temps de Richelieu et de Mazarin ? S'interrogeant sur la notion de « guerre juste », le juriste Cardin Le Bret écrivait en 1632 : « La vertu militaire est une des parties les plus requises et des plus nécessaires aux rois pour défendre leurs peuples, pour recouvrer ce qui a été usurpé sur leurs États, pour protéger leurs amis, leurs alliés et leurs confédérés, et enfin pour vider les différends qu'ils ont avec leurs voisins qui ne se peuvent terminer que par le tranchant de l'épée. » Or, en 1661, Louis XIV n'a plus ni à défendre ses peuples, ni à recouvrer des terres usurpées, ni à protéger amis ou alliés, ni à régler par la force quelque contentieux. Il est vrai qu'il n'oublie pas que « s'agrandir est la plus digne et la plus agréable occupation des souverains », comme il l'écrira lui-même, et que, dans cette perspective, il devra le moment venu faire état de ses droits sur la succession espagnole. Pendant près de quarante ans, celle-ci va occuper toutes les chancelleries européennes qui n'ignorent pas qu'elle est susceptible de mettre le feu à l'Europe, tout en couvrant du voile de la guerre juste les appétits des grandes puissances. Le problème se pose en termes simples. Lorsque Philippe IV meurt en 1665, il laisse le trône à son fils unique, âgé de quatre ans et de très chétive santé, Charles II. Il laisse aussi deux filles, Marie-Thérèse, mariée à Louis XIV, et Marguerite-Thérèse, mariée à l'empereur Léopold. En outre, la mère du roi de France et celle de l'empereur étaient sœurs, filles toutes deux du roi Philippe III. Dans ces conditions, si Charles II disparaissait sans héritier, deux compétiteurs se présenteraient avec des droits équivalents puisque tous deux époux et fils d'infantes d'Espagne.

Toutefois, quelle que soit l'importance que revêt aux yeux de Louis XIV l'éventuelle succession espagnole, ce souci n'explique pourtant pas à lui seul les relations de Louis XIV avec l'Europe dans les vingt-cinq premières années de son règne personnel : les manifestations de « magnificence » des années 1661-1664 répondent à des objectifs dont la préoccupation espagnole est absente ; il en est de même, plus tard, de la guerre de Hollande, engagée surtout pour des raisons économiques, et de la politique des « réunions ». D'ailleurs, le roi Charles II survit, se marie en 1679, et la question de sa succession se trouve donc ajournée. En fait, le grand facteur d'unité de la politique étrangère du Roi-Soleil réside dans l'amour du roi pour la gloire. Devenu le maître au moment où les traités de 1648-1659 assurent la prépondérance française en Europe, il se considère comme le monarque le plus puissant de la terre (*Nec pluribus impar*) et entend bien profiter de toutes les occasions pour affirmer cette puissance et éventuellement l'accroître. Ce n'est pas sans quelque raison que ses ennemis l'accusent bientôt de tendre à la monarchie universelle.

On conçoit, dans ces conditions, que Louis XIV, plus que tout autre souverain de son temps, ait fait de la politique étrangère son domaine réservé. Certes, les grandes questions sont discutées en sein du conseil d'en-haut, mais, après avoir recueilli les avis, c'est le roi et le roi seul qui tranche et décide. Au-delà du conseil, il est tenu au courant de ce qui se passe en Europe par ses ambassadeurs et résidents dans les cours étrangères. C'est au milieu du siècle que l'habitude s'est imposée peu à peu aux différents souverains de ne plus se contenter de missions temporaires ou d'ambassades extraordinaires envoyées dans une capitale étrangère pour un objectif précis, mais d'y entretenir désormais des représentants permanents, à charge pour ceux-ci de tenir leur maître constamment au courant, de leur suggérer telle ou telle alliance et d'obéir à ses instructions. Les divers ambassadeurs de France relèvent du secrétaire d'État aux affaires étrangères qui lit au roi, en particulier ou en séance du conseil, les dépêches qu'ils lui adressent et qui leur retourne réponses et nouvelles instructions. Les titulaires successifs de ce secrétariat d'État sont, jusqu'en 1696, Hugues de Lionne, Simon Arnauld de Pomponne et Charles Colbert de Croissy.

Louis XIV conserve sa confiance, en 1661, à Hugues de Lionne, grand négociateur des traités de Westphalie et des Pyrénées, en dépit de l'amitié de celui-ci pour Fouquet. Déjà ministre d'État, Lionne achète, en 1663, aux Brienne, père et fils, la charge de secrétaire d'État aux affaires étrangères. Excellent connaisseur de tous les pays européens, il renforce, à coups de traités successifs, les liens qui unissent nombre d'entre eux à la France et s'efforce de maintenir de bonnes relations avec l'empereur dans la perspective d'un éventuel partage de la succession espagnole, qui lui paraît

La politique conquérante du « roi de guerre »

beaucoup plus raisonnable qu'un affrontement. Lorsqu'il meurt en 1671, Louis XIV lui choisit pour successeur Simon Arnauld, marquis de Pomponne. Fils de Robert Arnauld d'Andilly, neveu de la mère Angélique et du « Grand » Arnauld, très lié à Fouquet, mais soutenu après 1661 par Turenne et les Le Tellier, Pomponne est alors ambassadeur en Suède depuis 1665, avec entre-temps une ambassade à La Haye. Ces deux missions ont été des succès, et Louis XIV lui écrit quelques jours après la mort de Lionne : « Travaillez à mettre mes affaires en Suède en état de vous rendre auprès de moi pour consommer pleinement la grâce que je vous fais, qui ne paraît pas petite à beaucoup de gens. » Partisan de la politique de paix et d'alliances de son prédécesseur, il se heurte vite à l'hostilité de Colbert et de Louvois qui, tous deux, pour des raisons différentes, poussent le roi à la guerre contre les Provinces-Unies. Au lendemain des traités de Nimègue, en 1679, ses adversaires, exploitant un incident mineur, font pression sur le roi et celui-ci, qui trouve Pomponne trop conciliant, lui demande sa démission et désigne pour lui succéder Charles Colbert, marquis de Croissy, au grand dépit de Louvois qui espérait réunir les départements de la guerre et des affaires étrangères en vue d'une politique aggressive. Croissy, frère puîné de Jean-Baptiste, a commencé véritablement sa carrière, avec la protection de son frère, en 1655, comme intendant d'Alsace. Il est ensuite chargé de diverses missions diplomatiques, notamment à Vienne en 1660. Pendant près de vingt ans, il mène une double carrière d'intendant, notamment à Tours, à Amiens, en Flandre, et de diplomate, participant directement comme plénipotentiaire aux négociations d'Aix-la-Chapelle en 1668. Nommé, en même temps que secrétaire d'État aux affaires étrangères, ministre d'État, Croissy renforce la position du clan Colbert, qu'il dirige, de fait, après la mort de Jean-Baptiste en 1683. Ayant longtemps la pleine confiance du roi qui apprécie, sinon son caractère emporté, du moins sa compétence, il applique sans états d'âme, jusqu'à sa mort en charge en 1696, la politique agressive voulue par le souverain.

Au terme d'une longue carrière d'ambassadeur au service de Louis XIV, François de Callières publie, en 1716, *De la manière de négocier avec les souverains, de l'utilité des négociations, du choix des ambassadeurs et des qualités nécessaires pour réussir dans ces emplois*, vaste réflexion sur le métier de diplomate. Il y dénonce, entre autres, le manque de formation et d'expérience de beaucoup d'ambassadeurs : « On voit souvent des hommes qui ne sont jamais sortis de leur pays, qui n'ont eu aucune application à s'instruire des affaires publiques et d'un génie médiocre, devenir pour leur coup d'essai ambassadeurs dans les pays dont ils ne connaissent ni les intérêts, ni les lois, ni les mœurs, ni la langue, ni même la situation. » Il est de fait que les grandes ambassades sont tenues le plus souvent par des membres de la noblesse de cour, maréchaux de France ou hommes d'Église notamment, un grand poste diplomatique n'étant souvent qu'une étape dans une carrière militaire, ecclésiastique ou même politique. Vers 1700, sur un échantillon de 100 diplomates de tous rangs, 21 appartiennent à la noblesse militaire, 11 sont des hommes d'Église. Le cardinal Toussaint de Forbin-Janson constitue un bon exemple. De vieille noblesse provençale, il se destine à l'Église et est nommé, en 1653, à vingt-quatre ans, coadjuteur de l'évêque de Digne. En 1668, il devient évêque de Marseille. En 1674, après un séjour à Rome, il est nommé par Louis XIV ambassadeur en Pologne où il soutient Jean Sobieski et contribue à faire élire celui-ci roi de Pologne. Il reçoit le chapeau de cardinal en 1690 et il est envoyé à Rome pour régler avec le pape les séquelles de l'affaire dite de la Régale. Louis XIV, satisfait, le nomme en 1706 grand aumônier de France et il meurt en 1713. A la petite noblesse et aux anoblis récents sont réservées les ambassades plus modestes, auprès des princes allemands par exemple, avec le titre d'envoyé ou de résident.

Tous ces ambassadeurs, quels qu'ils soient, ont d'abord un rôle de représentation. Dans les diverses capitales européennes, ils parlent haut et fort et font éclater aux regards de tous la puissance de leur maître. Quant à leur rôle d'informateurs, ils le jouent en faisant appel à tout un réseau d'agents plus ou moins secrets et plus ou moins officiels, voire de simples espions payés pour recueillir des informations par tous les moyens. Certes, il est difficile de prendre la mesure exacte du phénomène qui, par définition, se dérobe à l'analyse. Toutefois, l'action de ces espions, les moyens dont ils usent, les risques qu'ils prennent, la façon dont ils sont utilisés et rétribués sont maintenant suffisamment connus pour que l'on ne puisse douter du développement d'une telle pratique. Il en est de même du rôle de l'argent comme instrument essentiel de la diplomatie de Louis XIV. Il s'agit en l'occurrence non seulement du paiement des informateurs, mais beaucoup plus encore des prébendes, présents et pensions généreusement distribués pour s'assurer l'appui discret de tel conseiller d'un souverain étranger. Il peut s'agir aussi de gratifications prévues par des traités, par exemple à l'égard du roi Charles II d'Angleterre dans les années 1660. Tous comptes faits, sans atteindre les coûts de la guerre, une telle diplomatie revient cher et, surtout, son succès n'est jamais assuré, car les fidélités tissées à coup d'écus peuvent, le moment venu, se révéler défaillantes.

Une autre limite de la diplomatie louis-quatorzienne réside dans la vision réductrice que le roi se fait de l'Europe et du jeu complexe des intérêts qui s'y affrontent, les rapports de ses ambassadeurs ne faisant que renforcer cette vision. En effet, Louis XIV voit l'Europe comme un aréopage de princes plus ou moins puissants parmi lesquels il convient de se faire, à prix d'argent, le nombre le plus important possible de clients. A cet égard, le tableau qu'il dresse, on l'a vu, des différentes puissances du vieux continent en 1661 est particulièrement révélateur. En outre, à l'instar de la plupart des autres souverains et hommes d'État de son temps, il ignore trop souvent les peuples eux-mêmes et minimise l'importance des mentalités collectives et des grands courants d'opinion. Ses erreurs de jugement concernant les intérêts économiques et religieux et les moyens financiers des deux grandes puissances maritimes, Provinces-Unies et Angleterre, seront particulièrement graves et lourdes de conséquences. Aveuglé par son orgueil et son amour de la gloire, il a tendance à méconnaître la force de l'adversaire et à s'en remettre avec trop de présomption à la fortune des armes. Il est vrai que l'outil qu'il s'est forgé constitue bientôt la meilleure armée de l'Europe.

Les moyens d'une politique :
l'armée et la marine.

Louis XIV a une connaissance profonde des choses militaires. Il l'a acquise au cours de son éducation de prince et entretenue en particulier grâce à Turenne. Celui-ci, nommé en 1660 maréchal général des camps et armées du roi, fonction créée pour lui, est jusqu'à sa mort en 1675 son conseiller le plus écouté. Surtout, le roi s'appuie sur les deux secrétariats d'État à la guerre et à la marine, le premier datant des années 1620, le second créé en 1669. Michel Le Tellier est secrétaire d'État à la guerre depuis 1645 et s'associe très tôt son fils Michel, né en 1641, marquis de Louvois en 1656, pour qui il a obtenu l'année précédente la survivance de sa charge. Longtemps, ils dirigent tous deux le département de la guerre en étroite collaboration, Le Tellier s'effaçant peu à peu à partir de 1672, avant de laisser son fils seul en 1677 lorsqu'il est nommé chancelier. Le père et le fils se partagent la tâche. Le Tellier dirige les bureaux du « ministère », installés à Paris, puis partiellement à Versailles. Ces bureaux – cinq à sept selon les dates – sont dirigés chacun par un commis, homme de confiance, et ont une spécialisation encore mouvante en fonction de la volonté du ministre, des besoins du moment et des aptitudes des hommes nommés à leur tête. A partir de 1680, cette spécialisation se stabilisera, avec à la tête de l'ensemble un premier commis. Quant à Louvois, il se réserve le travail sur le terrain, multipliant les visites aux places frontières et les inspections de régiments et participant pendant la guerre de Hollande à une partie des opérations militaires, notamment aux côtés du roi. Grand travailleur et ayant la pleine confiance de Louis XIV, il exige beaucoup de son entourage. « La récompense et la punition, écrit Saint-Simon, étaient avec lui certaines et toujours dans la proportion des gens et de leur service ou de leur manquement. » En outre, son caractère entier et difficile lui vaut nombre d'ennemis. Après 1677, il voyage moins et s'en remet à cet égard à quelques agents sûrs, tel le marquis de Chamlay qui, ayant su très vite gagner la confiance et même l'amitié du roi, exerce pratiquement les fonctions d'un

La politique conquérante du « roi de guerre »

chef d'état-major général des armées de terre. Au-delà des bureaux de la guerre, les Le Tellier étendent leur clientèle aux intendants d'armée, surveillant étroitement leur nomination. Ces derniers, qui ne sont pas des militaires, mais des maîtres des requêtes ou des conseillers d'État, choisis souvent parmi les intendants des généralités des provinces frontières, ont en charge, pendant une campagne, tout ce qui regarde la subsistance et l'équipement des armées.

Secrétaire d'État à la marine en 1669, Colbert associe à sa charge dès 1672 son fils Jean-Baptiste, marquis de Seignelay, qui a alors vingt et un ans. A l'instar de Louvois, Seignelay double son travail de bureau aux côtés de son redoutable père d'une activité de grand voyageur, amorcée dès l'adolescence et qui le mène non seulement dans les ports et arsenaux français, mais aussi à Venise, à Gênes, en Hollande, chaque voyage donnant lieu à des rapports circonstanciés destinés à son père. De Voltaire à Lavisse, on a longtemps voulu opposer le rôle joué auprès de Louis XIV par Colbert et celui joué par les deux Le Tellier, le premier travaillant aux œuvres de paix et à la prospérité du royaume, les seconds ne songeant qu'à la guerre. C'était oublier non seulement que Colbert a tout fait pour doter la France d'une puissante marine militaire, mais aussi qu'en tant que contrôleur général des finances ses interventions étaient indispensables pour soutenir l'effort de guerre. En fait, il s'agit beaucoup moins de deux politiques radicalement différentes que de l'opposition de deux clans, chacun cherchant à jouer le premier rôle en écartant l'autre de la confiance du roi. Il est évident que celui-ci, nullement dupe et ayant toujours le dernier mot, a joué de cette rivalité pour le plus grand bien de son service.

En 1661, après les licenciements massifs qui ont suivi la paix des Pyrénées, les troupes réglées totalisent quelque 60 000 hommes. Très vite, le roi entreprend de les augmenter afin d'avoir à sa disposition les moyens de sa politique. Il écrira dans ses *Mémoires,* à propos de l'année 1666, après avoir évoqué le travail de ses diplomates : « Quoique je travaillasse ainsi auprès des étrangers pour les mettre, autant qu'il se pouvait, dans mes intérêts, je mettais pourtant ma principale application à augmenter mes propres forces comme étant ce qui devait le plus sûrement contribuer au succès de mes desseins. » Même en tenant compte d'un déficit moyen de 15 % environ par rapport aux chiffres déclarés, les effectifs réels sont de l'ordre de 180 000 hommes en 1668, 210 000 en 1672, 280 000 en 1677. Un effort comparable avait été réalisé par Richelieu, puis Mazarin, au temps de la guerre contre les Habsbourg, mais au prix d'une surpression fiscale de plus en plus insupportable. Louis XIV, lui, atteint cet objectif sans augmenter les impôts, du moins jusqu'en 1672, grâce à une série de réformes réalisées surtout par Louvois.

Cette puissante armée permanente continue à être recrutée selon le système traditionnel du racolage. Chaque capitaine recrute sa propre compagnie grâce à des sergents recruteurs qui s'efforcent d'obtenir les engagements nécessaires. Tous les moyens sont bons, surtout après 1672 et le début de la guerre de Hollande : des cadeaux ou promesses fallacieuses aux violences et enrôlements forcés, notamment par la pratique des « fosses », lieux secrets, comme des caves de cabarets, où l'on tient enfermés des jeunes gens jusqu'à ce qu'ils signent un engagement. Les recruteurs visitent aussi prisons et hôpitaux généraux pour en tirer quelques délinquants mineurs ou vagabonds valides. Louvois est au courant de ce qu'il appelle des « petites tromperies », mais ferme les yeux, écrivant même en 1673 : « Dans le temps où le roi manque d'hommes, ce n'est pas le moment de voir s'ils sont bien enrôlés. » La contrepartie de ces pratiques, c'est la désertion, qui reste un phénomène important, avec la complicité, au moins tacite, d'une partie de la population. En revanche, Louvois réprime sévèrement l'abus des passe-volants, faux soldats que les capitaines présentaient lors des revues, ou montres, afin de gonfler l'effectif et de toucher une solde globale plus élevée. Par ailleurs, on fait toujours appel aux mercenaires étrangers, notamment suisses, lorrains, corses. Mais on abandonne après 1674 l'habitude de lever le ban et l'arrière-ban de la noblesse, dont l'unité et la valeur étaient fort médiocres, les meilleurs des nobles servant déjà comme officiers. C'est ce même principe du service militaire obligatoire des sujets du roi – en l'occurrence ses seuls sujets nobles – qui sera repris et étendu à l'ensemble de la population par la création de la milice en 1688.

Les offices de colonel, commandant un régiment, et de capitaine, commandant une compagnie, sont toujours vénaux. La formation de leurs titulaires, nobles devenus propriétaires de leur charge, continue à être assurée « sur le tas », par l'apprentissage dans la troupe. Cet apprentissage reçoit une forme officielle avec la création de places de « cadets » dans les régiments de la Maison du roi et dans quelques autres régiments. En outre, à côté de ces deux grades traditionnels, de nouveaux grades apparaissent : celui de brigadier, qui est un colonel habilité à commander deux régiments, le passage par ce grade devenant obligatoire pour devenir officier général ; ceux de major et de lieutenant-colonel, entre capitaine et colonel, ces deux fonctions n'étant pas vénales, mais à la nomination du roi, ce qui ouvrait ainsi la carrière des armes à des roturiers, « officiers de fortune ». Le corps des officiers généraux est réorganisé : maréchaux de camp, lieutenants généraux, maréchaux de France ne reçoivent plus d'ordres désormais que du roi ou du secrétaire d'État. En 1675, une réforme dite du « tableau » (où les officiers étaient inscrits par ordre d'ancienneté) applique aux maréchaux de France une règle déjà en usage pour les grades inférieurs, à savoir qu'ils prendraient rang d'après la date de leur nomination comme lieutenants généraux. En d'autres termes, se trouve généralisé le principe de l'avancement à l'ancienneté dans le grade inférieur et non au choix, conséquence du mérite ou de la naissance. Cette réforme provoque le mécontentement de la noblesse de cour dont Saint-Simon se fera l'écho : « M. de Louvois, pour être pleinement le maître, mit dans la tête du roi l'ordre du tableau et les promotions, ce qui égala tout le monde, rendit le travail inutile à tout avancement, ce qui ne fut dû qu'à l'ancienneté et aux années, avec toujours de rares exceptions pour ceux que M. de Louvois eut des raisons de pousser. » Il est vrai que Louis XIV et Louvois ne se sentirent pas totalement liés par le principe de l'ancienneté et ne se privèrent pas de faire un certain nombre de promotions individuelles au mérite.

Plus que quiconque, Louvois est persuadé que la discipline fait la force des armées. Il convient donc de l'appliquer d'abord aux soldats de façon aussi stricte que possible. Le pillage et la maraude ayant le plus souvent pour cause le non-paiement de la solde ou l'absence de ravitaillement régulier, un règlement de 1670 ordonne que le « prêt », solde de 5 sous par jour pour le fantassin et de 15 pour le cavalier (qui avait à entretenir son cheval), soit exactement versé par les capitaines tous les dix jours, après quelques retenues pour l'entretien du linge et la caisse des invalides. Le port de l'uniforme, différent selon les régiments, est généralisé. Des mesures sont prises pour l'entretien des troupes, notamment la création, aux lieux d'étapes et aux frontières, de magasins administrés par les commissaires aux vivres et un service de chariots suivant les armées en campagne. Toutefois, en temps de paix, le logement des troupes reste toujours à la charge des habitants – les premières casernes n'apparaissent, à l'initiative des villes, qu'après 1680, à la seule exception de l'hôtel des mousquetaires gris créé en 1671 à Paris, rue du Bac. En 1670, est décidée, par l'ordonnance du 26 février, la création dans la capitale d'un hôtel « pour le logement, subsistance et entretenement de tous les pauvres officiers et soldats de nos troupes qui ont été ou seront estropiés ou qui, ayant vieilli dans le service en icelles, ne seront plus capables de nous en rendre ». La construction de cet hôtel royal des Invalides, « au bout du faubourg Saint-Germain », est confiée à Libéral Bruant et les travaux commencent en 1671. Ces différentes mesures permettent aux officiers d'exiger des soldats une meilleure tenue, au moins en temps de paix, et justifient les peines très dures dont sont passibles les contrevenants. Mais les « méfaits des gens de guerre » vis-à-vis des populations civiles, amies ou ennemies, cette plaie des règnes précédents, ne disparaissent pas totalement. Bien plus, ils sont sciemment utilisés par Louvois, comme moyen de pression, par exemple contre les huguenots du royaume dans les années 1680 et en Palatinat en 1689.

Exiger des officiers une stricte obéissance aux ordres du roi se révèle une tâche au moins aussi difficile. Certains capitaines et colonels continuent à se considérer comme les seuls maîtres et propriétaires de leur unité. Ils n'apparaissent qu'épisodiquement à la tête de leurs hommes, préférant résider à la cour ou sur leurs terres. Louvois sévit contre l'absentéisme, crée un corps d'inspecteurs et multiplie lui-même les visites sur le terrain. Dans une lettre à sa fille du 4 février

1689, Mme de Sévigné rapporte ce dialogue dont s'est divertie la cour : « M. de Louvois dit l'autre jour tout haut à M. de Nogaret : Monsieur, votre compagnie est en fort mauvais état. – Monsieur, dit-il, je ne le savais pas. – Il faut le savoir, dit M. de Louvois ; l'avez-vous vue ? – Non, dit Nogaret. – Il faudrait l'avoir vue, Monsieur. – Monsieur, j'y donnerai ordre. – Il faudrait l'avoir donné. Il faut prendre parti, Monsieur : ou se déclarer courtisan, ou s'acquitter de son devoir quand on est officier. »

La composition même de l'armée n'est pas modifiée, mais remise en ordre. La Maison du roi, corps d'élite comptant environ 15 000 hommes, devient en 1671 un ensemble bien distinct de l'armée royale. La structure de celle-ci, en régiments et compagnies, est inchangée, le bataillon, ou « corps de bataille », regroupant de deux à cinq compagnies, devenant l'unité tactique. La cavalerie reste l'arme noble par excellence, mais elle perd peu à peu de son importance sur le champ de bataille, à l'avantage de l'infanterie. En outre, elle souffre de la qualité médiocre des chevaux, en dépit des efforts de Colbert pour réformer les haras royaux. La cavalerie légère, qui l'emporte sur la cavalerie lourde, est dotée du sabre, mais utilise aussi pistolets et mousquetons. Dans chaque compagnie, deux cavaliers sont dotés de la carabine. Ces carabiniers formeront des compagnies spéciales à partir de 1690. Il existe aussi des régiments de dragons, fantassins montés escortant à cheval les convois pendant les marches, mais servant à pied pendant les combats.

L'infanterie représente près des trois quarts des effectifs. Elle est toujours dotée du mousquet et de la pique. Pourtant, des armes nouvelles commencent à apparaître, qui vont peu à peu évincer les armes anciennes. Le fusil à pierre, d'invention allemande, a sur le mousquet l'avantage de simplifier le tir en permettant d'enflammer directement la poudre, ce qui accroît sensiblement la puissance de feu. En dépit d'une certaine réticence de la part des Le Tellier, et grâce à Vauban, le fusil l'emporte bientôt sur le mousquet. En 1671 est constitué le régiment des fusiliers du roi, destiné à l'origine à la garde des parcs d'artillerie. De même, la baïonnette va finir par supplanter la pique. Toutefois, l'intérêt de cette arme nouvelle se révèle d'abord médiocre, car, pour l'utiliser, on fixe la lame dans le canon même du fusil, ce qui rend celui-ci provisoirement inutilisable. Enfin, des fantassins armés de grenades sont constitués en compagnies spécialisées de grenadiers.

L'artillerie relève du grand maître de l'artillerie. Louvois obtient qu'en 1669 la charge soit achetée par un de ses fidèles, le comte du Lude, ce qui facilite la politique qu'il entend mener à bien afin de faire de cette arme un corps plus efficace et, si possible, autonome, ce qui n'était pas encore le cas puisque les canons étaient conduits et servis en campagne par des cavaliers et des fantassins. Il veille à la formation des officiers, avec la création à Douai, en 1679, d'une école spéciale, bientôt transférée à Metz, puis à Strasbourg. Les premiers régiments autonomes n'apparaîtront qu'en 1684 avec le Royal Bombardier et en 1689 avec le Royal Artillerie. Le parc est surtout composé de pièces longues et lourdes, dont Louvois fait ramener le nombre de calibres à quatre, cependant que le poids de chaque pièce est diminué, ce qui permet de réduire notablement le nombre des chevaux nécessaires à ses déplacements. Sur les champs de bataille, le nombre des canons utilisés augmente constamment au cours du siècle : alors que Condé n'en avait que 12 à Rocroi en 1643, Villars en aura 90 à Höchstädt en 1703. Mortiers et obusiers sont utilisés dans les sièges.

En matière de fabrication des différentes armes d'infanterie et d'artillerie, Louvois, aidé par l'entrepreneur général Maximilien Titon, organise les manufactures royales de Saint-Étienne, faite de petits ateliers, et de Charleville, plus concentrée. Il existe en outre de nombreuses entreprises dispersées dans une vingtaine de généralités. Des arsenaux, à Paris, Lille, Metz et Lyon, rassemblent les diverses productions et les testent avant de les livrer aux troupes. Toutefois, le système ancien consistant pour un capitaine à se procurer directement l'armement dont il a besoin ne disparaît pas pour autant.

En 1661, l'administration des fortifications n'est plus adaptée. Certes, en 1659, Mazarin a nommé le chevalier de Clerville, un homme de Colbert, commissaire général des fortifications, mais la mesure n'a pas d'incidence immédiate. Les quelque douze ingénieurs du roi qui se partagent la responsabilité des provinces frontières, terrestres et maritimes, travaillent chacun sans lien avec ses homologues, relevant directement soit des Le Tellier comme secrétaires d'État à la guerre, soit de Colbert avant même que celui-ci ne devienne en 1669 secrétaire d'État à la marine. En 1668, l'un d'eux, Vauban, s'impose au premier rang. Sébastien Le Prestre, marquis de Vauban, fils d'un hobereau du Morvan, a fait son apprentissage auprès du chevalier de Clerville et s'est fait remarquer de Louis XIV et de Louvois lors des sièges des places de Flandre en 1667-1668. En septembre 1668, Louvois le pousse à rédiger un contre-projet pour la construction de la citadelle de Lille face au projet de Clerville. En novembre, le roi tranche en sa faveur, et Louvois lui écrit : « Le roi s'est remis entièrement à vous de la conduite de toutes les fortifications de mon département. » Dans la réalité, il fait bientôt fonction de commissaire général des fortifications, du moins pour celles qui relèvent du département de la guerre, et occupera officiellement la charge, étendue à tout le royaume, en 1678 au lendemain de la mort de Clerville. Sa compétence exceptionnelle, son expérience accumulée au cours de voyages incessants, sa puissance de travail, sa totale loyauté (« Je préfère la vérité, quoique mal polie, à une lâche complaisance »), son attachement au service du roi et son « amour du bien public » en font l'un des plus grands serviteurs de Louis XIV. Homme du clan Le Tellier (« Je sais que j'ai l'honneur d'être votre créature, écrit-il à Louvois, que je vous dois tout ce que je suis et que je n'espère que par vous »), il voit ses mérites reconnus en ces termes par Seignelay en 1678 : « Outre la capacité par laquelle vous êtes si fort au-dessus de tous les gens qui se mêlent des mêmes choses que vous, il y a une si grande netteté dans vos mémoires et une si grande certitude dans tout ce que vous proposez, qu'il y a beaucoup de plaisir à être informé de vos sentiments et à faire travailler à l'exécution des ordres du roi sur vos mémoires. » Quand en 1703, quatre ans avant sa mort, il sera élevé par Louis XIV à la dignité de maréchal de France, Saint-Simon saluera ce « petit gentilhomme de Bourgogne tout au plus, mais peut-être le plus honnête homme et le plus vertueux de son siècle, et, avec la plus grande réputation du plus savant homme dans l'art des sièges et de la fortification, le plus simple, le plus vrai et le plus modeste ».

Pendant près de quarante ans, Vauban justifie la réputation qui lui est bientôt faite : « Ville assiégée par Vauban, ville prise ; ville fortifiée par Vauban, ville imprenable. » Il dirige plus de 50 sièges, toujours avec succès, et perfectionne les procédés d'attaque en inventant le tir à ricochet et en reprenant aux Turcs le système des retranchements parallèles aux remparts assiégés. Il est surtout le constructeur de près de 300 places fortes, soit qu'il en ait dirigé lui-même les travaux, soit qu'il en ait dressé les plans. Il reprend à son compte l'invention des ingénieurs italiens du XVIe siècle, celle des fortifications rasantes (avec glacis, fossé et bastion) qui, presque enterrées, n'offrent que peu de prise à l'artillerie ennemie. De Dunkerque à Perpignan et Toulon, de Brest à Rochefort et Bayonne, de Lille et Strasbourg à Besançon et Grenoble, il crée ainsi un ensemble de places qui constitue aux frontières du royaume une redoutable ceinture de pierre et de fer.

Louis XIV ignore les choses de la mer. Hors une visite à Dieppe quand il a neuf ans, il ne va dans un port de son royaume que trois fois pendant tout son règne : en 1660, à Marseille, en 1662, à Dunkerque, et, en 1680, à nouveau à Dunkerque où il embarque pour quelques heures sur *L'Entreprenant*, vaisseau de 50 canons. S'il est sensible au rôle que peuvent jouer les bâtiments de la marine royale en rendant visible sur tous les océans la gloire du roi, il mesure mal la part de la mer dans une stratégie globale. Conscient de ses insuffisances, il a du moins le mérite de s'informer aussi souvent que possible auprès des meilleurs marins de son temps et surtout de s'en remettre à Colbert pour l'édification d'une marine digne de lui. Pour réaliser cet objectif, le ministre s'appuie sur une haute administration qu'il contribue à renforcer et à souder. Les intendants de marine sont en poste dans les sept grands ports du Levant (Toulon et Marseille) et du Ponant (Dunkerque, Le Havre, Brest qui, entre 1661 et 1689, devient le premier arsenal du royaume, Port-Louis après 1690, Rochefort créé en 1666 à l'initiative de l'intendant Colbert de Terron, cousin du ministre). Ils sont responsables de l'armement des vaisseaux et du recrutement des équipages. Beaucoup de ces intendants de marine appar-

La ceinture de fer de Vauban

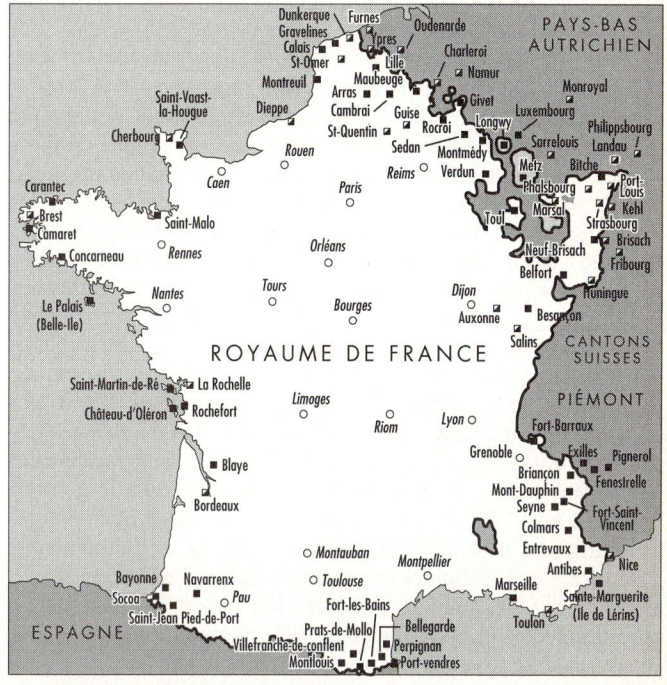

- ■ Places fortes construites ou remaniées par Vauban
- ▨ Places fortes aujourd'hui disparues
- — Frontières du royaume de France à la fin du règne de Louis XIV

Les quelque 300 places fortes construites ou remaniées par Vauban répondent à la préoccupation d'assurer la défense du royaume à ses frontières, la plus menacée étant celle du Nord-Est, compte tenu de la proximité de Paris par rapport aux Pays-Bas espagnols. Mais Vauban ne néglige pas pour autant les autres frontières, terrestres et maritimes. Le système ainsi édifié conservera l'essentiel de son efficacité jusqu'en 1870.

tiennent à des familles d'officiers de justice ou de finance, souvent originaires de Paris, de Champagne ou des pays de la Loire moyenne. En outre, des liens de famille, pour quelques-uns, ou de clientélisme, pour la plupart, les unissent plus ou moins étroitement au clan Colbert, un tel système fonctionnant, on l'a vu, dans bien d'autres secteurs de la société d'Ancien Régime.

Les galères de Marseille continuent à jouer un rôle important : une vingtaine de bâtiments sont montés par 8 000 officiers et 12 000 rameurs constituant la chiourme. Ce sont soit des Turcs, terme qui désigne moins des sujets de l'empire ottoman que des Barbaresques, pirates, marchands ou malheureux razziés sur les côtes d'Afrique du Nord, soit, et de plus en plus, des criminels du royaume condamnés aux galères. Pour faire face aux besoins, Colbert recommande à diverses reprises aux parlements et autres cours de justice de multiplier les condamnations aux galères de préférence aux condamnations à mort. Les conditions de vie des forçats, « hommes condamnés à tirer la rame par force », selon la définition de Furetière, sont telles que la mortalité est terrible et que le condamné à temps n'a que très peu de chances de quitter vivant cet enfer. Certes, l'utilité tactique des galères a diminué depuis les progrès des grands vaisseaux de guerre. Mais Louis XIV les conserve en Méditerranée occidentale comme un instrument politique susceptible de faire éclater sa gloire et d'intimider ses ennemis, le bombardement d'Alger en 1683 et celui de Gênes en 1684 étant les deux manifestations les plus spectaculaires de cette politique.

La vraie puissance du roi sur les mers réside dans sa flotte de vaisseaux de ligne. La construction et l'entretien de cet ensemble de vaisseaux, de frégates légères et autres bâtiments de soutien exigent un effort financier considérable et la mise sur pied d'installations portuaires capables de répondre à pareille demande. Les arsenaux – les deux plus importants étant Brest et Toulon – doivent être à la fois centres de construction, d'armement et de maintenance. Quant aux besoins, énormes, en bois, chanvre, produits métallurgiques, ils finissent par être couverts, à de rares exceptions près, par les productions du royaume. Mais la reconstruction de la flotte entre 1661 et 1670 se fait largement selon les méthodes empiriques traditionnelles, malgré les ordonnances et règlements de Colbert. Ce n'est qu'à partir de 1670-1672 que celui-ci, aidé notamment de Seignelay, de Colbert de Terron, de Pierre Arnoul, intendant de Toulon, s'efforce de rationaliser au maximum la construction navale française en s'inspirant des exemples anglais et hollandais. Malheureusement, à cette date, la flotte est presque complètement reconstituée de vaisseaux neufs, mais d'une qualité médiocre et inférieure à celle des vaisseaux hollandais. Ils n'en participent pas moins aux progrès qui caractérisent la période : ils sont plus sûrs, plus maniables, plus autonomes.

Pour recruter les équipages, Colbert, conseillé par François d'Usson de Bonrepaus, décide de renoncer à la « presse », qui consistait, en cas de besoin, à embarquer de gré ou de force tous les marins disponibles dans les ports, et d'établir le système des « classes » : tous les hommes des paroisses côtières, pêcheurs et gens de mer, répartis en trois ou quatre classes selon leurs charges de famille, devront servir sur les vaisseaux du roi une année sur trois (une année sur cinq, en Bretagne), sous peine de mort pour les déserteurs. En contrepartie, ils recevront une solde pendant leur service en mer et une demi-solde quand ils seront à terre et jouiront de quelques exemptions fiscales et avantages sociaux, comme une caisse des invalides. Le dispositif se met en place par étapes entre 1668 et l'instruction du 13 juillet 1670, mais son application se révèle difficile, du fait de l'hostilité, ou au moins de la méfiance, des populations concernées. En outre, le système des classes, qui nécessite une lourde administration, présente l'inconvénient majeur de ponctionner les effectifs que demande la marine du roi sur les seules populations maritimes, déjà requises par le commerce sur mer, la pêche, voire partiellement l'agriculture.

Pour encadrer ces équipages et assurer le commandement d'un vaisseau de ligne, *a fortiori* d'une escadre, il faut des officiers réunissant les qualités complémentaires du marin et du soldat. Chaque vaisseau est commandé par un capitaine de vaisseau, assisté de quatre ou cinq lieutenants de vaisseau et de six ou sept enseignes. Ces différents grades ne sont pas vénaux, mais à la nomination du roi depuis 1669. Plus des deux tiers des officiers appartiennent à la noblesse, les autres venant du monde des armateurs et des négociants. Le haut commandement est assuré, sous l'autorité toute nominale de l'amiral de France (Vermandois, puis Toulouse, tous deux jeunes bâtards du roi), par deux vice-amiraux, l'un pour le Ponant, l'autre pour le Levant, flanqués de lieutenants généraux qui sont susceptibles de les suppléer et qui ont sous leurs ordres les chefs d'escadre.

La paix arrogante (1661-1672).

Il n'y a pas six semaines que Louis XIV a pris le pouvoir en main que survient à Londres un incident diplomatique dont il prend prétexte pour faire éclater orgueilleusement sa puissance aux yeux de l'Europe. Le 10 octobre 1661, lors de la cérémonie de réception par le roi Charles II du nouvel ambassadeur de Suède, le comte d'Estrades, ambassadeur du roi de France, doit céder le pas devant le baron de Watteville, ambassadeur d'Espagne. Furieux, Louis XIV exige du roi d'Espagne non seulement qu'il présente des excuses publiques, mais qu'il donne l'ordre à tous ses diplomates de « céder le rang à tous les ambassadeurs du roi de France en toutes occasions ». L'audience des « excuses d'Espagne », formulées par le comte de Fuentes au nom de Philippe IV, a lieu le 24 mars 1662, au Louvre, devant les représentants de toute l'Europe. Témoignant dès ce moment de son « orgueil pharaonique », le roi commentera en ces termes la cérémonie dans ses *Mémoires* : « Je ne sais si, depuis le commencement de la monarchie, il ne s'est rien passé de plus glorieux pour elle : car les rois et les souverains que nos ancêtres ont vus quelquefois à leurs pieds pour leur rendre hommage n'y étaient pas comme souverains et comme rois, mais comme seigneurs de quelque principauté moindre qu'ils tenaient en fief et à laquelle ils pouvaient renoncer. Ici c'est une espèce d'hommage véritablement d'une autre sorte, mais de roi à roi, de couronne à couronne, qui ne laisse plus douter à nos ennemis mêmes que la nôtre ne soit la première de toute la Chrétienté. »

En août de la même année, c'est au pape de faire les frais de l'orgueil du Roi-Soleil. Le 20, une rixe oppose à Rome les pages du duc de Créqui, ambassadeur de France, à des Corses de la garde pontificale, le duc lui-même et sa femme essuyant des coups de feu. Louis XIV est d'autant plus irrité que le pape Alexandre VII tarde à prendre des sanctions. Il décide donc de rappeler le duc de Créqui et de faire prononcer par le parlement d'Aix le rattachement d'Avignon au royaume. Cette décision entraîne de longues négociations entre Rome et Paris, à l'issue desquelles un accord est signé à Pise le 12 février 1664 : en échange de la restitution d'Avignon, le pape s'engage à dissoudre sa garde corse, à envoyer un légat présenter au roi des excuses publiques et à faire édifier une pyramide expiatoire sur les lieux de l'« attentat ». L'audience solennelle du légat, le cardinal Chigi, a lieu à Fontainebleau le 29 juillet 1664, immortalisée par une tapisserie des Gobelins. Au même moment, l'Angleterre est sommée de renoncer en faveur de la France au droit qu'elle s'est attribué de faire saluer le pavillon anglais par tous les vaisseaux étrangers sur les « mers étroites » voisines de la Grande-Bretagne.

Tout en se livrant à ces manifestations spectaculaires et soigneusement orchestrées par la propagande officielle, Louis XIV, aidé par Lionne, s'efforce de resserrer les liens qui unissent la France à de nombreux États européens, afin d'isoler le plus possible les Habsbourg, empereur et roi d'Espagne, dans la perspective de la mort de Philippe IV. Le 27 avril 1662, prolongeant les liens existants, il conclut avec les Provinces-Unies une alliance offensive et défensive de vingt-cinq ans. Le 27 octobre est signé un traité avec l'Angleterre aux termes duquel Dunkerque, cédé à Cromwell en 1655 pour prix de l'alliance anglaise, devient français, moyennant la somme de 5 millions de livres, ramenée finalement à 3,5 : le 2 décembre, Louis XIV entre solennellement dans le port que Vauban entreprend aussitôt de fortifier. Toutefois, le roi se garde d'intervenir dans la nouvelle guerre qui oppose, à partir de l'été 1664, les deux puissances maritimes, qui sont toutes deux ses alliées, mais dont les intérêts économiques divergent sur toutes les mers du globe.

Dans la péninsule Ibérique, en dépit de la paix des Pyrénées, le roi continue à aider indirectement les Portugais, toujours en rébellion contre l'Espagne. Il s'en explique sans vergogne dans ses *Mémoires :* « Je voyais que les Portugais, s'ils étaient privés de mon assistance, n'étaient pas suffisants pour résister seuls à toutes les forces de la Maison d'Autriche. Je ne doutais point que les Espagnols, ayant dompté cet ennemi domestique, entreprendraient plus aisément de troubler les établissements que je méditais pour le bien de mon État. Et néanmoins, je faisais scrupule d'assister ouvertement le Portugal à cause du traité des Pyrénées. L'expédient le plus naturel pour me tirer de cet embarras était de mettre le roi d'Angleterre en état d'agréer que je donnasse sous son nom au Portugal toute l'assistance qui lui était nécessaire. » De fait, l'argent et les soldats français transitant par l'Angleterre permettent aux Portugais de remporter sur les Espagnols un succès décisif à Villaviciosa, le 17 juin 1665.

Du côté de l'Empire, dès 1661, le roi s'attribue, après accord avec le duc de Lorraine Charles IV, une bande de terres de chaque côté de la route royale joignant Verdun à Metz et coupant ainsi en deux le duché lorrain resté indépendant. En 1663, la ligue du Rhin est renouvelée et s'élargit, en novembre 1665, avec l'adhésion de l'électeur de Brandebourg, Frédéric-Guillaume, en échange d'importants subsides. Il est vrai que la démarche de l'électeur répond surtout à un réflexe de méfiance à l'égard de la politique française dans l'Empire. Conscient, comme de nombreux princes allemands, du rôle que Louis XIV entendait faire jouer à la ligue, il disait : « Plus nous y entrerons, plus elle sera faible. » Louis XIV obtient même l'adhésion du roi de Danemark pour ses duchés de Schleswig et de Holstein, mais provoque la colère des Suédois, adversaires des Danois.

En Europe orientale, le mariage du duc d'Enghien, fils aîné du Grand Condé, avec une nièce du roi de Pologne Jean-Casimir V fait espérer un moment qu'un prince français pourra se faire élire roi de Pologne. Au début de 1664, les troupes ottomanes reprennent leurs attaques contre les possessions des Habsbourg. L'empereur Léopold, appuyé par le pape, sollicite l'aide de tous les princes chrétiens. Soucieux de ne pas laisser à l'empereur la gloire de sauver la Chrétienté, sans mettre à mal pour autant l'alliance traditionnelle avec la Sublime Porte, Louis XIV envoie un contingent de 6 000 hommes commandé par le comte de Coligny qui, sous bannière papale, contribue, le 1ᵉʳ août, à la victoire remportée sur les Turcs par Montecocolli à Saint-Gotthard, sur le Raab.

Cependant, Louis XIV ne cesse de préparer soigneusement la succession espagnole. Dès février 1662, Lionne exhume une coutume du droit privé brabançon selon laquelle les enfants d'un premier lit sont les seuls héritiers de leurs parents dont les biens doivent leur être dévolus. Or Philippe IV a trois enfants : Marie-Thérèse, épouse de Louis XIV, est fille d'un premier mariage, cependant que sont nés d'un second mariage Marguerite-Thérèse, née en 1651, et Charles, né en 1661, seul héritier mâle. Le 17 septembre 1665, Philippe IV meurt. Par son testament, il rappelle les renonciations faites par Marie-Thérèse lors de son mariage avec Louis XIV en 1660 et prévoit que si son fils et successeur Charles mourait sans héritier direct, la succession espagnole reviendrait tout entière à la descendance de Marguerite-Thérèse qui avait épousé en 1663 l'empereur Léopold. Charles, enfant de quatre ans et de constitution très délicate, devient donc roi d'Espagne sous le nom de Charles II. Aussitôt, Louis XIV fait publier par les juristes à sa solde des traités faisant état du droit de « dévolution » brabançon pour justifier ses prétentions à réclamer au nom de la reine non seulement un certain nombre de territoires et places fortes des Pays-Bas (en Brabant ou non), mais même la Franche-Comté. Au *Traité des droits de la Reine Très Chrétienne sur divers États de la monarchie d'Espagne* répond, du côté espagnol, le *Bouclier d'État et de justice* dans lequel le diplomate franc-comtois Lisola n'a aucune peine à montrer que le droit de dévolution relevait du droit privé et nullement du droit public. Cette guerre de libelles se prolonge pendant plusieurs mois, cependant que Louis XIV prépare l'invasion des Pays-Bas. Toutefois, la guerre anglo-hollandaise qui se prolonge le met dans une situation embarrassante. Il est tenu en effet par le traité de 1662 d'aider les Hollandais, mais il est d'autant moins pressé de le faire qu'il ne veut pas se brouiller avec Charles II d'Angleterre. Du moins envoie-t-il quelques troupes pour protéger les frontières des Provinces-Unies menacées par les mercenaires du prince-évêque de Münster au service des Anglais. A la suite d'une nouvelle offensive de la flotte de Ruyter sur la Tamise et Londres, les deux adversaires se décident à signer la paix à Breda le

23 juillet 1667. A cette date, les troupes françaises ont déjà pénétré aux Pays-Bas.

La guerre dite de Dévolution dure moins d'un an (mai 1667-avril 1668) et n'est qu'une promenade militaire. A l'armée française forte de 70 000 hommes et commandée par Turenne et Condé, l'Espagne ne peut opposer que quelque 20 000 soldats indisciplinés et mal commandés. A partir de mai, Turenne entre en Flandre, le roi participant en personne à certaines opérations militaires, suivi à distance par une partie de la cour, notamment la reine et les maîtresses affichées, Louise de La Vallière et la marquise de Montespan. Tout l'été, les prises de villes se succèdent, parfois sans coup férir : Bergues, Furnes, Tournai, Courtrai, Oudenarde. Lille est prise le 27 août après un court siège. Mme de Sévigné écrit le 1er août à son ami Simon Arnauld de Pomponne, alors à Stockholm : « Cependant le roi s'amuse à prendre la Flandre, et Castel Rodrigo [gouverneur des Pays-Bas] à se retirer de toutes les villes que Sa Majesté veut avoir. » Mais la marquise ajoute, preuve, s'il en était besoin, que la guerre en dentelles n'existe pas : « Presque tout le monde est en inquiétude ou de son fils ou de son frère ou de son mari, car malgré toutes nos prospérités, il y a toujours quelque blessé ou quelque tué. »

En novembre, Turenne prend ses quartiers d'hiver et la lutte glisse alors sur le plan diplomatique. En décembre, Lionne s'assure l'alliance de l'électeur de Brandebourg et, le 19 janvier 1668, l'ambassadeur de France à Vienne, Grémonville, obtient de l'empereur Léopold qu'il signe un traité secret concernant un éventuel partage de la succession espagnole : si Charles II mourait sans héritier direct, la France obtiendrait les Pays-Bas, la Franche-Comté, Naples et la Sicile, ce qui allait à l'encontre du testament de Philippe IV et équivalait à admettre implicitement les droits de la reine Marie-Thérèse sur la couronne d'Espagne. Mais, dans le même temps, Angleterre et Provinces-Unies s'inquiètent de plus en plus, et chacune pour leur compte, de la marche triomphale des armées françaises dans les Pays-Bas et, le 23 janvier 1668, sous couvert de médiation, signent un traité d'alliance dirigé en fait contre la France. En avril, l'adhésion de la Suède, alliée traditionnelle de la France en Europe du Nord, transforme cet accord bilatéral en Triple Alliance.

Louis XIV, prenant acte à la fois de cette menace déguisée et de la neutralité de l'empereur, décide de ne pas reprendre au printemps l'offensive en Flandre, mais de faire occuper la Franche-Comté. C'est chose faite par Condé au cours d'une campagne de trois semaines, en février 1668. Anglais et Hollandais ne désarment pas pour autant et multiplient intrigues et préparatifs. De leur côté, les Cantons suisses s'inquiètent de la présence française en Franche-Comté, cependant que l'Espagne met fin le 13 février à sa longue guerre contre le Portugal, en reconnaissant enfin l'indépendance portugaise. Louis XIV décide alors de signer la paix avec l'Espagne, à Aix-la-Chapelle, le 2 mai 1668. Placée devant l'alternative offerte par la France, c'est-à-dire le choix entre la perte de la Franche-Comté ou celle des places fortes de Flandre, l'Espagne se résout à la seconde solution et cède à la France non un territoire continu, mais 12 villes avec leurs dépendances : Furnes, Bergues, Armentières, Menin, Lille, Douai, Courtrai, Audenarde, Tournai, Ath, Binche et Charleroi. La plupart de ces villes, qui constituent des postes avancés en territoire espagnol, sont immédiatement fortifiées par Vauban. Ainsi la guerre a permis de prouver la valeur de l'armée française, de renforcer la frontière du Nord et de confirmer les prétentions françaises sur la succession espagnole. Il est hors de doute que, pour le roi, une telle paix n'est qu'une trêve imposée par les circonstances, notamment l'attitude menaçante des Hollandais au sein de la Triple Alliance.

Dès 1668, Louis XIV voit dans les Provinces-Unies l'adversaire à abattre. Non seulement, il ne peut oublier l'« ingratitude » et la « perfidie » de cet ancien allié, mais de plus tout l'irrite dans cette république de marchands calvinistes, à commencer par l'insolence à son égard des gazetiers d'Amsterdam. De son côté, Colbert n'est pas le moins décidé à en découdre tant il est persuadé que la prospérité des Provinces-Unies, première puissance économique de l'Europe, est incompatible avec la prospérité du royaume. Le tarif de 1664 et, plus encore, celui aggravé de 1667 frappent de droits très élevés les marchandises étrangères entrant en France, le plus souvent sur des bateaux hollandais. Les Provinces-Unies ripostent en frappant de droits quasi prohibitifs les produits en provenance de France : la guerre douanière ne fait que préluder à la guerre tout court. Celle-ci est soigneusement préparée par Louis XIV sur le double plan militaire et diplomatique. Les effectifs de l'armée sont portés à plus de 100 000 hommes au début de 1672 et l'effort en matière de construction navale est porté au maximum afin de pouvoir faire face à la redoutable flotte hollandaise commandée par Ruyter.

Sur le plan diplomatique, le roi bien secondé par Lionne et par Arnauld de Pomponne s'ingénie à isoler le futur adversaire, d'abord en disloquant la Triple Alliance. Grâce à l'entremise d'Henriette d'Angleterre, sœur du roi Charles II et mariée, depuis 1661, au duc Philippe d'Orléans, Monsieur, frère du roi, un traité secret est signé à Douvres entre l'Angleterre et la France, le 1er juin 1670. Charles II s'engage à se rallier publiquement à l'Église romaine et à aider la France, sur terre et sur mer, contre les Provinces-Unies, en échange du paiement d'un subside annuel et de l'octroi de plusieurs ports hollandais. La Suède est plus difficile à convaincre par cette « politique de la cassette ». Pomponne, retourné en ambassade à Stockholm en juillet 1671, obtiendra finalement des Suédois, le 11 avril 1672, de revenir à l'alliance française moyennant finances. En août 1670, les atermoiements du duc de Lorraine, Charles IV, qui refuse de licencier son armée, comme le lui demande Louis XIV, amènent celui-ci à faire occuper le duché par les troupes françaises, rendant ainsi impossible aux Espagnols une liaison directe entre Franche-Comté et Pays-Bas. Un traité de neutralité est signé, le 1er novembre 1671, entre la France et l'empereur, cependant que des alliances offensives sont faites avec le roi de Portugal, le duc de Savoie et quelques princes allemands, notamment l'archevêque électeur de Cologne, qui est en même temps prince-évêque de Liège. D'autres princes allemands promettent leur neutralité en échange d'importants subsides ; c'est le cas notamment des électeurs Palatin, de Brandebourg, de Bavière et de Saxe. Fort de l'appui des uns et de la neutralité des autres, Louis XIV semble assuré d'un succès facile.

La guerre de Hollande (1672-1679).

Le 6 avril 1672, Louis XIV déclare la guerre aux Provinces-Unies (ce que Charles II d'Angleterre a fait dès le 28 mars) et, le même jour, à la tête des armées françaises commandées par Turenne, Condé et Luxembourg marchent vers le Rhin inférieur, depuis Charleroi et Sedan, à travers les évêchés de Liège et de Cologne. Après la prise de quelques places fortes, les Français, trompant les troupes hollandaises qui, sous les ordres du jeune Guillaume d'Orange (il a vingt-deux ans) les attendent du côté du Zuiderzee, franchissent l'Yssel, bras méridional du Rhin, au gué de Tolhuis, le 12 juin. L'opération menée par Condé, meurtrière, mais réussie, se déroule sous les yeux du roi et donne lieu dans tout le royaume à de multiples *Te Deum* et réjouissances populaires. Le 20 juin, Mme de Sévigné se fait l'écho, auprès de sa fille, de la conviction générale que la paix est proche : « Il est aisé de croire que toute la Hollande est en alarme et soumise : le bonheur du roi est au-dessus de tout ce qu'on a jamais vu. » Il est vrai que, le 24, elle tempère cet optimisme : « Il ne paraît pas que la paix soit si proche que je vous l'avais mandé ; mais il paraît un air d'intelligence partout et une si grande promptitude à se soumettre que le roi n'a qu'à s'approcher d'une ville pour qu'elle se rende à lui. » De fait, en trois semaines, une quarantaine de villes se rendent aux troupes françaises, dont Utrecht où le roi s'installe le 30 juin et où la cathédrale est rendue au culte catholique. Mais déjà le tournant de la guerre a été pris sans que les Français en prennent tout de suite conscience.

Le 20 juin, les Hollandais ouvrent les digues de Muiden aux eaux du Zuyderzee qui, bientôt, submergent une grande partie de la province de Hollande, détruisant le pays, mais forçant les Français à s'arrêter et sauvant ainsi Amsterdam. En même temps, le Grand Pensionnaire Jean de Witt multiplie les contacts diplomatiques. L'électeur de Brandebourg qui, dès le 6 mai, a quitté l'alliance française et dont les terres rhénanes vont être occupées par les Français, envoie des troupes pour aider les Hollandais et s'entremet auprès de l'empereur pour qu'il sorte de sa neutralité. Le 7 juin, la bataille navale de Solebay, au large des côtes britanniques, oppose les Anglo-Français commandés par le duc d'York (futur Jacques II) et par d'Estrées et Abraham Duquesne à la flotte hollandaise de Ruyter, sans qu'aucun des deux adversaires remporte l'avantage. L'année suivante, les mêmes protagonistes se retrouvent au large de Walcheren (7 juin 1673), puis du Texel (21 août).

Le 29 juin, pour gagner du temps plus que pour en finir, Jean de Witt et les États Généraux envoient à Louis XIV des plénipotentiaires pour demander la paix en échange de la cession de toute la rive gauche du Rhin, c'est-à-dire le pays dit de la Généralité, car relevant directement des États Généraux des Provinces-Unies, et une indemnité de guerre de 10 millions de livres. Le roi, poussé par Louvois, exige davantage : la cession de tout le pays entre Rhin et Meuse, la suppression des tarifs douaniers protecteurs, le rétablissement du catholicisme et le doublement de l'indemnité proposée. Comme il fallait s'y attendre, ces exigences provoquent, dès le 19 juin, la rupture des pourparlers et un sursaut d'indignation dans tout le pays, que les exactions commises par les soldats du maréchal de Luxembourg ne feront que renforcer. En juillet, Guillaume d'Orange est élu stathouder par les provinces de Hollande et de Zélande et capitaine général à vie par les États Généraux. Le 20 août, Jean de Witt et son frère, tenus pour responsables de l'impréparation du pays et du désastre subi, sont assassinés à La Haye par un groupe d'orangistes. Guillaume d'Orange devient l'âme de la résistance et, jusqu'à sa mort en 1702, l'adversaire le plus irréductible de Louis XIV.

En quelques mois, le stathouder réussit à redresser la situation, moins sur le plan militaire que sur le plan diplomatique. Dès la fin de 1672, les Hollandais peuvent compter sur l'appui de l'empereur, du roi d'Espagne, du duc de Lorraine, appui qui se concrétisera, le 30 août 1673, par le traité de La Haye. Le roi de Danemark et plusieurs princes allemands, inquiets de la présence des troupes françaises en Rhénanie, acceptent à leur tour d'aider les Provinces-Unies. Militairement, en décembre 1672, une tentative de Luxembourg pour marcher sur Amsterdam échoue du fait d'un dégel précoce. La rupture de nouvelles digues force les Français à abandon-

La politique conquérante du « roi de guerre » 153

ner la Hollande méridionale, qu'ils ont saignée à blanc depuis plusieurs mois, et à se replier sur la Hollande orientale. Il est vrai que, de son côté, Guillaume ne réussit pas à s'emparer de Charleroi. Ainsi, au début de 1673, la guerre rapide et victorieuse escomptée par Louis XIV a échoué. Bien plus, c'est la France qui se trouve maintenant isolée face à une coalition d'une partie de l'Europe. C'est bientôt au tour de Charles II Stuart d'abandonner Louis XIV : cédant aux pressions de plus en plus vives de l'opinion publique anglaise et aux instances de Guillaume, le roi d'Angleterre signe avec la Hollande la paix séparée de Westminster le 19 février 1674.

Du fait même de cette redistribution des cartes, la guerre de Hollande devient une guerre européenne dont le théâtre s'élargit. Le 30 juin 1673, Louis XIV s'empare de Maastricht, sur la Meuse, après un court siège mené par Vauban. La prise de la ville est aussitôt célébrée par tableaux, estampes et médailles. Mais déjà les troupes françaises commencent l'évacuation de la Hollande orientale sur laquelle elles vivaient sans ménagement. Les exactions qu'elles y ont commises sont exploitées par la propagande hollandaise dont libelles et images se font l'écho dans toute l'Europe des « cruautés inouïes exercées par les Français ».

En février 1674, Louis XIV, toujours flanqué de Vauban, pénètre en Franche-Comté dont la conquête est achevée en juillet ; le roi et le jeune dauphin, Monseigneur, âgé de treize ans, assistent notamment à la prise de Besançon, le 15 mai, et à celle de Dole, le 7 juin. Pendant ce temps, sur la frontière des Pays-Bas, Condé est chargé de contenir les Hollandais et les Espagnols renforcés par des Impériaux. Le 11 août, à Seneffe, près de Charleroi, les 40 000 Français font face à 50 000 coalisés commandés par Guillaume d'Orange. A l'issue d'une bataille sanglante et indécise, Guillaume se replie en bon ordre et Condé se considère comme vainqueur. Amère victoire qui provoque ce commentaire de Mme de Sévigné : « Nous avons tant perdu à cette victoire que sans le *Te Deum* et quelques drapeaux portés à Notre-Dame, nous croirions avoir perdu le combat. »

Au même moment, Turenne décide de dévaster le Palatinat afin d'empêcher les Impériaux de l'utiliser comme base de départ pour une attaque de la Basse-Alsace. Il a d'autant moins de scrupules que l'électeur Palatin, dont la fille a épousé Monsieur, frère du roi, est un des adversaires les plus acharnés de Louis XIV, sans avoir pour autant les moyens de défendre son pays. Durant quelques semaines, avec l'aval de Louvois, les troupes françaises pratiquent la vieille méthode de la « terre brûlée », incendiant villages et récoltes. Les Impériaux renoncent à leur projet d'invasion et, en décembre 1674, c'est Turenne lui-même qui, rompant ses quartiers d'hiver, pénètre en Alsace à l'issue d'un audacieux mouvement tournant par les Vosges et Belfort, et écrase à Turckheim, le 5 janvier 1675, les troupes impériales composées notamment de contingents brandebourgeois. Celles-ci, démoralisées, refluent vers le Nord et bientôt quittent l'Alsace. Fort de ce succès, Turenne passe à l'offensive au printemps, franchit le Rhin et se prépare à livrer bataille aux Impériaux commandés par Montecocolli, lorsqu'il est tué par un boulet de canon, lors d'une reconnaissance, à Salzbach, en Pays de Bade, le 27 juillet. Louis XIV, qui, quoi qu'on en ait dit, lui a gardé jusqu'au bout pleine confiance, le fait inhumer dans la basilique royale de Saint-Denis. La mort de Turenne entraîne non seulement l'abandon de l'offensive prévue, mais force les troupes françaises à repasser le Rhin sous la pression de Montecocolli. Bientôt celui-ci met le siège devant Haguenau et menace l'Alsace. Louis XIV envoie sur place Condé qui force les Impériaux à la retraite. Après ce dernier succès, Condé arguant de sa mauvaise santé obtient du roi d'abandonner tout service et de se retirer à Chantilly d'où il ne sortira plus avant d'y mourir en 1686. Ainsi, la mort de Turenne et la retraite de Condé privent le roi de ses deux capitaines les plus prestigieux, tous deux partisans de la stratégie offensive de la guerre éclair tendant à la destruction de l'armée ennemie. Mais il serait erroné de voir dans ce double départ la fin d'une telle stratégie offensive qui sera encore, dans la dernière partie du règne, celle d'un Luxembourg, puis d'un Vendôme ou d'un Villars.

Désormais, les troupes françaises portent leurs efforts essentiels sur la conquête systématique des Pays-Bas espagnols, place après place : en 1675, Liège (qu'occupaient les Hollandais), en 1676, Condé et Bouchain, en 1677, Valen-

La politique conquérante du « roi de guerre »

ciennes, Saint-Omer et Cambrai, en 1678, Gand et Ypres. Sur mer, le retrait des Anglais en 1674 et l'entrée en lice des Espagnols déplacent les combats vers la Méditerranée. Pour soutenir les Siciliens révoltés contre l'Espagne, la flotte française commandée par Vivonne et Duquesne entre en campagne contre la flotte espagnole qui est vaincue au large des îles Lipari le 11 février 1675. L'année suivante, la flotte hollandaise de Ruyter vient renforcer les Espagnols, ce qui n'empêche pas les Français de remporter sur les Hispano-Hollandais une série de victoires, celle de l'île Stromboli, le 8 janvier 1676, celle d'Agosta, le 22 avril, au cours de laquelle le vieux Ruyter est mortellement blessé, celle de Palerme, le 2 juin, qui aboutit à la quasi-destruction des deux flottes hollandaise et surtout espagnole. Cette brillante campagne de Sicile marque la consécration de la marine française créée par Colbert en moins de quinze ans et assure à celle-ci la maîtrise de la Méditerranée. Il est vrai qu'elle provoque en même temps l'inquiétude accrue des Anglais et des Hollandais et, accessoirement, des Vénitiens.

Dès 1675, Charles II Stuart a proposé sa médiation aux belligérants et un congrès s'est ouvert à Nimègue, l'année suivante, sous la présidence d'un nonce du pape. Les négociations traînent, cependant que les combats continuent, chacun espérant en la fortune de ses armes. Pourtant, au début de 1678, les pourparlers prennent un tour plus décisif. En effet, Louis XIV est inquiet de l'attitude des Anglais qui poussent leur roi à intervenir directement contre la France. De plus, il est déçu des résultats de sa politique orientale : l'allié suédois a été battu à Fehrbellin, le 28 juin 1675, par l'électeur de Brandebourg qui, avec l'appui des Danois et des Hollandais, a entrepris la conquête des possessions suédoises en Allemagne du Nord. Par ailleurs, la prolongation de la guerre coûte de plus en plus cher à la France et aggrave une situation financière devenue préoccupante. Enfin, l'occupation de la Franche-Comté et des Pays-Bas constitue un gage de poids dans la négociation. Toutes ces raisons amènent Louis XIV à faire, en mars 1678, des propositions beaucoup plus raisonnables qu'au lendemain du passage du Rhin. Or, les coalisés, las et divisés, sont tout prêts à les accepter : même si Guillaume d'Orange reste irréductible, les bourgeois hollandais sont de plus en plus nombreux à souhaiter la paix, nécessaire à la reprise des affaires ; l'Espagne est épuisée ; l'empereur Léopold est confronté à la révolte des Malcontents hongrois et à la menace turque.

Trois traités successifs, entre la France d'une part, les Provinces-Unies (10 août 1678), l'Espagne (17 septembre 1678) et l'empereur (5 février 1679) d'autre part aboutissent au rétablissement de la paix. La Hollande ne perd rien de son territoire et obtient même l'abrogation du tarif douanier français de 1667. En revanche, l'Espagne fait les frais de la guerre : elle abandonne la Franche-Comté, le reste de l'Artois (Aire et Saint-Omer), le Cambrésis, une partie de la Flandre (Cassel, Ypres) et du Hainaut (Bouchain, Valenciennes, Condé, Maubeuge). Bien faible compensation, elle récupère quelques places avancées qui avaient été cédées à la France en 1668, mais qui n'offrent plus pour celle-ci d'intérêt stratégique : Charleroi, Binche, Audenarde, Ath, Courtrai. Ainsi, la frontière française du Nord, jusque-là discontinue, avec des forteresses échelonnées et enclavées en terre étrangère, devient continue et cohérente, selon le vœu de Vauban tel qu'il l'exprimait, par exemple, dans une lettre à Louvois, le 20 janvier 1673 : « Le roi devrait un peu songer à faire son pré carré. Cette confusion de places amies et ennemies pêle-mêlées ne me plaît point […] C'est pourquoi, soit par traité ou par une bonne guerre, si vous m'en croyez, Monseigneur, prêchez toujours la quadrature, non pas du cercle, mais du pré : c'est une belle et bonne chose de pouvoir tenir son fait des deux mains. » Quant à l'empereur, il cède à la France Fribourg-en-Brisgau, place forte permettant de mieux protéger l'Alsace, mais récupère Philippsbourg. Par ailleurs, Louis XIV s'engage à restituer la Lorraine à son duc, moins Nancy, Longwy et quatre routes vers l'Alsace, et l'empereur promet de son côté de ne pas intervenir dans la guerre en Europe du Nord, ce qui permet à la France d'imposer au Brandebourg, par le traité de Saint-Germain-en-Laye, le 29 juin 1679, la restitution à la Suède des territoires conquis sur elle.

Ainsi, à l'issue d'une guerre beaucoup plus longue, beaucoup plus difficile et beaucoup plus coûteuse pour le royaume qu'il ne l'avait escompté, Louis XIV n'a pu tirer de la Hollande la vengeance éclatante qu'il espérait, mais a réussi, après avoir résisté à une coalition des principales puissances européennes, à agrandir quelque peu le « pré carré » et à faire figure d'arbitre du continent. A la fin de 1679, paraît à Paris l'*Almanach pour l'année bissextile 1680*. Sa première page, intitulée « Les effets du Soleil », montre, au premier plan, la France, l'Espagne, la Hollande, l'Allemagne, levant leur verre à la paix retrouvée, avec ce cartouche : « Le Soleil des Français lui seul fait nos beaux jours / Son pouvoir est incomparable / Tant qu'il nous sera favorable / Nous nous divertirons toujours », et à côté : « Le Soleil a fait la Paix / Le temple de Janus est fermé pour jamais. » En fait, le temps seul allait donner sa vraie signification à cette malheureuse guerre de Hollande dans laquelle Fénelon, en 1694, voyait, non sans lucidité, l'origine des malheurs du royaume : « Tant de troubles affreux qui ont désolé l'Europe depuis plus de vingt ans, tant de sang répandu, tant de scandales commis, tant de provinces saccagées, tant de villes et de villages mis en cendres, sont les funestes suites de cette guerre de 1672, entreprise pour votre gloire et pour la confusion des faiseurs de gazettes et de médailles de l'Europe. »

6

Le tournant du règne
1682-1688

Dans les années 1680, une série d'événements majeurs, notamment l'installation définitive de la cour à Versailles en 1682, la mort de Colbert en 1683, la révocation de l'édit de Nantes en 1685, la formation de la Ligue d'Augsbourg en 1688, contribue à modifier sensiblement la situation du royaume et la place de celui-ci en Europe. Il ne s'agit pas de ruptures – sauf peut-être dans le cas de la Révocation –, mais plutôt d'infléchissements dont il convient d'apprécier l'importance.

L'installation de la cour à Versailles (1682).

Le 6 mai 1682, la cour quitte Saint-Germain-en-Laye pour s'installer définitivement à Versailles, selon la décision annoncée publiquement par Louis XIV en 1677. Cette décision ne devait rien à on ne sait quelle aversion du roi pour Paris, qui n'est que légende. Les nombreux embellissements réalisés dans la capitale au cours du règne en témoignent. En fait, la volonté du roi, chez qui le souvenir de la Fronde reste vivace, est de réunir en permanence autour de sa personne une cour beaucoup plus nombreuse que par le passé, afin de surveiller étroitement une noblesse dont il continue à redouter l'éventuelle turbulence. Or un tel projet se heurtait à Paris à des contraintes de place difficiles à résoudre. De même, Saint-Germain ne se serait guère prêté aux agrandissements jugés indispensables, pas plus que Fontainebleau, où la cour continuera pourtant à se rendre à l'automne pour la saison de la chasse. En revanche, le site de Versailles permettait d'envisager toutes les extensions jugées nécessaires.

Toutefois, l'installation définitive voulue par le roi, impatient, ne signifie pas pour autant la fin des travaux. Jusqu'à la fin du règne, Versailles reste un immense chantier. En 1685, par exemple, il y travaille 36 000 ouvriers et 6 000 chevaux, pour une dépense évaluée à 8 millions de livres. Ce dernier chiffre est le plus élevé par rapport à celui de chacune des quarante années encadrantes : en effet, entre 1661 et 1715, les dépenses annuelles varient notablement, en fonction des possibilités du Trésor, en d'autres termes, ici comme ailleurs, des impératifs de la guerre. Au total, à la fin du règne, Versailles aura coûté environ 80 millions de livres, chiffre qui ne prend son sens que comparé à d'autres, par exemple les 200 millions que représentent les dépenses de l'État pour la seule année 1682, les 20 millions qu'a coûtés la construction du canal du Midi ou le demi-million, celle du *Royal Louis,* coulé à La Hougue. La construction du Grand Commun commence en 1683, ainsi que celle de l'Orangerie. La même année sont entrepris les premiers travaux de détournement des eaux de l'Eure vers Versailles. L'aménagement et la décoration des jardins et du parc se poursuivent sans relâche. En 1685 parvient en France la statue équestre du roi commandée au Bernin lors de son séjour à Paris vingt ans plus tôt ; Louis XIV découvre avec stupéfaction cette image dans laquelle il ne se reconnaît pas et charge François Girardon de transformer la statue en celle d'un héros romain, avant qu'elle ne soit reléguée en 1702 au bout de la pièce d'eau des Suisses. Il ne s'agit pas là de la part du roi d'une hostilité de principe à l'art dit plus tard « baroque », puisque dans le même temps il fait placer à l'entrée de l'allée royale du parc les deux groupes de Pierre Puget, *Milon de Crotone* et *Persée délivrant Andromède*.

Entre 1679 et 1686, Hardouin-Mansart entreprend à Marly, à deux lieues au nord de Versailles, la construction d'un extraordinaire ensemble de douze pavillons de part et d'autre d'un petit château, au milieu des jardins et des plans d'eau. Comme l'écrira Saint-Simon, « le roi lassé du beau et de la foule se persuada qu'il voulait quelquefois du petit et de la solitude ». De fait, Louis XIV se retire de temps à autre à Marly pour se reposer des contraintes du cérémonial versaillais, ne se faisant accompagner que de quelques rares pri-

Le tournant du règne

vilégiés. « Sire, Marly ? », quémandent les courtisans la veille des départs. En outre, en 1686, le roi décide de faire détruire le « Trianon de porcelaine » pour le remplacer par un ensemble plus vaste. Dirigée par Mansart, la construction commence l'année suivante et le roi peut y coucher pour la première fois le 11 juillet 1691. Le marbre a été largement utilisé et les parterres de fleurs font de ce Trianon de marbre un palais de Flore, où le roi vient de temps en temps, pour quelques heures, avec les courtisans qui le souhaitent et qui n'ont pas besoin d'être invités comme pour Marly.

Mais c'est au château même que se déroule la vie de cour dont le roi est le centre et la raison d'être. En 1682, Louis XIV a quarante-quatre ans. Ce n'est plus le jeune et brillant cavalier des années 1660, c'est un homme quelque peu alourdi, l'âge venant. Il reste d'une majesté intimidante et d'une santé à toute épreuve : il est opéré avec succès, en novembre 1686, d'une fistule anale par le chirurgien Félix, opération qui est saluée dans tout le royaume par des *Te Deum* et des feux de joie. Depuis 1681 et la retraite de la duchesse de Fontanges, il commence à s'assagir et à songer à son salut sous la double influence de Bossuet, qui lui rappelle inlassablement ses devoirs de chrétien, et surtout de Mme de Maintenon que les courtisans ont surnommée en 1680 Mme de Maintenant et qui se voit attribuer à Versailles en 1682 l'appartement le plus proche de celui du souverain. A propos de « la veuve Scarron », comme l'appellera Saint-Simon, la princesse Palatine écrira plus tard : « Elle jouait la dévote, elle lui disait qu'il se damnerait s'il ne vivait pas mieux avec la reine, qui, étant la meilleure femme du monde, croyait avoir de très grandes obligations envers la Maintenon. » Or, le 30 juillet 1683, la reine Marie-Thérèse meurt, provoquant de la part du roi ce bref commentaire : « Voilà le premier chagrin qu'elle m'ait donné. » Quelques semaines plus tard, dans la nuit du 9 au 10 octobre (date probable), il épouse secrètement Mme de Maintenon, devant son confesseur, le père La Chaise, et en présence de quelques témoins, son premier valet de chambre, Alexandre Bontemps, qui « avait la plus ancienne et la plus entière confiance du roi pour toutes les choses intimes et personnelles » (Saint-Simon), l'archevêque de Paris, Harlay de Champvallon, et

Louvois. Devenue l'épouse du roi, Mme de Maintenon joue désormais un rôle politique discret, mais non négligeable : elle favorise incontestablement le clan Colbert par rapport au clan Louvois, s'intéresse de très près à ses anciens élèves, fils de la Montespan, Maine et Toulouse, contribue plus que quiconque à changer l'atmosphère de la cour dans le sens d'une dévotion au moins affichée, mais elle n'intervient sans doute pas dans la révocation de l'édit de Nantes qui frappe ses anciens coreligionnaires et abandonne très vite Fénelon et ses amis quiétistes après les avoir un temps soutenus. En fait, la grande affaire de sa vie, à laquelle elle sait intéresser le roi, c'est la création en 1686, à Saint-Cyr, à proximité de Versailles, d'une institution pour l'éducation de 250 jeunes filles pauvres de la noblesse.

Vers 1685, la famille royale est assez nombreuse pour que soit écartée toute inquiétude concernant la succession au trône. Louis, dit Monseigneur ou le Grand Dauphin, a épousé, à dix-neuf ans, en 1680, Marie-Anne de Bavière, Madame la Dauphine, qui meurt à trente ans, en 1690, laissant trois fils qui passent tous trois le cap de l'adolescence, Louis, duc de Bourgogne, né en 1682, Philippe, duc d'Anjou, en 1683, Charles, duc de Berry, en 1686 ; en 1695, Fénelon sera nommé précepteur des trois « enfants de France ». A côté de sa descendance légitime, Louis XIV a fait place, à la cour, à ses bâtards qu'il fait tous « légitimer » après leur naissance, selon un usage régalien pratiqué avant lui par Charles IX et par Henri IV, mais sans aucun fondement au regard du droit canon ou des lois de l'État, et qu'il marie plus tard à des princes ou princesses de sang royal. Des six enfants qu'il a eus avec Louise de La Vallière, deux seulement parviennent à l'âge adulte, Marie-Anne, Mademoiselle de Blois, mariée en 1680 au prince de Conti, et Louis, comte de Vermandois. De sa liaison avec Athénaïs de Montespan naissent sept enfants dont Louis-Auguste, duc du Maine, qui épouse en 1692 une petite-fille du Grand Condé ; Louise-Françoise, Mademoiselle de Nantes, mariée en 1685 au duc d'Enghien ; Françoise-Marie, deuxième Mademoiselle de Blois, mariée en 1692 à Philippe, duc de Chartres, futur Régent ; enfin, Louis-Alexandre, comte de Toulouse.

Philippe d'Orléans, dit Monsieur, frère du roi, que celui-ci

Le tournant du règne

écarte soigneusement depuis 1676 de toute responsabilité politique ou militaire, vit, davantage qu'à la cour, dans ses résidences du Palais-Royal ou de Saint-Cloud, entouré de ses favoris, notamment le chevalier de Lorraine. Comme l'écrit Saint-Simon : « Le goût de Monsieur n'était pas celui des femmes et il ne s'en cachait même pas ; ce même goût lui avait donné le chevalier de Lorraine pour maître, et il le demeura toute sa vie. » De son second mariage, en 1671, avec Élisabeth, princesse Palatine de Bavière, dite Madame Palatine, est né en 1674 Philippe, duc de Chartres. Au-delà, les princes du sang sont représentés essentiellement par les Condé et les Conti. A la suite de la mort du Grand Condé, en 1686, son fils Henri devient à son tour Monsieur le Prince. A la mort, en 1685, du prince de Conti, « gendre naturel » du roi, son frère François devient prince de Conti. Les uns et les autres tiennent leur rang à la cour, mais ne participent en rien au pouvoir, dont Louis XIV les tient soigneusement écartés.

L'installation à Versailles a fait gonfler notablement les effectifs de la cour, quelque dix mille personnes vers 1685. Certes, ce ne sont pas tous des courtisans. La moitié environ est constituée par le personnel d'entretien, les fournisseurs, les gens de bureaux des services ministériels, les visiteurs et solliciteurs en tout genre. Toutefois, il n'en reste pas moins que quatre ou cinq milliers de nobles vivent là, tout ou une partie de l'année. Le désir de « faire sa cour » au roi, l'orgueil de vivre à l'ombre du Soleil font accepter les contraintes résultant d'un tel choix. D'ailleurs, pour qui est de bonne noblesse, c'est là une nécessité dans la mesure où l'on ne peut pas ne pas avoir besoin quelque jour de solliciter le roi pour soi ou les siens. « Je ne le connais point », laisse tomber celui-ci si l'on nomme devant lui un noble qui ne vient jamais à la cour. Faire partie des « logeants », c'est-à-dire de ceux qui sont logés sous le même toit que Sa Majesté, est un privilège enviable, même si concrètement cela se traduit, pour le plus grand nombre, par des conditions matérielles où l'inconfort le dispute à la promiscuité. Seuls les plus favorisés par la naissance ou la fortune ont à la fois un petit appartement au château et un hôtel dans la ville qui s'est peu à peu développée autour des trois grandes avenues percées à partir de 1662 et convergeant en une vaste place d'armes devant l'entrée du château. Les hôtels se multiplient bientôt le long de ces avenues, selon des normes imposées. Ils sont édifiés soit par des membres de la haute noblesse, soit par des grands commis de l'État qui y installent certains de leurs bureaux. En 1671 commence la construction de la ville neuve proprement dite. La population, constituée majoritairement à l'origine d'ouvriers du bâtiment, se diversifie bientôt et croît très rapidement : de quelque 400 à 500 habitants vers 1660, elle atteint le chiffre de 43 000 en 1713, ce qui fait de Versailles l'une des grandes villes du royaume.

La raison d'être de la vie de cour est d'encadrer tous les moments de la journée du roi, orchestrés selon un cérémonial solennel et codifié, depuis le « lever » jusqu'au « coucher », sous la responsabilité des grands officiers de la Couronne, le grand maître, le grand écuyer, le grand chambellan, le grand aumônier, hautes charges détenues par les seigneurs les plus importants. Par ailleurs, la vie de cour est émaillée de constants divertissements. Les fêtes de plein air sont moins nombreuses que lors des premières années du règne personnel. Mais la chasse, divertissement royal par excellence, continue à tenir une place de premier plan. Le roi chasse de 110 à 140 jours par an, courrant le cerf ou le sanglier, mais ne dédaignant pas de tirer perdrix, canards ou lièvres. Le Grand Dauphin est un chasseur forcené qui contribue à faire disparaître le loup d'Ile-de-France. Il n'en reste pas moins que, pour la masse des courtisans, ce sont les fêtes d'intérieur qui comptent surtout. Elles sont continuelles et très variées : comédies, bals, concerts, jeux d'argent, mollement condamnés par l'Église, mais pratiqués à grande échelle, « appartements », c'est-à-dire réceptions du soir offertes et présidées par le roi, en principe trois fois par semaine, dans le grand appartement donnant sur la cour de marbre. De temps à autre, des réceptions d'ambassadeurs étrangers ou des mariages ou baptêmes princiers sont l'occasion d'importantes cérémonies où s'étale tout le faste de la cour et se déploient les jeux subtils d'une étiquette jalousement observée. Condamnés à cette oisiveté dorée qui résulte en partie du calcul très conscient fait par Louis XIV, les courtisans passent leur temps en intrigues futiles, en médisances calculées, en « galanteries » continuelles, en dévotions feintes ou réelles. Bourdaloue voit dans la cour « le centre de la corruption du monde ». Et Mme de Sévigné, La Bruyère, Saint-Simon et d'autres se sont faits, chacun à leur manière, les chroniqueurs impitoyables de cette société de cour. C'est ainsi que la marquise de Sévigné décrit à sa fille, le 29 novembre 1679, la réception donnée par Louvois dans son hôtel parisien de la rue de Richelieu, à l'occasion du mariage de sa seconde fille avec le futur duc de La Rochefoucauld : « J'ai été à cette noce de Mademoiselle de Louvois : que vous dirai-je ? Magnificence, illustration, toute la France, habits rabattus et rebrochés d'or, pierreries, brasiers de feu et de fleurs, embarras de carrosses, cris dans la rue, flambeaux allumés, reculements et gens roués ; enfin le tourbillon, la dissipation, les demandes sans réponses, les compliments sans savoir ce que l'on dit, les civilités sans savoir à qui l'on parle, les pieds entortillés dans les queues : du milieu de tout cela, il sortit quelques questions de votre santé, où ne m'étant pas assez pressée de répondre, ceux qui les faisaient sont demeurés dans l'ignorance et dans l'indifférence de ce qui en est : ô vanité des vanités ! »

Mais à côté de la vie de cour, au sens le plus futile du terme, Versailles devient le siège de la plupart des administrations centrales. En effet, les bureaux des différents « ministères », avec leur premier commis à leur tête, ont été vite contraints de s'installer à Versailles, où ils sont bientôt regroupés dans l'« aile des ministres », même si certains services restent à Paris. Ainsi, la résidence royale est devenue de fait la capitale du royaume.

La succession de Colbert (1683).

Le 6 septembre 1683, Jean-Baptiste Colbert meurt dans son hôtel parisien d'une crise de coliques néphrétiques. Quelques heures plus tard, il est enterré de nuit, sous l'escorte des archers du guet, de peur de manifestations hostiles. Tenu pour responsable de toutes les mesures impopulaires, notamment en matière fiscale, il est, dès l'annonce de sa mort, la cible d'une multitude d'épigrammes et de couplets vengeurs, dont voici deux exemples : « Ci-gît qui peu dormit et beaucoup travailla, Pendant son fâcheux ministère. Que ne fit-il tout le contraire Et que ne dormit-il tout le temps qu'il veilla », et « Richelieu nous a purgés, Mazarin nous a saignés, Colbert nous a écorchés ». A la cour, chacun s'interroge sur les lendemains, dans la mesure où le grand ministre avait durant plus de vingt ans joué un rôle capital et multiforme dans l'administration du royaume. Rien n'avait échappé à son activité dévorante, puisqu'il contrôlait toute la vie économique du royaume et presque tout ce qui aujourd'hui relève de la culture. A l'exception des affaires étrangères et de la guerre (mais la marine était de son ressort), tout passait par ses mains. Dans ces conditions, sa disparition ne risquait-elle pas d'entraîner d'importants changements ? En réalité, il n'en sera rien, et au moins pour deux raisons.

D'une part, Colbert a patiemment mis en place, au cours de cette vingtaine d'années, ce que les historiens d'aujourd'hui ont appelé le « lobby Colbert », c'est-à-dire l'ensemble des individus, parents, alliés, clients, unis entre eux par de multiples liens, à qui il a confié, à Paris et dans les provinces, des postes clés, et dont il attendait qu'ils soient les relais de la politique qu'il voulait mettre en œuvre. Sa mort ne remet pas en question ce précieux réseau aux mailles serrées. C'est vrai à l'échelon le plus élevé. Son fils, Seignelay, qui lui a été étroitement associé depuis 1672 dans la gestion de la marine royale, a la survivance du secrétariat d'État à la marine et à la Maison du roi. Son frère, Colbert de Croissy, est ministre d'État et secrétaire d'État aux affaires étrangères depuis 1679. L'un de ses gendres, le duc de Beauvillier, deviendra en 1685 chef du conseil royal des finances. C'est vrai aussi de nombreux intendants de province ou de marine, évêques, procureurs généraux de parlements, patiemment mis en place et qui y restent, assurant la continuité de la politique colbertienne.

Certes, la mort du ministre semble laisser quelque peu le champ libre au clan Le Tellier, avec le vieux Michel Le Tellier, chancelier de France depuis 1677, et surtout avec Louvois, associé à son père depuis 1664, ministre d'État depuis 1672, secrétaire d'État à la guerre depuis 1677 et qui reçoit, des dépouilles de Colbert, la surintendance des bâtiments,

Le tournant du règne

arts et manufactures, cependant que le contrôle général des finances échoit à Claude Le Peletier, ancien prévôt des marchands de Paris, apparenté aux Le Tellier et protégé du chancelier (dont il sera l'exécuteur testamentaire). Il est évident que les Le Tellier-Louvois vont s'efforcer de tirer un surcroît de puissance de la disparition de Colbert et du changement d'équilibre ainsi créé entre les deux clans. Louis XIV joue d'ailleurs de cette vieille rivalité pour le plus grand bien de son service. Mais trop y insister serait oublier l'essentiel, à savoir la personne même du roi. Là réside en outre l'autre raison pour laquelle 1683 n'est pas une rupture. En 1661, Colbert s'est mis, en toute connaissance de cause, au service de Louis XIV. C'est à ce prix, pleinement assumé, qu'il a conservé jusqu'au bout sa confiance. Cela signifie qu'en dernier ressort, en toutes circonstances et quoi qu'il ait pu penser, dire et écrire au roi (il ne s'en privait pas), il a dû se plier aux exigences de la politique voulue par le souverain. De ce fait, la disparition du ministre, quel que soit le vide qu'elle laisse, ne peut en aucune façon entraîner une « révolution » comparable à celle de 1661, consécutive à la mort de Mazarin. Cette fois, avant comme après, Louis XIV est et reste le maître. Le mot, souvent cité, de Saint-Simon, « ce long règne si peu le sien, si continuellement et successivement celui de quelques autres », ne doit pas prêter à confusion : le roi a utilisé, au gré des années, quelques ministres qu'il a choisis pour leur compétence et qui ont assuré la continuité de la politique royale. Que celle-ci ait trouvé ses limites dans le pouvoir occulte d'une caste financière liée au personnel ministériel est incontestable, mais ne doit pas brouiller totalement l'image d'un roi qui, conscient sans doute de ses propres insuffisances, a su s'entourer des hommes les plus aptes à l'aider dans sa tâche.

Les années qui suivent la mort de Colbert sont marquées par plusieurs changements dans le personnel ministériel, dus essentiellement au décès de certains titulaires. Le chancelier Le Tellier meurt le 30 octobre 1685, dix jours après avoir signé l'édit de Fontainebleau à la rédaction duquel il a pris une part essentielle. Le nouveau chancelier, Louis Boucherat, est un homme de la « grande robe », allié aux Séguier et aux Lamoignon ; conseiller d'État, il a été intendant dans diverses provinces et commissaire du roi auprès des états de Bourgogne, puis de ceux de Bretagne. En le nommant, le roi lui déclare : « La place de chancelier est le prix de vos longs services ; ce n'est pas une grâce, c'est une récompense. » Toutefois, il ne l'appelle pas au conseil, où ne siègent plus que Louvois, Croissy et Le Peletier. En 1689, Louis XIV décide d'ouvrir le conseil à deux nouveaux ministres d'État, Seignelay, dont il apprécie la compétence, et Pontchartrain.

Louis Phélypeaux, comte de Pontchartrain, appartient à une lignée ministérielle depuis le début du XVIIe siècle, alliée à toutes les grandes familles de la robe, les Talon, les Fouquet, les Maupeou, les Bignon. Le grand-père de Louis de Pontchartrain, Paul Phélypeaux, et son grand-oncle, Raymond d'Herbault-La Vrillière, ont été secrétaires d'État au temps de la régence de Marie de Médicis. Son cousin, Louis Phélypeaux, sieur de La Vrillière, est, depuis 1629, secrétaire d'État à la R. P. R. ; à sa mort, en 1681, son fils Balthazar Phélypeaux, marquis de Châteauneuf, lui a succédé. Pontchartrain est en 1661, à dix-huit ans, conseiller au parlement de Paris. Sa voie semble toute tracée, mais sa fidélité à Nicolas Fouquet, dont il a épousé une nièce, lui vaut une longue disgrâce, dont il ne sort qu'en 1677 lorsque Louis XIV, à l'instigation de Colbert, qui pourtant n'aimait point Pontchartrain, le nomme, loin de la cour, premier président du parlement de Bretagne. Celui-ci est alors exilé à Vannes à la suite du rôle joué par les parlementaires bretons lors de la révolte dite du « Papier timbré » de 1675. La mission était donc importante et délicate, dans la mesure où la Bretagne était la dernière province du royaume à ne pas être dotée d'un intendant et où le gouverneur, le duc de Chaulnes, en poste depuis longtemps, « n'était pas accoutumé qu'autre que lui et les états, dont il était le maître, se mêlassent de rien dans le pays » (Saint-Simon). Pontchartrain réussit à rétablir peu à peu un climat de confiance entre les élites bretonnes et le pouvoir royal. En outre, il profite de sa présence forcée dans cette province périphérique pour s'y doter d'une clientèle fidèle, notamment dans les ports, qui lui servira ultérieurement dans sa carrière. Cette réussite lui vaut, en 1687, de sortir de cet exil et d'être nommé intendant des finances. Il attire si bien l'attention du roi que celui-ci, désireux de remplacer comme contrôleur général des finances Claude Le Peletier, honnête et consciencieux, mais peu efficace, nomme Pontchartrain à sa place, avec entrée au conseil comme ministre d'État, Le Peletier n'en demeurant pas moins lui-même ministre d'État. L'année suivante, à la mort de Seignelay, « prématurément usé par le travail et les plaisirs », Pontchartrain devient, en outre, secrétaire d'État à la marine et à la Maison du roi. Enfin, la mort brutale de Louvois, le 16 juillet 1691, entraîne de nouveaux aménagements. Son fils, Louis François Le Tellier de Louvois, marquis de Barbezieux, « survivancier » depuis 1685, lui succède comme secrétaire d'État à la guerre, la surintendance des bâtiments, arts et manufactures revenant à Édouard Colbert, marquis de Villacerf. Cette même année 1691, Louis XIV appelle au conseil, à côté de Croissy, Le Peletier et Pontchartrain, trois nouvelles personnalités : Monseigneur, le Grand Dauphin, qui se montre assidu et discret, le duc de Beauvillier, gouverneur du duc de Bourgogne depuis 1689, et Simon Arnauld de Pomponne, en semi-disgrâce depuis qu'il s'était vu retirer, en 1679, le secrétariat d'État aux affaires étrangères. Ainsi, le personnel ministériel se trouve assez substantiellement renouvelé, au service d'un souverain de cinquante-trois ans qui entend bien continuer à assumer pleinement ses fonctions de Roi Très Chrétien.

La révocation de l'édit de Nantes.

Le roi a toujours vu un « mal » dans l'existence d'un « grand nombre de ses sujets de la religion prétendue réformée ». Pour lui, comme pour l'immense majorité de ses sujets catholiques, l'édit de Nantes ne pouvait être qu'un pis-aller provisoire et il convenait donc de tout faire pour hâter le moment où ce texte de circonstance perdrait toute raison d'être par la conversion des derniers huguenots. Ce point de vue explique l'attitude du roi pendant la première partie de son règne personnel. Mais plusieurs événements vont l'amener à modifier cette attitude, à partir de 1679, dans le sens d'un durcissement. D'abord, le faible nombre de conversions obtenues à cette date, même en se montrant peu regardant sur les moyens employés pour obtenir certaines d'entre elles, traduit les limites de la politique d'application restrictive de l'édit menée jusque-là. D'autre part, au cours de la guerre de Hollande, qui se termine en 1679, la France s'est heurtée, entre autres, à la coalition des puissances protestantes, Angleterre, Suède et surtout Provinces-Unies. Ces dernières apportent en outre aux huguenots français aide et appui, par exemple par l'intermédiaire de leurs libellistes qui répandent dans toute l'Europe l'image d'un Louis XIV adversaire impitoyable des protestants, et grâce à leurs académies qui, en même temps que Genève, forment de nombreux pasteurs pour le royaume. Enfin, la victoire contre les Turcs que l'empereur Léopold remporte, sous les murs de Vienne, en 1683, sans l'aide française, permet à celui-ci de se poser en sauveur de la Chrétienté. Louis XIV, alors en conflit avec la papauté, cherche l'occasion de renforcer auprès des puissances catholiques son prestige, bien entamé, de Roi Très Chrétien en extirpant le protestantisme de son royaume.

Le durcissement de l'attitude du roi se traduit, entre 1680 et 1685, par une centaine de déclarations, arrêts, règlements et même édits de plus en plus coercitifs : suppression des chambres dites de « l'édit » (de Nantes), qui dans le meilleur des cas étaient des chambres mi-parties où magistrats protestants et catholiques étaient en nombre égal ; validité des conversions d'enfants dès l'âge de sept ans ; interdiction faite aux catholiques de se convertir au calvinisme ; nouvelles réglementations restrictives du culte et limitation de résidence des pasteurs ; suppression successive de la plupart des collèges et académies protestantes (celle de Sedan dès 1681, celle de Saumur en janvier 1685) ; fermeture ou démolition de nombreux cimetières et temples ; peines sévères contre tout sujet catholique aidant un huguenot à émigrer, ce dernier étant passible de la mort ou des galères. Devant ces mesures qui tendent à étrangler peu à peu la R. P. R., bon nombre de calvinistes commencent à quitter le royaume. Mais la grande majorité d'entre eux continuent à se conduire en sujets loyaux et, tel ce huguenot languedocien au début des années 80, à témoigner de « leur soumission à l'autorité du roi, espérant toutefois qu'usant de sa royale bonté, il daignerait continuer à les laisser vivre paisiblement dans la liberté de leur conscience ». De son côté, l'Église romaine ajoute sa pression à celle des autorités civiles. L'Assemblée extraordinaire du clergé, réunie en 1682 à l'occasion du conflit entre le roi et le pape, rédige avant de se séparer un « Avertissement à ceux de la religion prétendue réformée pour les porter à se convertir et se réconcilier avec l'Église », dans lequel est formulée une sourde menace s'ils n'obtempèrent pas : « Vous devez vous attendre à des malheurs incomparablement plus épouvantables et plus funestes que tous ceux que vous ont attirés jusqu'à présent votre révolte et votre schisme. » A ces violences légales et verbales s'ajoute bientôt la violence physique.

Le 18 mars 1681, Louvois, en tant que secrétaire d'État à la guerre, autorise l'intendant de Poitiers, René de Marillac, à user à l'égard des huguenots de sa généralité d'un procédé traditionnel consistant à imposer prioritairement le logement de gens de guerre aux sujets indociles ou mauvais payeurs. Fort de cette autorisation, Marillac loge les dragons de passage chez les huguenots les plus riches et les plus influents. Sûrs de l'impunité, les « missionnaires bottés » se livrent sans retenue aux pires exactions. Or dès le 11 avril, une ordonnance royale exempte du logement des gens de guerre les sujets huguenots qui acceptent de se convertir. Le résultat ne se fait pas attendre : en août 1681, Marillac peut faire état de 38 000 conversions, cependant que l'exode vers l'étranger de nombreux huguenots poitevins, amorcée dès 1679, s'accentue. Toutefois, lorsqu'elle est connue, la méthode employée suscite de vives critiques, non seulement en Europe dans les pays protestants, mais en France même où certains catholiques s'interrogent sur la valeur de conversions obtenues dans de pareilles conditions. En outre, les dragonnades réveillent chez les réformés du royaume un vieux clivage entre ceux qui, comme le pasteur Claude, prêchent, en dépit de tout, l'obéissance inébranlable au souverain légitime, et ceux qui préconisent certaines formes de résistance, comme des assemblées pacifiques, mais évidemment illégales, « afin que l'avis puisse en être porté à la cour ».

En 1682, Marillac est déplacé, ce qui peut passer pour un désaveu. Pourtant, en août 1683, des dragons sont envoyés chez les protestants du Languedoc et du Dauphiné. En Vivarais, certains groupes qui tentent de résister aux dragons ou qui se réunissent pour célébrer le culte sur l'emplacement d'un temple rasé, sont impitoyablement massacrés. La terreur s'installe, dans la perspective clairement définie par Louvois : « faire régner une telle désolation dans le pays que l'exemple qui s'y fera contienne les autres religionnaires et leur apprenne combien il est dangereux de se soulever contre le roi. » Au début de 1685, Nicolas Foucault, intendant du Béarn, réclame des dragons, « étant certain que la seule approche des troupes produira un grand nombre de conversions ». Dès juillet, l'intendant écrit triomphalement au roi, faisant état d'un succès complet puisque, selon lui, de 22 000, les calvinistes béarnais sont désormais moins d'un millier. A cette date, Louvois, convaincu de l'efficacité de la méthode, l'étend à toutes les régions protestantes : pendant l'été, une partie des dragons remonte du Béarn vers la Saintonge, l'Aunis et le Poitou, cependant que le reste gagne le Languedoc, la Provence, le Dauphiné et le Lyonnais. Presque partout, la seule annonce de l'arrivée des soldats provoque des abjurations massives. Il est vrai que dans de nombreux cas il s'agit de promesses collectives d'abjurations, parfois sans engagement personnel des intéressés, beaucoup de ces soi-disant N. C. (« nouveaux catholiques » ou « nouveaux convertis ») s'étant provisoiremment enfuis. Au total, entre 1681 et 1685, les dragons ont fait officiellement de 300 000 à 400 000 conversions.

En fait, le roi n'ignore pas dans quelles conditions ces conversions ont été obtenues, ni qu'il subsiste encore de nombreux protestants dans le royaume. Mais il se laisse facilement convaincre par le vieux chancelier Le Tellier et par Louvois de l'intérêt qu'il y aurait à ne plus attendre et à révoquer un édit de Nantes devenu caduc : l'unité du royaume sera rétablie puisque les « nouveaux convertis » seront ainsi ramenés à la condition commune, cependant que, les pasteurs étant expulsés, les derniers « opiniâtres », privés de tout encadrement, seront rapidement contraints à l'abjuration. En outre, même si Mme de Maintenon ou le confesseur du roi, le père La Chaise, n'ont joué aucun rôle direct dans la prise de décision du roi, celui-ci ne pouvait pas ne pas se sentir porté

Le tournant du règne

par la grande vague antiprotestante qui existait dans le royaume et que le succès de la réforme catholique avait amplifiée, unissant Bossuet et Fénelon, jansénistes et jésuites, évêques et curés, mystiques et zélateurs du Roi Très Chrétien. Par ailleurs, la trêve de Ratisbonne, signée en 1684 avec l'empereur et le roi d'Espagne, laisse au souverain les mains libres en Europe, cependant que l'accession au trône d'Angleterre d'un roi catholique, le 16 février 1685, en la personne de Jacques II, ne peut que l'encourager dans sa détermination.

Le 18 octobre 1685, la cour étant à Fontainebleau, Louis XIV signe l'édit portant révocation de l'édit de Nantes, dont voici le préambule : « Nous voyons présentement, avec la juste reconnaissance que nous devons à Dieu, que nos soins ont eu la fin que nous nous sommes proposée, puisque la meilleure et la plus grande partie de nos sujets de ladite R. P. R. ont embrassé la catholique ; et d'autant qu'au moyen de ce, l'exécution de l'édit de Nantes et de tout ce qui a été ordonné en faveur de ladite R. P. R. demeure inutile, nous avons jugé que nous ne pouvions rien faire de mieux [...] que de révoquer entièrement ledit édit de Nantes. » A vrai dire, ce préambule et l'article premier portant révocation de l'édit de 1598 auraient dû suffire, puisque la conversion des tout derniers huguenots ne pouvait être qu'imminente. Le seul fait que le roi et le chancelier, principal rédacteur du texte, aient jugé indispensable de légiférer longuement sur la situation de ces derniers est la preuve qu'ils savaient bien que ceux-ci étaient encore fort nombreux et que le problème n'était nullement réglé. En effet, l'article 2 porte défense de l'exercice du culte « en aucun lieu ou maison particulière ». L'article 4 enjoint à tous les ministres qui ne voudront pas se convertir de quitter le royaume dans les quinze jours, « à peine des galères ». En revanche, l'article 10 fait « très expresses et itératives [répétées] défenses à nos sujets de la dite R. P. R. de sortir, eux, leurs femmes et enfants, de notre dit royaume [...], sous peine pour les hommes, des galères, et de confiscation de corps et de biens pour les femmes ». Cependant, l'article 12 semble ouvrir aux protestants la possibilité provisoire de conserver leur religion, « en attendant qu'il plaise à Dieu les éclairer comme les autres », mais « à condition, comme dit est, de ne point faire d'exercice, ni de s'assembler sous prétexte de prière ou de culte ». En fait, la chasse aux « religionnaires » sera telle que cette apparente ouverture vers une timide et provisoire liberté de conscience restera lettre morte.

L'accueil fait en France à l'édit de Fontainebleau est presque unanimement enthousiaste. Dès le 28 octobre, Mme de Sévigné donne le ton dans une lettre à son cousin Bussy-Rabutin : « Vous aurez vu sans doute l'édit par lequel le roi révoque celui de Nantes. Rien n'est si beau que tout ce qu'il contient, et jamais aucun roi n'a fait et ne fera rien de plus mémorable. » Trois mois plus tard, le 25 janvier 1686, Bossuet prononce l'oraison funèbre de Michel Le Tellier, mort le 20 octobre précédent, quelques jours après la signature de l'édit. C'est pour l'évêque de Meaux l'occasion de faire un vibrant panégyrique du roi, extirpateur de l'hérésie : « Touchés de tant de merveilles, épanchons nos cœurs sur la piété de Louis ; poussons jusqu'au ciel nos acclamations et disons à ce nouveau Constantin, à ce nouveau Théodose, à ce nouveau Marcien, à ce nouveau Charlemagne [...] : Vous avez affermi la foi, vous avez exterminé les hérétiques ; c'est le digne ouvrage de votre règne ; c'en est le propre caractère. Par vous l'hérésie n'est plus. Dieu seul a pu faire cette merveille. Roi du ciel, conservez le roi de la terre ; c'est le vœu des Églises ; c'est le vœu des évêques. » La voix de Vauban, discordante, paraît bien isolée. Encore, dans son *Mémoire pour le rappel des huguenots,* rédigé en 1689 et complété dans les années suivantes, en pleine guerre de la Ligue d'Augsbourg, ne met-il pas en cause le projet lui-même, mais les moyens mis en œuvre et les effets pervers qui en ont résulté : « Ce projet si pieux, si saint, si juste, dont l'exécution paraissait si possible, loin de produire l'effet qu'on en devait attendre, a causé et peut encore causer une infinité de maux très dommageables à l'État. » Il dénonce à la fois l'échec des conversions forcées (« Toutes les rigueurs qu'on a exercées contre eux n'ont fait que les obstiner davantage »), la ruine de nombreuses manufactures où il voit, à tort ou à raison, la conséquence directe de « l'exode de près de 100 000 huguenots », le prétexte supplémentaire ainsi donné aux adversaires de la France de se serrer derrière Guillaume d'Orange, « le pire de tous nos ennemis », le danger que représenteraient, en cas d'invasion, les « nouveaux convertis » prêts, selon lui, à accueillir en sauveurs leur coreligionnaires. Cette analyse l'amène à souhaiter ce qu'il appelle la « réhabilitation » de l'édit de Nantes. Vauban n'est ni un courtisan, ni un théologien, c'est un grand serviteur du roi, connaissant mieux que personne les réalités françaises et soucieux avant tout des intérêts de l'État. Quant au jugement, fort dépréciatif, de Saint-Simon (qui a dix ans au moment de l'édit de Fontainebleau), il n'est pas, comme celui de Vauban, dont on le rapproche souvent, contemporain de l'événement, mais très postérieur, ce qui interdit d'y voir un écho de l'opinion de l'époque.

Au-delà du royaume, l'accueil fait à la Révocation est mitigé dans les pays catholiques, violemment hostile dans les pays protestants. Le pape Innocent XI félicite le roi tardivement et modérément, sans pour autant se montrer plus accommodant dans le différend qui les oppose à propos de la régale. Bien plus, il émet un peu plus tard des réserves sur les conversions forcées. De nombreux princes catholiques font preuve d'une satisfaction de commande et d'autant plus discrètement proclamée qu'ils redoutent l'insatiable ambition du roi et s'offusquent des dithyrambes que la Révocation suscite en France. Quant aux puissances protestantes, elles expriment aussitôt leur réprobation et leur colère. En Brandebourg, le Grand Électeur, renonçant aux subsides de Versailles, rompt avec Louis XIV. En Angleterre, les passions antipapistes s'enflamment. Évêques anglicans et parlementaires hostiles à l'autoritarisme de Jacques II craignent une entente secrète entre leur roi et Louis XIV pour en finir avec le protestantisme des deux côtés de la Manche. A cet égard, la Révocation a incontestablement contribué à précipiter les événements qui allaient aboutir trois ans plus tard à la Glorieuse Révolution.

Mais c'est en Hollande que la réaction est la plus vive. Même dans la fraction de la bourgeoisie négociante qui a accueilli avec soulagement en 1678 le retour à la paix, la Révocation apparaît comme une nouvelle provocation de la part de Louis XIV. L'arrivée massive de huguenots fuyant leur pays entretient émotion et indignation. En mars 1686, le

Français Pierre Bayle, réfugié à Rotterdam depuis 1681, publie *Ce que c'est que la France toute catholique sous le règne de Louis le Grand*, petit livre dépeignant les persécutions dont sont victimes les protestants français. C'est aussi de Rotterdam que le pasteur Pierre Jurieu, exilé comme Bayle depuis 1681, publie, à partir de 1686, ses *Lettres pastorales à nos frères qui gémissent sous la captivité de Babylone*, dont la première est une réponse à la *Lettre pastorale aux nouveaux convertis de son diocèse*, publiée par Bossuet en mars 1686. Quant au pamphlet du pasteur Claude, *Les Plaintes des protestants cruellement exilés du royaume de France,* il connaît la même année un grand succès dans toute l'Europe protestante et contribue à enfler la vague d'hostilité à l'égard de Louis XIV.

En France même, les suites de l'édit de Fontainebleau ne sont pas celles qu'avaient pu imaginer ses rédacteurs. En dépit de son article 10, de nombreux huguenots refusant soit d'abjurer leur foi, soit de témoigner sur place jusqu'à la mort, choisissent l'exil vers un pays protestant voisin, au prix de l'abandon de leur patrie, de leurs biens et souvent d'une partie de leur famille. Le refuge est fonction de la province de départ : Gascons, Poitevins, Bretons, Normands prennent la mer pour l'Angleterre ou les Provinces-Unies ; mais, très vite, les autorités surveillent les ports et multiplient les visites de bateaux, forçant bientôt les fugitifs à prendre la route de terre qui, à travers tout le royaume, les mènera, comme leurs frères du Languedoc, de Provence ou du Dauphiné, vers les pays de refuge du continent. L'entreprise est de plus en plus dangereuse à mesure que se renforce la surveillance des frontières. Les malchanceux, souvent victimes de passeurs sans scrupules, sont envoyés aux galères ou au couvent. Beaucoup de fugitifs se dirigent d'abord vers Genève ou Neuchâtel, mais ils sont si nombreux à y affluer que ce ne peut être qu'une étape, souvent vers Francfort-sur-le-Main. Cette ville libre impériale, cité luthérienne et lieu de grandes foires internationales, joue bientôt le rôle de « plaque tournante » du Refuge, à partir de laquelle les dizaines de milliers d'exilés qui y passent (près de 50 000 entre 1686 et 1693) se répartissent ensuite vers les pays allemands volontaires pour les accueillir, comme le Brandebourg ou la Hesse-Cassel, Nuremberg ou Brême. D'autres se dirigent vers les pays scandinaves, l'Angleterre, l'Irlande (que les Anglais souhaitaient « protestantiser »), voire l'Amérique du Nord ou l'Afrique du Sud. Mais ce sont les Provinces-Unies qui constituent la « grande arche » du Refuge, accueillant près de 80 000 exilés. Au total, près de 200 000 hommes, femmes et enfants, soit le cinquième des huguenots, ont sans doute pris le chemin de l'exil, avec tous les risques et les aléas que cela comportait. Dans ce total, les paysans sont nombreux, mais moins que les artisans qui forment le groupe le plus important et le plus varié. Dans certaines villes, comme Rouen ou Tours, l'émigration de négociants et d'artisans huguenots, partant avec leurs capitaux et leur savoir-faire, affecte durement l'activité économique, même si la crise générale de la fin du règne joue un rôle beaucoup plus direct. En même temps, cet exode constitue un apport dynamique souvent considérable pour les pays d'accueil, tous ennemis de la France. C'est le cas particulièrement au Brandebourg où les réfugiés français défrichent des terres et fondent des manufactures. Il est vrai que, dans certains cas, des échanges économiques fructueux se sont créés entre des huguenots émigrés et leurs coreligionnaires restés en France.

Ceux-ci sont tous officiellement des N. C., « nouveaux convertis » ou « nouveaux catholiques », tenus par conséquent de se plier aux obligations de la religion romaine, notamment l'assistance à la messe les dimanches et jours de fête et surtout la confession et la communion pascales. Beaucoup le font avec une mauvaise volonté qui témoigne du peu de sincérité de leur abjuration. De nombreux catholiques et, à leur tête, des évêques comme Le Camus et Bossuet lui-même, peu à peu informés des conditions dans lesquelles beaucoup de ces conversions ont été obtenues, s'inquiètent du risque grave de sacrilège commis par ces huguenots de cœur communiant sans croire à la présence réelle. Mais ces inquiétudes et ces scrupules n'empêchent pas les violences de se poursuivre, notamment en Languedoc et en Dauphiné. Dès janvier 1686, en plusieurs lieux des Cévennes, des « nouveaux convertis » qui regrettent leur « moment de faiblesse » et des « opiniâtres » qui refusent à la fois l'abjuration et l'exil se réunissent au « désert », le terme faisant référence non aux endroits écartés où ils se retrouvent, mais à la traversée du désert du Sinaï par les Hébreux. Là, ils prient ensemble sous la direction de « prédicants », simples laïques faisant office de pasteurs. La réaction des autorités ne se fait pas attendre. En cas de surprise de la réunion clandestine, les participants sont violemment dispersés, les hommes condamnés aux galères, les femmes à la prison, leurs biens confisqués et les communautés complices frappées de lourdes amendes. L'exode massif des huguenots, l'« opiniâtreté » de beaucoup de leur coreligionnaires restés dans le royaume et la brutalité de la répression à leur égard étaient autant de démentis cinglants à l'image officielle et complaisamment répandue par la parole, par le texte et par l'image, du « nouveau Constantin », « extirpateur de l'hérésie ».

D'une guerre à l'autre (1679-1688).

La guerre de Hollande n'a pas eu, tant s'en faut, les effets bénéfiques sur l'économie française qu'espérait Colbert en 1672. Au contraire, la Hollande est sortie du conflit, épuisée certes, mais ni vaincue, ni démembrée, ni éliminée de la scène internationale ; la France a même dû renoncer, par une clause du traité de Nimègue, au tarif douanier de 1667. Surtout les dépenses entraînées par l'effort de guerre se sont révélées très vite un véritable gouffre, représentant, selon les années, entre la moitié et les deux tiers des dépenses publiques. Les choses ne s'améliorent pas beaucoup après 1679, puisque la plupart des troupes sont maintenues « sur pied de guerre ». Par chance, la décennie 1680 connaît une météorologie clémente, donc des récoltes satisfaisantes, favorisant une relative prospérité des campagnes et facilitant une bonne rentrée des impôts. L'activité manufacturière se maintient, sans répondre, toujours et partout, aux ambitions initiales de Colbert. Il est vrai que le soutien financier de l'État à certaines grandes manufactures s'est quelque peu relâché, à l'exception des arsenaux et des manufactures de prestige, comme les Gobelins. Dans l'industrie textile, la fabrication des draps et cotonnades du Languedoc ou la

Le tournant du règne

soierie lyonnaise connaissent un essor remarquable, grâce à une recherche de la qualité. En revanche, certains secteurs sont victimes des représailles exercées par les Anglais et les Hollandais à la suite des tarifs de 1664 et de 1667. C'est le cas, on l'a vu, de l'industrie toilière bretonne. La situation de celle-ci se trouve encore aggravée à la fin de 1687 par quatre arrêts du conseil du roi qui doublent les droits sur les draps anglais et interdisent leur entrée en France par d'autres ports que ceux, très secondaires, de Calais et de Saint-Valéry-sur-Somme. Les états de Bretagne adressent aussitôt au roi une requête pressante : « L'arrêt qui défend l'entrée des draperies et autres étoffes d'Angleterre et d'Irlande par ailleurs que Saint-Valéry et Calais, réduit le commerce de Bretagne dans la dernière consternation [...] Les Anglais ne nous aimant pas naturellement et jalousant en toutes rencontres l'augmentation de notre commerce, se porteront à une des deux extrémités, ou d'interdire entièrement nos toiles, ou de multiplier leurs manufactures de toiles qu'ils ont commencé d'établir en Écosse et en Angleterre. L'un et l'autre de ces deux partis nous seraient également fâcheux, et la raison fondamentale de cette juste appréhension vient de ce qu'il n'est pas naturel de croire que les Anglais viennent à vide chez nous pour quérir de nos toiles et nous apporter leur argent. » La requête des états est rejetée sèchement au nom de « l'intérêt public », qui doit passer avant celui de la province.

Quant aux grandes compagnies de commerce créées dans les années 60 et 70, la plupart disparaissent, à l'exception de la Compagnie des Indes orientales. Sur place, François Martin se révèle son agent le plus actif. En 1686, il devient directeur pour la côte de Coromandel, Bengale et Siam et fait de Pondichéry le centre des activités françaises de toute la région. C'est le moment où le roi de Siam cherche à ouvrir son pays à l'influence européenne et, croit-on, à une éventuelle conversion au catholicisme. En 1680, un émissaire de la Compagnie des Indes s'installe à Bangkok et obtient pour la France le monopole du commerce étranger au Siam. Au lendemain de la venue en France, en 1684, d'ambassadeurs siamois, qui soulèvent une grande curiosité, Louis XIV envoie, en mars 1685, une ambassade qui compte dans ses rangs le chevalier de Forbin et le pittoresque abbé de Choisy qui, au retour, publiera un *Journal du voyage de Siam*. Mais l'affaire tourne court : à la suite d'une révolution de palais, les espoirs français s'effondrent et le Siam retourne à son isolement.

Après les années difficiles de la guerre de Hollande, le commerce libre retrouve sa vigueur. Le tonnage de la flotte marchande peut être évalué, en 1686, à quelque 240 000 tonneaux – plus du double de ce qu'il était vingt-cinq ans plus tôt –, dont près de la moitié pour les gros vaisseaux, le reste se répartissant en bateaux de petit et grand cabotage et barques de pêche côtière et hauturière. A côté du commerce avec les pays européens, le grand commerce colonial connaît un développement décisif. C'est dans les années 1680 que se mettent définitivement en place les bases de l'économie antillaise, avec le trafic triangulaire et la production sucrière. Nantes assure déjà sa place de premier port français, en tant que port d'armement, port négrier et antillais, port de redistribution du sucre d'une part, des produits de son arrière-pays ligérien d'autre part. Mais, que ce soit dans le commerce européen (Baltique, Levant) ou dans le commerce avec les Indes, orientales et occidentales, la France, plus encore que par le passé, doit constamment faire face à la redoutable concurrence hollandaise et, de plus en plus, anglaise. La guerre économique, la « guerre d'argent », est une réalité, toujours susceptible de déboucher sur la guerre tout court.

Or, au lendemain de la paix de Nimègue, Louis XIV joue plus que jamais au « roi de guerre », sûr de ne plus trouver en Europe un adversaire susceptible de lui résister. En octobre 1679, le trop timide et prudent Arnauld de Pomponne a dû céder les affaires étrangères à Colbert de Croissy. Celui-ci se retrouve d'accord avec Louvois – par une alliance objective des deux clans – pour se faire l'auxiliaire zélé de la politique provocatrice du roi. Il est vrai que toute autre attitude, de l'un ou de l'autre, leur aurait sans doute valu une disgrâce plus ou moins ouvertement déclarée. C'est à leur instigation que Louis XIV se lance, entre 1679 et 1681, dans la politique dite des « réunions », afin d'assurer une meilleure défense de la frontière du Nord-Est, en procédant à un certain nombre d'annexions en pleine paix, tout en respectant en apparence les règles du droit international. Le procédé n'est pas chose entièrement nouvelle : il consiste à interpréter dans le sens le plus large les articles des traités antérieurs stipulant que les territoires cédés le sont « avec leurs dépendances » ou « avec leurs droits et appartenances ».

Dans cet esprit, Louis XIV charge le conseil souverain de Brisach pour l'Alsace, une chambre spéciale du parlement de Metz pour les Trois-Évêchés et le parlement de Besançon pour la Franche-Comté d'examiner tous les cas litigieux soulevés par l'application des clauses territoriales des traités de Westphalie et de Nimègue et de prononcer, le cas échéant, des arrêts de « réunion à la Couronne », les villes ou territoires ainsi déclarés réunis étant immédiatement occupés par les troupes françaises. C'est ainsi que Sarrebourg, Fraulauter devenu Sarrelouis du nom de la forteresse édifiée sans tarder par Vauban, Pont-à-Mousson et de nombreux villages du Luxembourg sont annexés comme anciennes dépendances de l'évêché de Verdun. De même, la ville et le comté de Montbéliard appartenant au duc de Wurtemberg sont déclarés dépendances de la Franche-Comté et, à ce titre, confisqués et occupés. En Alsace, les villes dites de la Décapole, entre autres Haguenau et Colmar, et tous les seigneurs de Haute- et Basse-Alsace sont mis dans l'obligation de rompre les liens qui les unissent encore à l'Empire, à la faveur de l'ambiguïté des textes de 1648, et de reconnaître Louis XIV « pour leur seul souverain et monarque ». Même les princes allemands possessionnés en Alsace, tel le margrave de Bade, sont tenus de faire ce serment d'hommage, ainsi que le duc de Deux-Ponts dont la petite principauté est déclarée réunie par arrêt du conseil de Brisach, le 10 octobre 1681.

Cette politique est complétée par l'occupation de la ville libre impériale de Strasbourg qui, pendant la guerre de Hollande, a ouvert à plusieurs reprises le pont de Kehl aux Impériaux. En septembre 1681, sans s'embarrasser de prétexte juridique, Louis XIV dépêche Louvois et 30 000 hommes cerner la ville qui ne peut que capituler le 30. Une médaille commémorative tire la leçon de l'événement : *Clausa Germanis Gallia (La Gaule fermée aux Germains)*. Ainsi, toute l'Alsace (à l'exception de Mulhouse) est désormais intégralement terre française, ce que les habitants acceptent dans la mesure où le roi a l'habileté de leur conserver au sein du royaume de nombreux privilèges, notamment en matière religieuse, avec le libre exercice de la religion luthérienne, comme en témoignent les trois premiers articles de la capitulation : « 1 - La ville de Strasbourg, à l'exemple de M. l'évêque de Strasbourg [...] et de la noblesse de la Basse-Alsace, reconnaît Sa Majesté Très Chrétienne pour son souverain seigneur et protecteur. 2 - Sa Majesté confirmera tous les anciens privilèges, droits, statuts et coutumes de la ville de Strasbourg, tant ecclésiastiques que politiques, conformément au traité de Westphalie confirmé par celui de Nimègue. 3 - Sa Majesté laissera le libre exercice de la religion comme il a été depuis l'année 1624 jusques à présent. » Toutefois, par exception à cet article 3, le roi a obtenu du magistrat, c'est-à-dire du corps de ville, le retour de la cathédrale au culte catholique. Un mois plus tard, le 20 octobre, l'évêque procède à la « réconciliation » de l'édifice et, le 23, le roi et la reine font leur entrée solennelle dans la ville.

Mais les annexions françaises – auxquelles s'ajoute, en septembre 1681, l'occupation de la forteresse piémontaise de Casal, au duc de Mantoue – soulèvent en Europe de très vives inquiétudes. L'empereur Léopold et de nombreux princes allemands mettent en avant les droits imprescriptibles de l'Empire. Appuyé par la diète de Ratisbonne, qui élève une protestation officielle contre les « réunions », l'empereur obtient que se tienne, à la fin de 1681, une conférence diplomatique à Francfort-sur-le-Main. Mais les négociations sont rompues en octobre 1682, chacune des deux parties restant sur ses positions. De son côté, Guillaume d'Orange, très inquiet de la poussée française en Luxembourg, signe un traité défensif avec le roi de Suède, Charles XI, furieux de la réunion du duché de Deux-Ponts dont il était l'héritier. Bientôt, l'annonce du siège de Luxembourg par Louis XIV amène un rapprochement entre la Hollande, la Suède, l'Espagne, l'empereur et de nombreux princes allemands (février-septembre 1682). Toutefois, le Brandebourg refuse de se joindre à la coalition. L'attaque des Turcs sur Vienne détourne un moment l'attention de tous vers la frontière orientale de la Chrétienté. La victoire du Kalhenberg, le 12 septembre 1683, obtenue sans la participation des Français, témoigne de la nouvelle puissance des Habsbourg de Vienne et assure à Léopold un énorme prestige dans toute l'Europe.

Pourtant, Louis XIV, sûr de sa force, signe des traités d'alliance avec le Danemark et avec le Brandebourg, en novembre 1683, et répond à la déclaration de guerre que lui a adressée l'Espagne, le 26 octobre, par le siège de Courtrai et une nouvelle invasion du Luxembourg, tout en acceptant les offres de médiation du roi Charles II d'Angleterre. Ni l'empereur occupé à reconquérir la Hongrie sur les Turcs, ni les princes allemands, inquiets, mais impuissants, ni les Provinces-Unies où Guillaume d'Orange ne réussit pas à convaincre de l'urgence du péril une bourgeoise avide de paix ne peuvent empêcher Louis XIV de s'emparer de Courtrai, de Dixmude et, le 4 juin 1684, de Luxembourg, cependant qu'en mai la flotte de Duquesne bombarde pendant plusieurs jours le port de Gênes coupable d'avoir armé des galères malgré l'interdiction du roi. En mai, celui-ci, décidé d'en finir, présente un ultimatum à la diète de Ratisbonne : celle-ci est sommée, ainsi que l'empereur et le roi d'Espagne, de signer un accord avec la France. De fait, le 15 août 1684, sont signés les deux traités connus sous le nom de trêve de Ratisbonne. L'Espagne laisse à la France, pour vingt ans, la forteresse de Luxembourg et quelques villages des Pays-Bas. De leur côté, l'empereur et l'Empire souscrivent aux mêmes conditions, en ce qui les concerne : « Sa Majesté Très Chrétienne demeurera, durant ladite trêve de vingt années, dans la libre et paisible possession de la ville de Strasbourg, du fort de Kehl […], comme aussi de tous les lieux généralement quelconques qui ont été occupés dans l'Empire en vertu des arrêts des chambres royales de Metz et de Brisach et du parlement de Besançon, jusqu'au premier jour d'août de l'année 1681. » Quelques mois plus tard, la première page de l'almanach pour l'année 1685, édité par Pierre Landry, rue Saint-Jacques, représentera Louis XIV en triomphateur romain devant les souverains d'Europe, avec ce titre claironné par les trompettes de la Renommée : « La prise de la ville de Luxembourg et de ses dépendances par l'armée du Roi, avec la ratification de la trêve que notre grand monarque a accordée à l'empereur, l'Empire et au roi d'Espagne, en septembre 1684. »

« Ici finit l'apogée de ce règne et ce comble de gloire et de prospérité. » Ce jugement lapidaire appliqué ultérieurement par Saint-Simon à la trêve de Ratisbonne ne se justifiera que par la suite des événements. Sur le moment, le roi, effectivement au faîte de la puissance, aurait pu choisir la modération afin de tenter de faire oublier cette puissance même et de transformer la trêve de vingt ans en paix durable. Or il fait tout le contraire, multipliant les gestes d'intimidation comme pour mieux faire sentir à l'Europe qu'elle s'est donné un maître. En janvier 1685, le doge de Gênes, à qui pourtant les lois de la république interdisent de quitter la ville, doit venir en personne à Versailles présenter excuses et soumission. En mars, à la mort de l'électeur Palatin, sans enfant, le Palatinat revient, conformément à un arrangement antérieur, à Philippe-Guillaume de Bavière, duc de Neubourg, beau-père de l'empereur. Louis XIV, qui redoute de voir croître l'influence du Habsbourg de Vienne si près de la frontière française, fait valoir les droits de sa belle-sœur, duchesse d'Orléans et sœur de l'électeur défunt, sur les terres palatines de la rive gauche du Rhin. Toutefois, il accepte de ne pas occuper tout de suite les terres qu'il réclame et de s'en remettre à l'arbitrage de la papauté. Le nouvel électeur, appuyé par son gendre, repousse les prétentions françaises. En octobre, la révocation de l'édit de Nantes a, dans toute l'Europe protestante, le retentissement que l'on a dit. L'indignation qu'elle suscite est encore amplifiée lorsque sont connus les massacres de Vaudois, ou Barbets, perpétrés, en mai 1686, sur les terres du duc de Savoie par Catinat, gouverneur de Casal.

De plus, le roi Charles II d'Espagne, qui a épousé, à dix-huit ans, en 1679, Marie-Louise d'Orléans, fille de Monsieur et d'Henriette d'Angleterre, n'a toujours pas d'enfant et semble bien ne pouvoir en espérer. De ce fait, le problème de sa succession reprend toute son acuité à partir de 1685 environ, et les prétentions antagonistes de la France et de l'Autriche s'expriment de plus en plus nettement : Louis XIV, qui serait prêt à renoncer pour lui-même aux droits qu'il estime tenir de la reine, en dépit des renonciations de 1660, considère que le futur roi d'Espagne doit être l'un de ses trois petits-fils nés entre 1682 et 1686 ; en revanche, Léopold estime que son second fils, l'archiduc Charles, né en 1685, devra succéder à Charles II.

Tous ces faits expliquent la formation, le 9 juillet 1686, de la Ligue d'Augsbourg entre l'empereur, un certain nombre de princes allemands (duc de Bavière, électeur Palatin, princes rhénans et franconiens), auxquels se joignent les rois d'Espagne et de Suède pour leurs terres d'Empire. Le but de la Ligue est le strict maintien des traités de Nimègue et de Ratisbonne et la défense de ceux de ses membres qui seraient « attaqués ou inquiétés par des recherches injustes et des demandes illégitimes ». Parallèlement, se noue une série d'alliances défensives contre Louis XIV, entre la Hollande et la Suède, entre la Suède et le Brandebourg, entre le Brandebourg et l'empereur. De son côté, le stathouder Guillaume d'Orange suit de très près les affaires anglaises et cherche à exploiter à son profit les difficultés que rencontre son beau-père, le catholique Jacques II devenu roi d'Angleterre en février 1685 et qui, en août de la même année, pour tenter de se ménager ses sujets, renouvelle le traité avec les Provinces-Unies, mais n'en continue pas moins à recevoir les subsides de Louis XIV.

Tout en multipliant les démarches diplomatiques et en affirmant que son seul objectif est la transformation de la trêve de Ratisbonne en paix perpétuelle, le roi de France prend des initiatives, aussitôt interprétées en Europe, à tort ou à raison, comme autant de provocations. Le différend avec le pape Innocent XI, qui dure depuis la Déclaration des quatre articles, en 1682, s'envenime brusquement en 1687 avec l'affaire dite des Franchises. Louis XIV, s'obstinant, seul de tous les souverains d'Europe, à ne pas renoncer au droit d'asile dont jouissaient jadis à Rome les abords des ambassades, le pape excommunie l'ambassadeur de France. L'affaire de Cologne est beaucoup plus grave, car elle touche directement l'Allemagne et dans une région particulièrement sensible. L'archevêque-électeur de Cologne et évêque de Liège, Maximilien-Henri de Bavière, qui était depuis 1671 l'allié fidèle de la France, étant mort le 3 juin 1688, Louis XIV veut faire élire à sa place un de ses plus fidèles agents, le cardinal Guillaume Egon de Fürstenberg, déjà évêque de Strasbourg et coadjuteur de Cologne. L'empereur lui oppose Joseph-Clément de Bavière, neveu de l'archevêque défunt. Le chapitre de Cologne n'ayant accordé les voix nécessaires à aucun des deux candidats, la décision appartient au pape Innocent XI. Celui-ci, qui a précédemment donné raison au nouvel électeur dans la succession du Palatinat, tranche en faveur du candidat de l'empereur.

Furieux, Louis XIV riposte immédiatement en faisant occuper Avignon et le Comtat et en faisant diffuser à Rome et à Ratisbonne, le 24 septembre, un manifeste à l'Europe. Il y fait état de son désir de paix qui se heurte à la politique agressive à son égard de l'empereur et de l'Empire, dont témoigne la constitution d'une ligue qui est une menace directe contre la France. Dans ces conditions, il se voit contraint de donner à ses adversaires un délai de trois mois pour reconnaître définitivement toutes les « réunions », installer à Cologne le cardinal de Fürstenberg et accorder de légitimes compensations à la duchesse d'Orléans. Le roi annonce en même temps qu'il occupera de nouveaux territoires à titre de garantie. De fait, le jour même, une armée française vient assiéger Philippsbourg ; la ville, porte allemande sur la rive gauche du Rhin, est prise le 29 octobre, après un court siège organisé par Vauban et présidé par le dauphin, dont c'est le baptême du feu. Quelques jours plus tard, le roi envoie des troupes installer Fürstenberg à Cologne et occuper non seulement l'électorat, mais aussi l'évêché de Liège. En même temps commence l'invasion du Palatinat, bientôt suivie de sa dévastation systématique. Cette nouvelle opération de « dégât », suggérée par Chamlay à Louvois, a le même but que celle entreprise par Turenne en 1674 : interdire aux Impériaux d'utiliser le pays comme base de départ contre la France. Elle est appliquée avec une particulière brutalité, entraînant notamment la destruction de Mannheim et de Heidelberg. En mai, au moment où les hostilités vont reprendre, Chamlay préconise de nouvelles destructions visant Spire et Worms : « Il est très fâcheux et très désagréable d'en venir à cette extrémité, mais ces villes sont si avantageusement situées, si aisées à raccommoder, si remplies de grands bâtiments capables de contenir de grands magasins, en un mot d'une si grande considération, que si les ennemis venaient à s'en saisir et à s'y établir, naîtraient des inconvénients terribles. »

Pendant que se déroule la dévastation du Palatinat qui, habilement exploitée, provoque une grande indignation dans toute l'Europe et y renforce les sentiments antifrançais, la marche vers la guerre se poursuit. Le 3 décembre, Louis XIV déclare la guerre à la Hollande, coupable de favoriser les menées de Guillaume d'Orange en Angleterre. Il fait de même, le 15 avril 1689, avec l'Espagne à qui est reproché de laisser le libre accès des Pays-Bas aux troupes allemandes. Entre-temps, s'est déroulée en Angleterre la Glorieuse Révolution, avec, en décembre, la chute de Jacques II, client de Louis XIV, et la victoire de l'adversaire le plus acharné de celui-ci, Guillaume d'Orange, qui, reconnu en février 1689 comme roi d'Angleterre, conjointement avec son épouse Marie, réalise en quelque sorte en sa personne l'union des deux grandes puissances maritimes, complétant ainsi la Ligue d'Augsbourg.

Il est vrai que dès 1687 Louis XIV a déclenché contre les Provinces-Unies et l'Angleterre une véritable guerre douanière. En avril 1687, un arrêt du conseil interdit l'importation des harengs hollandais (à l'exception de ceux salés avec du sel français!) et, en septembre, un autre arrêt remet en vigueur les tarifs douaniers protecteurs de 1667, dont les Provinces-Unies avaient obtenu l'annulation à Nimègue en 1678. Vis-à-vis de l'Angleterre, des arrêts du conseil de septembre et novembre relèvent brutalement, on l'a vu, les droits de douane sur les draps anglais. Plus qu'à des impératifs religieux ou purement politiques, l'entrée en guerre de l'Angleterre contre la France, en mai 1689, répond donc à une volonté de défense d'intérêts maritimes et commerciaux ouvertement menacés par la politique économique de Louis XIV. Ainsi s'ouvrait le premier acte de ce que l'on a pu appeler la « seconde guerre de Cent Ans » qui, entre 1689 et 1815, de Béveziers à Waterloo, allait opposer les deux pays. Le 12 mai, à Vienne, cette coalition d'une grande partie de l'Europe se donne pour objectif de revenir aux traités de Westphalie (1648) et des Pyrénées (1659) et donc de contraindre la France à restituer toutes les acquisitions faites depuis. C'était le début officiel d'un conflit ouvert en fait depuis plusieurs mois et dit guerre de la Ligue d'Augsbourg par les Français, d'Orléans par les Allemands (à cause de la duchesse d'Orléans, princesse Palatine) et du roi Guillaume par les Anglais.

7

Les années de misère
1688-1714

*Dérèglements des saisons et crises
de subsistances.*

Les relevés quotidiens d'un médecin parisien, membre de l'Académie des sciences, Louis Morin, qui a consigné, de 1676 à 1712, ses observations météorologiques en matière de températures, de précipitations et de pression atmosphérique, permettent d'affirmer que les années 1687-1700 constituent la série d'années la plus froide jamais observée depuis la fin du XVIIe siècle jusqu'à aujourd'hui. A l'intérieur de cette série, 1692 et 1693 se signalent comme des années exceptionnellement humides, notamment pendant les mois d'été, et 1692 comme une année très froide, entre janvier et avril. Du fait de ces conditions exceptionnelles, la récolte des céréales de 1692 est catastrophique autour de Paris : la croissances des « bleds », c'est-à-dire de toutes les céréales panifiables, a été entravée par l'hiver et le printemps froid, leur maturité, retardée par les pluies de juillet, doubles de la normale, et la maigre moisson, elle-même retardée, a été gravement compromise par les pluies de septembre. 1693 est une année plus clémente au niveau des températures, mais aussi catastrophique au niveau des précipitations qui ont favorisé l'herbe, mais certes pas la croissance des blés. C'est la succession de ces deux années déplorables, et plus précisément de ces deux étés « pourris », qui explique la gravité de la crise qui en résulte.

Au-delà de la région parisienne, les témoignages écrits laissés par des chroniqueurs locaux – surtout de nombreux curés sur leurs registres paroissiaux – permettent de mesurer l'extension de ces conditions climatiques et de leurs conséquences. C'est presque tout le royaume qui est frappé, à l'exception de la Basse-Bretagne et d'une partie de la Provence. Il faut attendre la fin de l'été 1692 pour que le contrôleur général Pontchartrain, alerté par quelques intendants, décide l'interdiction de la vente à l'étranger de tous « blés, orges, seigles et autres grains », mesure habituelle dès qu'une récolte s'annonce médiocre. Pendant plusieurs mois, les autorités ne s'inquiètent pas davantage. Il est vrai qu'elles sont sans expérience directe d'un événement comme celui qui se prépare, puisqu'il faut remonter à la crise de 1661-1662, trente ans plus tôt, pour trouver des conditions comparables. Tout au plus se préoccupe-t-on du bon approvisionnement des troupes engagées aux frontières dans la guerre de la Ligue d'Augsbourg. Pourtant, le 30 mai 1693, le parlement de Paris interdit aux particuliers de faire des « amas de blés » au-delà de ce qui est nécessaire à la subsistance de leur famille.

Mais les pluies continuelles de l'été 93 et les nouvelles alarmantes qui proviennent des provinces amènent le contrôleur général à prendre pleinement conscience de la gravité de la situation : intendants et évêques disent non seulement la « misère des peuples », déjà grande, mais aussi le peu de grains restant disponibles et les terribles inquiétudes concernant la future récolte. En septembre, une série d'ordonnances rappelle l'interdiction d'exporter des grains, « à peine de la vie », enjoint aux bateaux corsaires d'amener dans un port français les bateaux de blé pris à l'ennemi et non de les laisser repartir contre rançon, décharge de tous droits, octrois et péages les blés étrangers qui entreront dans le royaume, tant par mer que par terre. En outre, le 20 octobre, le parlement de Paris, dont le ressort, rappelons-le, couvre plus du tiers du royaume, prend un arrêt portant règlement pour la nourriture des pauvres : un état des pauvres de chaque paroisse sera dressé par le curé et la nourriture de chaque individu ainsi recensé sera prise en charge, soit en argent, soit en nature, par ceux des habitants qui peuvent le faire, à proportion de leurs moyens, ceci pour la période du 20 novembre 1693 au 20 juin 1694. Les parlementaires sont sans beaucoup d'illusions et savent qu'il faut tenir coûte que coûte jusqu'à la récolte de 1694, en l'espérant bonne.

Les années de misère

Le souci majeur des autorités royales est l'approvisionnement de Paris, afin d'écarter, dans cette ville de quelque 450 000 habitants, tout risque d'« émotions populaires ». La responsabilité du maintien de l'ordre incombe au lieutenant de police, Nicolas de La Reynie, et au premier président du parlement, Achille de Harlay. Or le prix du setier de froment, aux Halles de la capitale, qui était à 10 livres en juillet 1691, est à 15 livres en juillet 1692, 20 en novembre et, après la mise en place de la récolte catastrophique de 1693, à 28 livres fin juillet 1693, 35 fin août, 42 fin septembre. Empêcher les attroupements et l'attaque des marchés et des boulangeries devient de plus en plus malaisé, en dépit des quelques distributions organisées dans les paroisses. C'est pourquoi on en vient, en octobre 1693, à une mesure déjà prise en 1662 : la construction d'une trentaine de grands fours dans la cour du Louvre pour cuire chaque jour environ cent mille rations de pain vendues à moindre prix que dans les boulangeries, le roi prenant le déficit à sa charge. La distribution commence le 20 octobre et a lieu dans cinq points différents de la capitale. Mais, pour éviter les bousculades meurtrières que cela provoque, il est bientôt décidé que la distribution sera faite par les curés. Peu de temps après, la cuisson générale en cour du Louvre est remplacée par l'octroi aux curés, chaque mois, d'une certaine somme d'argent, à charge pour eux de l'utiliser au mieux pour le soulagement des pauvres de leur paroisse. La situation est encore aggravée par les manœuvres de certains accapareurs qui spéculent à la hausse sur la misère générale. Nicolas de La Reynie écrit, le 2 décembre 1693 : « Tous les marchés ont été aujourd'hui si difficiles qu'il est, ce semble, impossible d'empêcher qu'il n'arrive quelque grand désordre, si les choses subsistent encore un peu de temps sur le même pied ; car le concours et l'état du peuple qui paraît dans tous les marchés est tel qu'il n'est plus au pouvoir des officiers [de police] et de tous ceux qui concourent à maintenir la sûreté de répondre qu'elle ne sera point troublée. La multitude renouvelle ses menaces, et on y entend dire, sans qu'il soit possible d'y remédier, qu'il faut aller piller et saccager les riches. » En janvier 1694, il y a 5 000 malades à l'hôtel-Dieu et plus de 8 000 pauvres à l'Hôpital général. En mars, Jean

Bart rentre à Dunkerque avec 160 bâtiments chargés de blé acheté en Norvège, après avoir réussi à tromper Hollandais et Anglais cherchant à l'intercepter. Le blé est immédiatement acheminé sur Paris. Pourtant fin avril, les Halles sont presque vides et, le 19 mai, le setier de blé y atteint le prix record de 52 livres. Le 21 mai, le parlement de Paris demande à l'archevêque d'intervenir. Celui-ci fait descendre la châsse de sainte Geneviève, protectrice de la capitale, et ordonne trois jours de processions dans toutes les paroisses, avec une procession générale à Notre-Dame, le 27 mai. Le même jour, un arrêt du Parlement réitère l'ordre aux pauvres de la campagne de sortir de la ville dans les trois jours, sous peine du fouet ou des galères.

La situation est plus pénible encore, si c'est possible, dans la plupart des provinces du royaume, les habitants de la capitale faisant par comparaison figure de privilégiés. C'est vrai notamment dans le Bassin parisien où le peu de blé disponible est acheté pour les besoins de Paris et ceux de l'armée des Flandres. Partout le scénario est le même : pénurie de plus en plus grave de toutes les sortes de blés ; lente et inexorable montée des prix entre l'été 92 et l'été 94 ; incapacité pour des malheureux de plus en plus nombreux de se procurer le minimum nécessaire, compte tenu de cette cherté ; « émotions populaires » en réponse à cette situation et aux manœuvres, parfois supposées, souvent réelles, des accapareurs ; mesures prises par les autorités, intendants, évêques, municipalités, curés, pour maintenir l'ordre en essayant de subvenir aux besoins élémentaires des plus démunis ; désorganisation de toute l'économie selon un schéma classique, à savoir l'abandon, dans tous les milieux, des dépenses jugées accessoires au profit des seuls achats de nourriture ; retour progressif à la normale à partir de l'été et surtout de l'automne de 1694. Dans beaucoup de régions, la maladie fait suite, non moins inéluctablement, à la famine. Les épidémies de typhoïde, sous le nom de fièvres putrides ou malignes, font des ravages parmi les populations sous-alimentées et sustentées de nourritures ignobles, selon un processus décrit, parmi d'autres, par un Rouennais : « Bien des personnes moururent de la disette, jusque-là qu'on en trouva mangeant de l'herbe et autres choses telles qu'elles les pouvaient trou-

Les années de misère

ver pour se soutenir ; cette méchante nourriture causa quantité de maladies et de fièvres pestilentielles. »

Les témoignages écrits des contemporains sont, en effet, multiples, éloquents et concordants. Citons seulement celui d'un bourgeois d'Orléans : « En l'année 1693, par un effet de la colère de Dieu justement irrité, la France déjà affaiblie par une longue guerre, fut affligée par la famine la plus grande et la plus universelle dont on ait encore entendu parler. Le blé qui à Orléans avait valu dans les précédentes années 14 à 15 livres, monta jusqu'à 110 livres ; encore avait-on bien de la peine à en avoir. Les artisans qui avaient quelques réserves soutinrent les premiers chocs, mais ils se virent bientôt obligés de vendre leurs meubles ; car tous les bourgeois ne les faisaient plus travailler et pensaient au plus nécessaire. Enfin ce fut une désolation générale lorsqu'ils se virent sans meubles, sans travail et sans pain. On voyait alors des familles entières qui avaient été fort accommodées [aisées] mendier leur pain de porte en porte. On n'entendait que des cris lugubres de pauvres enfants abandonnés par leurs parents, qui criaient jour et nuit qu'on leur donnât du pain. On ne voyait que des visages pâles et défigurés. Plusieurs tombaient en défaillance dans les rues et dans les places publiques et quelques-uns expiraient sur le pavé. Que si les pauvres des villes où il y a tant de ressources étaient dans un état si déplorable, que l'on juge, si l'on peut, de celui où étaient ceux de la campagne et dans quel excès de douleur elle était plongée, avec tant de pauvres familles abandonnées et dans une si grande misère qu'il s'en est trouvé de réduites à brouter l'herbe comme des bêtes et à se nourrir de choses dont les animaux immondes n'auraient pas voulu user. »

Les témoignages des chiffres sont plus éloquents encore. Ils disent, pendant une quinzaine ou une vingtaine de mois, la mobilité générale brusquement accrue, les mariages retardés, les conceptions amputées de moitié, les abandons d'enfants doublant ou triplant, les décès multipliés par trois, quatre, voire cinq et même six, soit 15, 20 ou même 25 % de la population d'une paroisse disparaissant. A Rouen, qui compte près de 70 000 habitants, on enterre 13 000 personnes en deux ans, contre 2 500 en année normale, soit presque un triplement. Triplement aussi à Lyon, à Amiens, à

Auch, à Angers. Doublement à Bordeaux, à Versailles, à Fontainebleau, à Honfleur. Presque partout, la hausse brutale du prix des grains précède celle des décès. Presque partout aussi, la mort frappe inégalement, les pauvres payant le plus lourd tribut à la misère, à la faim et à la mort : à Lyon, à Amiens, à Angers, les paroisses où les pauvres sont majoritaires sont celles où la surmortalité est la plus forte. A Rouen, en revanche, les choses sont un peu différentes et la discrimination beaucoup moins nette. Sans doute faut-il attribuer le fait au rôle déterminant joué ici par une épidémie antérieure aux premiers effets de la cherté et frappant riches et pauvres. Si, dans certaines provinces, la quasi-totalité des paroisses, urbaines et rurales, est touchée, dans d'autres les effets démographiques de la crise sont inégalement perceptibles au niveau des courbes paroissiales : ainsi en Languedoc, où ils sont très marqués sur celles de Montpellier, de Mende ou de nombreuses paroisses rurales, et nuls ou presque nuls sur celles de Sète ou de Lunel. Le bilan global, tel que l'a établi Marcel Lachiver (1991), est terriblement lourd : « En deux ans [1693 et 1694], il ne naît que 1 325 000 enfants, alors qu'il est mort 2 836 000 personnes. Le déficit dépasse les 1 511 000 âmes. En deux ans, du 1er janvier 1693 au 1er janvier 1695, la population de la France passe de 22 247 000 habitants à 20 736 000 et diminue donc de 6,8 %. » Le rapprochement avec les pertes de la Première Guerre mondiale n'a rien d'incongru : la crise de 1693-1694 a fait en deux ans presque autant de morts que celle-ci, mais dans une France deux fois moins peuplée et en deux ans au lieu de quatre.

Même si certaines séquelles ne s'effacent pas aisément, le relèvement démographique et économique est relativement rapide : démographiquement, grâce à une « ruée aux autels », classique en pareil cas, et à de nombreuses naissances dans les années suivantes ; économiquement, grâce aux mécanismes assez frustes de l'économie de type ancien, notamment au niveau de l'offre et de la demande, qui ont l'avantage de permettre une prompte relance de la consommation des classes aisées et de la production. A la fin de 1694, l'imprimeur Pierre Landry consacre son almanach pour 1695 à « La Joie des Peuples pour l'heureuse moisson de l'année

Les années de misère

1694 » : devant deux statues de Bacchus et de Cérès, des hommes, des femmes et des enfants font ripaille, le verre à la main, en chantant, sur l'air « Laissez paître vos brebis » : « Dansons, rions, chantons, buvons, Nous avons pain, vin à foison, Buvons, dansons, chantons, rions. » Mais c'est cette même année 1694 que Charles Perrault écrit « Le Petit Poucet », dont on sait le point de départ (« Il vint une année très fâcheuse, et la famine fut si grande que ces pauvres gens résolurent de se défaire de leurs enfants ») et que Fénelon rédige une lettre au roi dans laquelle il écrit, entre autres : « Cependant vos peuples, que vous devriez aimer comme vos enfants et qui ont été jusqu'ici si passionnés pour vous, meurent de faim. La culture des terres est presque abandonnée, les villes et les campagnes se dépeuplent ; tous les métiers languissent et ne nourrissent plus les ouvriers ; tout commerce est anéanti [...] La France entière n'est plus qu'un grand hôpital désolé et sans provision. » Témoignage ambigu, certes, puisque Fénelon semble présenter comme la conséquence de la politique du roi une situation paroxystique née de deux mauvaises récoltes successives, ce qu'il ne peut ignorer ; du moins l'évocation de la France, « grand hôpital désolé », n'est-elle que l'écho exact des réalités de l'hiver 1693-1694.

Par comparaison avec cette terrible épreuve, les crises des vingt dernières années du règne, y compris celle de 1709-1710, apparaissent soit beaucoup plus étroitement localisées, soit moins meurtrières. La médiocrité de la récolte de 1698 provoque les manœuvres d'accaparement de certains gros marchands, avec leurs conséquences habituelles, « émotions populaires » et pillages de boulangeries dans les villes, de convois de blés dans les campagnes, par exemple dans la vallée de la Loire. Heureusement, la récolte de 1699 est à peu près normale, amenant une lente détente des prix. De 1701 à 1708, le royaume profite d'un véritable retournement climatique, avec des hivers doux et des étés chauds et secs, ce qui a pour heureuse conséquence l'abondance des grains et le bas prix du pain. Il est vrai que dans le même temps des épidémies entraînent ici ou là d'importantes surmortalités. La plus grave est l'épidémie de dysenterie qui, à l'automne de 1707, frappe le Maine, l'Anjou et le Haut-Poitou et qui fait des ravages dans certaines paroisses : à Challain, paroisse angevine de quelque 2 500 habitants, où il meurt ordinairement 22 personnes en moyenne durant les trois mois d'août, septembre et octobre, il en meurt, cette année-là, 538, en majorité des enfants de cinq à quinze ans.

Dix-huit mois plus tard, survient un froid terrible qui sévit dans presque toute la France depuis la nuit du 6 janvier jusqu'à la mi-mars, en plusieurs vagues successives. Les témoignages contemporains sur ce « grand hiver », dont la France n'a connu depuis aucun équivalent, sont multiples. Ils disent tous l'extrême brutalité de la chute du thermomètre, surtout entre la nuit des Rois et le 22 janvier, où il reste à Paris entre – 16 et – 20 degrés Celsius, et les terribles conséquences qui en résultent. De Versailles, où le roi est contraint, fait inouï, de rester huit jours sans sortir, au plus petit village du royaume, c'est le même tableau du vin gelant dans les barriques, des agneaux mourant, « tout raides de froid », à peine sortis du ventre de leur mère, des oiseaux tombant morts en plein vol, des arbres les plus gros fendus par le gel, des châtaigniers, des noyers, des oliviers détruits par le froid, de même que de nombreuses vignes. Il y a plus grave encore : en dépit de la couverture de neige, le froid de février et de début mars détruit totalement les blés semés à l'automne.

La conséquence la plus redoutable de cette situation – outre les nombreux malheureux trouvés morts de froid, en ville comme à la campagne – est une hausse brutale du prix des grains, comparable à celle de 1693 et 1694 : les prix quadruplent, en moyenne, entre janvier et juillet et augmentent encore jusqu'à l'été 1710. Or la France engagée dans la guerre de Succession d'Espagne connaît alors les pires mécomptes : Lille est tombée aux mains de l'ennemi en octobre 1708, et Louis XIV, prêt aux plus lourdes concessions, envoie un plénipotentiaire à La Haye. Dans ces conditions, le souci majeur de Desmarets, nouveau contrôleur général des finances, est l'approvisionnement de Paris et des grandes villes, afin d'éviter, autant que possible, les brutales manifestations du désespoir des classes populaires déjà écrasées par la surfiscalité liée à la prolongation de la guerre. On reprend donc très vite les mesures prises quinze ans plus tôt, lors de la crise de 1693-1694 que nul n'a oubliée. L'ordon-

Les années de misère

nance du 27 avril 1709 oblige les détenteurs de grains à faire déclaration de leurs réserves et exempte de tous droits d'entrée, d'octroi et de péages les grains transportés d'une province à l'autre ou importés de l'étranger. Une taxe sur les riches est instituée et obligation est faite aux municipalités d'organiser des distributions de vivres pour les plus pauvres. Des commissaires envoyés sur place sont chargés de l'exécution de ces décisions, mais ils ne peuvent empêcher les accaparements de se multiplier dans la mesure où il subsiste en beaucoup d'endroits des grains des récoltes précédentes que certains stockent en spéculant à la hausse. Par ailleurs, joue le réflexe des autorités locales, évêques en tête, tel que l'évoque Bâville, intendant du Languedoc : « Chacun se cantonne dans son diocèse et fait ce qu'il peut pour que rien n'en sorte. » L'achat massif de blés à l'étranger apparaît comme la seule solution, mais elle se heurte à l'état de guerre. Les flottes anglaise et hollandaise contrôlent la mer du Nord, rendant très difficile toute importation de blés. Heureusement, des convois de céréales en provenance du Levant ou de Barbarie (Afrique du Nord) parviennent à Marseille.

Entre avril et octobre 1709, la disette est dramatique, de même que la misère qui en résulte. Voici, parmi d'autres, le témoignage d'un prêtre du diocèse de Paris écrivant, dès le 10 mai : « J'ai parcouru depuis trois semaines la Beauce, le Blésois, la Touraine, le Chartrain et le Vendômois. Dans la plupart des villes et villages, on y meurt à tas, on les enterre trois à trois, quatre à quatre, et on les trouve morts ou mourants dans les jardins et sur les chemins. Entrant aujourd'hui à Vendôme, j'ai été assiégé par cinq ou six cents pauvres, qui ont les visages cousus [décharnés] et livides, les viandes horribles dont ils se nourrissent produisant sur leurs visages un limon qui les défigure étrangement. Dans les faubourgs de cette ville, on voit des gens couchés par terre qui expirent ainsi sur le pavé, n'ayant pas même de la paille pour mettre sous leur tête, ni un morceau de pain. » Partout, on meurt de faim et de misère, partout aussi on se soulève, mais sans que ces manifestations de désespoir menacent vraiment le pouvoir. Quelques émeutes ont lieu à Paris en avril et mai, réprimées, sans effusion de sang, par le lieutenant de police

Le mouvement naturel de la population rurale du Bassin parisien

(Il s'agit d'indices, non de chiffres absolus.)

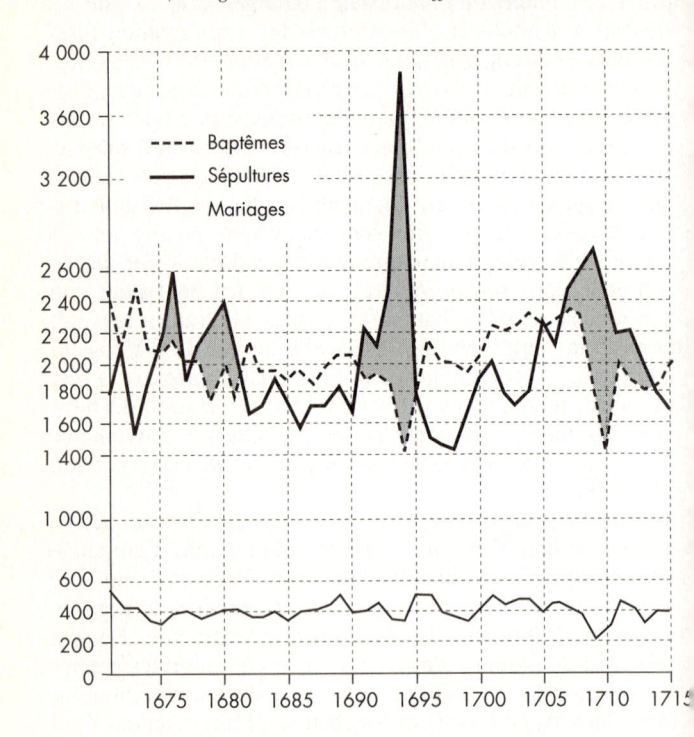

Le « clocher » de mortalité de 1694 traduit, par rapport à la moyenne des années 1682-1690, une hausse brutale des décès qui se situe entre le doublement et le triplement, avec corrélativement une baisse sensible des naissances. On observe le même phénomène en 1709, avec toutefois une hausse des décès moins prononcée.

La courbe des mariages enregistre, elle aussi, une baisse en 1694 et surtout en 1709 (de l'ordre de la moitié par rapport à la moyenne des années antérieures). On notera enfin après chaque crise le phénomène de « récupération » au niveau des mariages et des naissances (particulièrement nette pour celles-ci entre 1696 et 1708).

Source : d'après J. Dupâquier, *La Population rurale du Bassin parisien à l'époque de Louis XIV,* Paris, EHESS, 1979, p. 249.

Les années de misère

d'Argenson. C'est en province que les « émotions populaires » sont les plus graves, dans les villes de la Loire moyenne, en Normandie, en Provence, en Languedoc. Partout, les hôtels-Dieu et les hôpitaux généraux, là où ils existent, sont pleins. Partout, des cortèges de malheureux se traînent sur les routes, en quête de secours.

Un bilan démographique global est difficile à dresser, car la situation est contrastée selon les provinces et même selon les paroisses, contrastée aussi quant au calendrier de la surmortalité. Quand celle-ci est directement liée au froid polaire et à la famine, on la constate en 1709 ; quand elle résulte d'épidémies subséquentes, c'est en 1710 qu'on l'observe. En outre, dans plusieurs régions, les décès ont augmenté dès 1707 ou 1708 et continuent à le faire après 1710, la crise étant donc là inséparable d'un contexte épidémique plus large s'étalant sur les années 1707-1715. Ainsi, dans les campagnes toulousaines, la mortalité de 1709 et de 1710 est plus forte qu'à l'ordinaire, mais n'est pas comparable à celle des années 1711-1713 du fait d'épidémies meurtrières. A Fontainebleau, c'est l'ensemble des années 1708-1712 qui est affecté d'une mortalité supérieure à la moyenne, mais sans que jamais soit enregistré de doublement par rapport à cette moyenne. A Versailles, à Meulan, à Angers, à Lyon, la crise est peu ressentie au niveau des sépultures des deux années. A Paris, le chiffre des décès de 1709 constitue le record pour tout le XVIIIe siècle, 29 288 (et encore 22 389 en 1710), contre 16 677 en moyenne dans la décennie suivante. Globalement, à l'échelle de la France, il y a, en 1709-1710, 2 141 300 décès contre 1 330 800 naissances, soit une perte de 810 000 personnes, 3,5 % de la population. Celle-ci passe de 22 643 200 habitants au 1er janvier 1709 à 21 832 700 au 1er janvier 1711. Ainsi, la crise du « grand hiver » a eu des conséquences démographiques beaucoup moins dramatiques que celle de 1693-1694. Il y a à cela deux raisons. La première est que les grains n'ont pas totalement manqué. S'ils ont atteint des prix prohibitifs pour les plus pauvres, qui sont morts par milliers, c'est en partie à cause des pratiques des spéculateurs ; en outre, la récolte, en septembre, de l'orge semée un peu partout en avril et mai a procuré une nourriture de remplacement. La seconde raison est que les autorités, tirant les leçons de 1694, ont su prendre des mesures relativement efficaces. Certes, elles n'ont pas empêché la mort des plus misérables ; du moins ont-elles permis que la crise soit moins meurtrière qu'elle n'aurait pu l'être, quels que soient les souvenirs tragiques laissés par le « grand hiver » dans la mémoire collective. Au total, l'évolution de la population de la France, dans ses frontières actuelles (c'est-à-dire y compris la Lorraine et la Savoie devenues françaises ultérieurement) et telle qu'a pu l'évaluer Marcel Lachiver (1991), témoigne, entre 1680 et 1715, de la faculté de récupération des populations anciennes dans le cadre de structures démographiques où la forte mortalité, surtout en temps de crises, est compensée par la forte fécondité, notamment au lendemain de celles-ci :

1680	21 934 000 habitants
1685	22 021 000 habitants
1690	22 290 000 habitants
1695	20 736 000 habitants
1700	21 470 000 habitants
1705	22 320 000 habitants
1710	22 351 000 habitants
1715	21 864 000 habitants

La crise financière
et les nouvelles orientations de l'économie.

Entre 1688 et 1713, la France est constamment en guerre avec ses voisins, à l'exception de la courte trêve de 1697-1702. Cette réalité de la guerre pèse lourdement sur la vie économique. A cela s'ajoutent les crises résultant du « dérèglement des saisons ». Enfin, la conjoncture internationale continue à être caractérisée par une dépression liée à la relative raréfaction des espèces monétaires et à la baisse des prix, des revenus et des salaires. Pour toutes ces raisons, l'économie française traverse une période de turbulences, mais aussi de réorientations prometteuses.

Les deux guerres de la fin du règne n'entraînent pas de destructions directes, puisque le territoire national est pré-

Les années de misère

servé de l'invasion, à l'exception de Lille et de ses environs entre 1708 et 1713. En revanche, elles gênent le commerce extérieur et alourdissent considérablement les dépenses de l'État. La suprématie navale de l'Angleterre et de la Hollande après La Hougue (1692) perturbe les relations commerciales de la France avec une grande partie de l'Europe et menacent celles qu'elle tente d'établir avec le reste du monde, ce qui provoque un ralentissement de l'activité manufacturière dans les secteurs travaillant pour l'exportation. Mais c'est surtout au niveau des dépenses publiques que se font sentir les conséquences néfastes de la guerre. Alors que les effectifs des troupes réglées étaient de 180 000 hommes en 1668, ils sont de 380 000 en 1694 et à peu près autant en 1706. Il convient d'y ajouter, à cette date, quelque 100 000 miliciens et les 70 000 matelots de la marine royale. Ainsi c'est entre 500 000 et 600 000 hommes qui sont sous les armes à la fin du règne, trois fois plus qu'en 1668. Cela signifie d'abord que ces hommes – à l'exception de quelques dizaines de milliers d'étrangers – sont autant de Français dans la force de l'âge qui sont enlevés à des activités productives en ville ou à la campagne. Cela signifie surtout que leur mise sur pied et leur entretien, armement, nourriture, solde, pèsent de plus en plus lourd dans les dépenses de l'État : 73 % en 1694, davantage encore pendant la guerre de Succession d'Espagne. L'État s'efforce de faire face en aggravant le poids de la Dette et en tentant d'augmenter le rendement de l'impôt. La solution, en ce domaine, est à chercher soit dans une meilleure répartition des impôts existants, soit dans une refonte de tout le système fiscal. C'est en songeant à cette meilleure répartition en fonction de la population du royaume et de la richesse de chacun que le duc de Beauvillier fait dresser, en 1697-1698, par chaque intendant un état de sa généralité, « pour l'instruction de Mgr le duc de Bourgogne ». De leur côté, quelques réformateurs, comme Boisguillebert ou Vauban, dénoncent, nous le verrons, la malfaisance d'un système fiscal basé sur l'inégalité, l'exemption et l'arbitraire, et proposent la création d'un impôt direct et universel se substituant à la taille.

En créant la capitation par la déclaration du 18 janvier 1695, le contrôleur général Pontchartrain reprend certaines de ces idées. L'impôt nouveau veut être un impôt général direct payé par tous les Français, privilégiés ou non. Sa perception s'appuie sur un « tarif » qui répartit les sujets du roi en 22 « classes », chaque classe étant elle-même divisée en « rangs », de 10 à 60 selon les cas (569 au total). Tous les sujets inscrits dans une même classe paient le même chiffre d'impôt, quel que soit leur rang à l'intérieur de celle-ci. Les membres de la première classe sont tous imposés à 2 000 livres, ceux de la deuxième à 1 500, ceux de la troisième à 1 000, et ceux de la vingt-deuxième et dernière à une livre. Cette répartition résulte d'un compromis entre la notion de dignité et la réalité de la fortune ou du revenu. C'est ainsi que les ducs et pairs sont dans la deuxième classe, alors que les membres du gouvernement, tous nobles, mais certains de très fraîche date (tel Colbert de Croissy né roturier), et les quarante fermiers généraux, dont quelques-uns seulement ont accédé à la noblesse, côtoient dans la première Monseigneur le dauphin et les autres princes du sang. La noblesse, second ordre du royaume, doté de privilèges héréditaires, éclate littéralement tout au long du tarif, apparaissant dans sept classes différentes, de la première à la dix-neuvième. Toutefois, le nouvel impôt n'est pas révolutionnaire dans son principe : le texte confirme explicitement les privilèges du second ordre et respecte l'autonomie du premier, à savoir le clergé, qui est exclu du tarif et tenu seulement au paiement d'un don gratuit. Il en sera de même pour certains pays d'états. Enfin, l'impôt est créé pour la durée de la guerre. C'est donc bien un expédient provisoire, non une réforme de fond. Supprimée en 1698, la capitation est rétablie en 1701, sous forme d'un impôt de répartition, supplément de la taille pour ceux qui sont assujettis à celle-ci.

Cependant, en octobre 1710, au moment le plus dramatique de la guerre de Succession d'Espagne, Louis XIV se résout à créer le dixième. Imaginé par Desmarets s'inspirant directement des idées de Vauban, cet impôt pèse sur tous les revenus, répartis en trois catégories (revenus fonciers, revenus industriels, gages et pensions), et est égal au dixième de ceux-ci. Très mal accueilli, dans la mesure notamment où il oblige l'imposable à faire une déclaration de ses revenus, le nouvel impôt n'en représente pas moins la première atteinte sérieuse

Les années de misère

La grande enquête de 1697 pour l'instruction du duc de Bourgogne

L'enquête entreprise par les intendants du royaume en 1697 et 1698 à l'instigation du duc de Beauvillier s'inscrit dans une tradition inaugurée sous Louis XIII. En 1630, le surintendant des finances d'Effiat adresse une circulaire aux intendants pour les prier de fournir un état descriptif de leur circonscription. Colbert reprend les grandes lignes de ce projet dans ses Instructions aux intendants rédigées entre septembre 1663 et février 1664 pour inviter ces derniers à répondre à un questionnaire précis portant sur tous les aspects de leur administration. L'enquête semble n'avoir eu qu'un écho limité. Vauban, qui se passionne pour une connaissance précise des réalités démographiques et économiques du royaume, publie en 1686 une *Méthode générale et facile pour faire le dénombrement des peuples* et réalise en 1696 la *Description géographique de l'élection de Vézelay*.

On ne sait pas exactement qui a eu l'initiative de l'enquête de 1697. Ce qui est sûr, c'est que cette initiative vient de l'entourage du duc de Beauvillier et a reçu l'accord du contrôleur général Pontchartrain. Le questionnaire s'intitule « Mémoire envoyé à tous les intendants par M. le duc de Beauvillier pour y répondre article par article et servir d'instruction à Mgr le duc de Bourgogne ». Les articles sont répartis en dix-neuf alinéas portant sur la géographie, les hommes, les institutions civiles et ecclésiastiques, les finances, avec statistiques des impositions des années antérieures, l'économie (terres, manufactures, commerce). Plusieurs préoccupations semblent avoir présidé au lancement de cette enquête : fournir au jeune duc de Bourgogne, alors âgé de quinze ans, une description précise du royaume sur lequel il était destiné à régner un jour ; faire un bilan des ressources du royaume, en hommes et en biens, pour chercher à mieux répartir les impôts, après l'expérience de la capitation créée en 1695, et à relancer l'économie ; accessoirement, évaluer le nombre des nouveaux convertis, douze ans après la Révocation. Le succès de l'entreprise est en soi remarquable puisque dans les mois suivants 34 intendants sur 35 envoient à Versailles le Mémoire sur l'état de leur généralité. Certes, la qualité de ces différents textes est inégale, certains intendants s'étant déchargés de leur tâche sur des correspondants locaux plus ou moins fiables. Il n'en reste pas moins que l'ensemble représente la première grande enquête administrative de la France d'Ancien Régime et, sous réserve d'une critique attentive, une source de premier ordre pour l'historien.

aux privilèges fiscaux. Mais très vite le clergé est autorisé à s'en racheter, et son exemple sera suivi par d'autres catégories sociales. Établis pour la durée de la guerre, capitation et dixième survivent en fait au rétablissement de la paix en 1713-1714. Loin de se substituer à la taille, ils s'ajoutent à celle-ci. Universels et égalitaires dans le principe, en réalité ils ne le sont nullement en raison des exemptions et des abonnements. Enfin, leur produit est très inférieur à ce qui avait été escompté. La cause profonde de l'échec est que l'égalité devant l'impôt n'est pas compatible avec un régime social lui-même fondé sur l'inégalité. Dans ces conditions, la charge fiscale devient écrasante pour la majorité de la population, accroissant la paupérisation des plus misérables. En dépit de l'étroite surveillance exercée par les intendants et leurs subdélégués, cette surfiscalité provoque ici ou là quelques « émotions populaires ». Mais elles sont vite réprimées et restent isolées. La plus grave est celle qui, provoquée par l'institution d'un droit sur les extraits de registres paroissiaux, agite le Quercy entre janvier et mai 1707 ; les paysans révoltés, surnommés les « Tard-Avisés », déclarent qu'« ils ne voulaient plus payer autre chose que la taille, à cause, disaient-ils, qu'ils mouraient de faim ».

Mais en même temps le rendement des impôts, anciens et nouveaux, est trop faible pour que le roi puisse éviter de recourir aux ressources dites extraordinaires. Outre les droits et les taxes, on multiplie les émissions de rentes à des taux de plus en plus onéreux pour l'État, quitte à en réduire ultérieurement le taux initial ; on impose des emprunts forcés aux cours supérieures, aux villes, aux nouveaux nobles ; on lance des loteries, on vend des lettres d'anoblissement, on crée de nouveaux offices, le plus souvent inutiles. Les mutations de monnaies et le développement du crédit sont également employés pour se procurer des ressources et pallier la disette monétaire de plus en plus grave malgré les arrivées directes d'argent du Potosi assurées par les navires malouins à partir de 1703. Alors que de 1652 à 1687 la valeur nominale du louis d'or et de l'écu d'argent n'a pratiquement pas été modifiée, à partir de 1687 louis et écus sont l'objet de perpétuelles manipulations dans le sens soit de la baisse, soit de la hausse, selon l'intérêt du moment, le Trésor étant à la

Les années de misère

fois débiteur pour ses paiements et créancier pour les impôts. On compte au total, entre 1687 et 1713, une quarantaine de mutations, la tendance générale aboutissant à une lente dévaluation de la livre : c'est ainsi que la valeur du louis d'or, qui était de 11 livres en 1686, est fixée à 20 en 1709. On joue aussi sur la refonte des espèces et la remise en circulation de pièces contenant moins de métal pour la même valeur. Enfin, on oblige les possesseurs de vaisselles d'or et d'argent à porter celles-ci aux hôtels des Monnaies, le roi donnant lui-même l'exemple dès 1689.

Les tentatives pour développer le crédit consistent d'abord à donner valeur de monnaie aux billets de commerce, puis à lancer en 1701 des billets, simples reçus d'espèces déposés aux Monnaies, remboursables à court terme et portant intérêt. Hanté par l'exemple de la Banque d'Amsterdam et celui, tout récent (1694), de la Banque d'Angleterre, Desmarets essaie de mettre sur pied une Banque royale, dotée de l'émission de billets gagés par l'or et convertibles à volonté. L'appui des grands banquiers est pour cela nécessaire : le protestant Samuel Bernard joue un moment le rôle de véritable banquier de la cour, mais il frôle la faillite en 1709. Cette même année, douze receveurs généraux, dont le protestant rouennais Legendre, fondent à l'instigation du contrôleur général une Caisse, dite Caisse Legendre, qui met en circulation des billets émis par les officiers et receveurs des finances et garantis à la fois par le crédit de l'État et par celui des financiers fondateurs de la Caisse. Mais ces essais ne constituent pas la grande banque d'État rêvée par Boisguillebert et par Desmarets. En fait, la monarchie aux abois dépend plus que jamais des gens de finances : bien au-delà de la seule perception des impôts, ceux-ci lui permettent de faire face aux échéances les plus urgentes et profitent de la situation pour faire d'énormes fortunes. Mais impôts et expédients ne réussissent pas à empêcher l'augmentation accélérée du déficit.

L'activité manufacturière réagit de façon contrastée à une telle conjoncture. L'effort de guerre a dans certains secteurs un effet bénéfique. C'est le cas des draps du Languedoc ou de ceux d'Alençon utilisés pour l'habillement des troupes. C'est le cas plus encore pour toute la partie de la sidérurgie travaillant pour l'armement : canons, boulets, armes à feu, armes blanches. Par ailleurs, les difficultés d'importation des produits en provenance d'Asie soit par la Compagnie des Indes, soit par contrebande, favorisent les manufactures d'indiennes. Mais, au lendemain de la mort de Colbert qui avait encouragé la création de celles-ci, les fabricants et négociants des textiles traditionnels, très inquiets de la concurrence qui leur était faite, obtiennent de Louvois qu'un arrêt du conseil du 26 octobre 1686 interdise « l'importation, la fabrication, la vente et l'usage des toiles de coton peintes aux Indes ou contrefaites dans le royaume ». En fait, la mode des indiennes, à la cour comme à la ville, est devenue telle que la prohibition, renouvelée en 1706, n'empêche ni l'entrée en contrebande d'étoffes en provenance des Indes, ni surtout le succès des manufactures qui se sont créées à Marseille, Montpellier, Nîmes, Strasbourg, Beauvais, Rouen. L'essor de la traite négrière et l'ouverture officielle des colonies espagnoles au commerce français en 1700 se traduisent, malgré les difficultés de relations liées à la guerre, par une forte demande des produits des manufactures françaises, notamment les draps et les toiles. De ce fait, certaines régions textiles – Picardie, campagnes de l'Ouest armoricain, Languedoc – sont fortement sollicitées et connaissent une exceptionnelle prospérité. Certes, par contraste, la plupart des industries de luxe, comme la manufacture de tapisseries des Gobelins qui cesse ses activités en 1699, et celles travaillant pour le marché intérieur souffrent d'une baisse de la consommation liée aux difficultés qui frappent (inégalement, il est vrai) toute la société française : baisse des revenus agricoles liée notamment aux mauvaises récoltes, augmentation spectaculaire des impôts, mutations monétaires et dévaluations.

Quant au commerce extérieur, il est profondément perturbé par l'état de guerre, d'autant plus que celle-ci revêt, on l'a dit, un caractère de guerre économique implacable. Les relations traditionnelles, avec l'Europe du Nord notamment, sont donc rendues très difficiles. Toutefois, dans cette guerre économique, la France marque aussi des points. Le commerce français en Méditerranée profite de l'élimination progressive des marchands hollandais des ports du Levant, surtout après

Les années de misère

la victoire de Lagos et la capture du convoi de Smyrne en 1693 qui portent un coup très dur au commerce des Provinces-Unies. Bientôt les draps du Languedoc concurrencent victorieusement ceux de Leyde sur les marchés du Proche-Orient. En 1698, dans son *Mémoire sur la province de Languedoc*, l'intendant Lamoignon de Bâville écrit : « Les draps se vendent dans le Levant avec un profit, par préférence à ceux d'Hollande. Les marchands de Marseille en font le commerce sans contrainte, et si on lui donnait du secours, il pourrait être porté aussi avant que l'on voudrait et détruire même celui des Hollandais, parce qu'il se peut faire avec beaucoup d'avantages sur eux. Ces avantages sont la bonté des eaux, la facilité d'avoir des laines d'Espagne et du pays, la situation de Marseille qui fait que les draps sont portés en Levant dès qu'ils sont faits. »

Plus largement, les profits de la guerre de course, fortement encouragée par les deux Pontchartrain, Louis et Jérôme, se révèlent considérables pour certains ports, au premier rang desquels Dunkerque et Saint-Malo. Le port breton est d'abord touché de plein fouet dans ses activités traditionnelles qu'étaient la pêche à la morue au large de Terre-Neuve et le commerce avec l'Espagne, par Cadix, et avec les pays de l'Europe du Nord. Menacé d'asphyxie, il réagit, comme il l'a toujours fait en pareil cas, en s'adonnant à la guerre de course. En dépit des risques, les profits sont bientôt considérables : plus de 700 prises ou rançons sont ramenées à Saint-Malo entre 1688 et 1697, plus de 600 entre 1702 et 1712, soit près de 20 millions de livres dans le premier cas, 12 millions dans le second, sans compter les prises ramenées dans d'autres ports bretons ou à Cadix, port ami après 1700. C'est un total de quelque 50 millions de livres que rapporte à la cité malouine cette activité de substitution. Les profits sont immédiatement réinvestis dans la course et surtout dans le commerce vers la mer du Sud, c'est-à-dire plus précisément les côtes américaines du Pacifique. Le but est d'atteindre directement le marché hispano-américain, en bravant l'« exclusif » de la couronne d'Espagne. Le 4 mars 1698, l'armateur malouin Noël Danycan de Lespine expose, dans un mémoire adressé à Louis de Pontchartrain, le projet qu'il a conçu en association avec un homme d'affaires parisien, Jourdan, et réclame un monopole en cas de succès : « Les sieurs Jourdan et de Lespine Danycan, sur le fondement du commerce que les Français, les Anglais et les Hollandais font en fraude sur les côtes du Mexique et la côte de Carthagène, ont résolu d'aller tenter un pareil commerce dans les côtes espagnoles de la mer du Sud. Ils ont contre ce dessein la défense générale aux habitants des côtes que les Espagnols possèdent en Amérique de faire commerce avec d'autres nations, le grand éloignement (vu qu'il faut sept à huit mois de navigation avant d'arriver au lieu où il faut faire ce commerce), le peu de confiance ou pour mieux dire l'aversion que les gens de ce pays ont pour les autres nations, n'y ayant jamais vu que des flibustiers et des forbans qui les ont désolés tant pendant la paix que pendant la guerre. Cependant, ces deux hommes qui sont riches et entreprenants ne se rebutent pas de ces difficultés et ils demandent seulement que, comme ils prétendent continuer ce commerce s'ils réussissent et qu'il ne serait pas juste que d'autres profitassent de la dépense qu'ils auront faite, Sa Majesté ait agréable de leur concéder les pays où ils jugeront à propos de s'établir sans que d'autres pussent y aller sans leur permission. »

Le 17 décembre 1698, deux navires, baptisés le *Phélypeaux* et le *Maurepas* en hommage à Pontchartrain, quittent la France, pénètrent en mer du Sud par le détroit de Magellan et sont de retour à Saint-Malo en août 1701. Ce succès est immédiatement exploité, d'autant plus que l'accession de Philippe V au trône d'Espagne lève l'obstacle de l'exclusif. Très vite, le « commerce à la mer du Sud » se révèle extrêmement rentable et constitue le meilleur des substituts au commerce de Cadix entravé par la menace navale anglo-hollandaise. Bien qu'imité par d'autres ports, Saint-Malo assure l'armement des deux tiers des 133 navires envoyés dans la mer du Sud entre 1698 et 1724, pour le plus grand profit des armateurs malouins qui, à chaque campagne, rapporte en France, en échange de marchandises françaises, des millions de livres d'argent du Potosi sous toutes ses formes, des piastres aux lingots. Exceptionnel par la longueur et la durée du trajet (deux ans en moyenne), le commerce de la mer du Sud l'est aussi par l'ampleur des profits qu'il assure : par exemple, entre 135 et 300 % des mises dehors pour les

Les années de misère 209

14 navires malouins partis entre 1703 et 1708. Peu de temps après, d'autres Malouins investissent les bénéfices de la course dans le commerce avec l'océan Indien et l'Asie. Pour ce faire, ils signent, entre 1707 et 1714, avec la Compagnie des Indes orientales, quasi ruinée par la guerre, 8 accords de sous-traitance dont les termes sont bien résumés par l'armateur malouin Magon de La Balue : « Nous entrons dans tous les privilèges de la Compagnie pendant ce temps-là et avons la liberté d'y faire le commerce que nous jugerons à propos. » Dès 1701, un navire affrêté par Jourdan aborde en Chine et rapporte à Lorient une cargaison de porcelaines.

La réussite de Saint-Malo, qu'expliquent en partie les liens étroits existant entre le milieu négociant malouin et le clan Pontchartrain, ne doit pas faire oublier celle d'autres ports, notamment Marseille, Bordeaux, La Rochelle, Nantes, qui tirent parti de l'essor de l'économie antillaise, surtout à Saint-Domingue, à partir des années 1680-1690. Malgré les corsaires anglais et hollandais, Nantes expédie en moyenne 45 navires par an aux Iles de 1704 à 1712, soit en droiture, soit en trafic triangulaire. Les retours de sucre brut permettent le développement des raffineries de La Rochelle (il y en a 16 vers 1700), de Bordeaux, de Nantes. Au total, l'économie française, et notamment le grand commerce maritime, souffre moins qu'on ne pourrait le penser de ces vingt-cinq années de guerre presque ininterrompue. Certes, les classes populaires, victimes des crises de subsistances et écrasées d'impôt, connaissent certaines années une misère que n'exagèrent ni Fénelon, ni La Bruyère, ni Vauban. Mais ces « années de misère » ne le sont pas pour tout le monde. Elles voient même le début éclatant de la prospérité des grands ports français, avec la création de nouveaux trafics et l'élargissement des horizons.

Pouvoir et contestations.

Depuis la mort de Louvois en 1691, le conseil d'en-haut compte, on l'a dit, 7 membres qui sont, outre Monseigneur et le duc de Beauvillier, gouverneur du duc de Bourgogne, Le Peletier, Arnauld de Pomponne, Colbert de Croissy et surtout Pontchartrain. Ce dernier, jusqu'à sa retraite volontaire en 1714, est le personnage politique le plus important des vingt-cinq dernières années du règne. S'appuyant sur un clan de parents, d'alliés et de clients, aussi efficace que l'avaient été en leur temps le clan Colbert ou le clan Louvois, Pontchartrain, un peu à l'instar de Colbert, joue directement ou indirectement un rôle de premier plan, au-delà même de ce qu'impliquent ses fonctions : contrôleur général des finances depuis 1689, secrétaire d'État à la marine et à la Maison du roi depuis 1690, charge dont il obtient la survivance au profit de son fils Jérôme en 1693. En 1696, à la mort de Colbert de Croissy, le fils de celui-ci, Colbert de Torcy, « survivancier » depuis 1689 et gendre d'Arnauld de Pomponne, succède à son père et entre au conseil en 1700. En 1699, à la mort de Boucherat, Louis XIV nomme Pontchartrain chancelier de France et garde des sceaux : Jérôme devient secrétaire d'État à la marine et à la Maison du roi, et Chamillart, contrôleur général des finances. Michel Chamillart, d'une vieille famille de robe, ami des ducs de Beauvillier et de Chevreuse, est conseiller d'État et s'est vu chargé par Mme de Maintenon de la gestion des affaires temporelles de Saint-Cyr. C'est un homme modeste et honnête, mais aux capacités limitées, dont l'adresse au billard a retenu l'attention du roi. Dès novembre 1700, celui-ci le fait entrer au conseil et, l'année suivante, à la mort de Barbezieux, le nomme secrétaire d'État à la guerre, sans lui retirer les finances pour autant. Cette double charge accable le malheureux Chamillart qui, bientôt débordé, est tenu pour responsable de la détresse financière et des défaites militaires, moins par le roi que par Mme de Maintenon, une grande partie de la cour et l'opinion parisienne s'exprimant par des libelles clandestins.

En février 1708, Louis XIV se résout à le remplacer aux finances par Desmarets et à la guerre par Voysin. Nicolas Desmarets, neveu de Colbert, a eu jusque-là une carrière heurtée à la suite d'une disgrâce consécutive à la mort de son oncle. Toutefois, il devient le conseiller plus ou moins officieux des contrôleurs généraux successifs, Le Peletier, Pontchartrain, Chamillart. Pour faire face à la situation financière et économique, il préconise un appui de l'État au commerce extérieur et une étroite entente avec « les gens d'affaires et de finances les plus riches et les plus accrédités ». Quant à Daniel Voysin de La Noiraye, homme de robe, allié aux Trudaine, aux Lamoignon, aux Talon, il réussit, en liaison avec Desmarets, à maintenir la cohésion et l'efficacité de l'armée française dans le dramatique contexte de la fin de la guerre de Succession d'Espagne. Au-delà de Versailles, le pouvoir central est relayé en province par les intendants, présents désormais partout : la Bretagne est la dernière province à être pourvue en 1689 d'un « commissaire départi pour l'exécution des ordres de Sa Majesté ». Restant souvent longtemps dans le même poste, l'intendant est maintenant aidé dans sa tâche par des subdélégués. Depuis la disparition de Colbert qui était quelque peu hostile à cette dernière fonction, celle-ci s'est peu à peu enracinée. A l'origine, l'intendant « subdéléguait » une partie de ses pouvoirs à un particulier pour un temps déterminé et pour des affaires précises et limitées, par exemple la « vérification des dettes des villes et communautés ». A la fin du règne, la fonction de subdélégué devient permanente et stable dans le cadre d'une circonscription territoriale déterminée, la subdélégation, qui correspond à un bailliage en pays d'états et à une élection en pays dits d'élections. L'édit d'avril 1704 érige en titre d'office la fonction des subdélégués : ceux-ci sont désormais rétribués et deviennent, sur le terrain, les auxiliaires indispensables de l'intendant.

Les difficultés ne manquent pas, en ces vingt-cinq dernières années du règne, pour le roi et les hommes sur lesquels il s'appuie. En plus de la guerre extérieure et des difficultés financières et économiques, la monarchie est confrontée à des contestations de tous ordres qui ne constituent certes pas un danger aussi immédiat que la guerre ou la crise, mais n'en sont pas moins inquiétantes pour l'avenir. Elles ne concernent pas uniquement la France et relèvent de ce que l'on a coutume d'appeler depuis Paul Hazard (1935) la « crise de la conscience européenne », que celui-ci définissait en ces termes : « Quel contraste ! Quel brusque passage ! La hiérarchie, la discipline, l'ordre que l'autorité se charge d'assurer, les dogmes qui règlent fermement la vie : voilà ce qu'aimaient les hommes du XVIIe siècle. Les contraintes, l'autorité, les dogmes, voilà ce que détestent les hommes du

XVIIIe siècle, leurs successeurs immédiats. » Certes, cette « révolution » a été moins radicale que ne semble le dire Paul Hazard et n'a affecté qu'une petite partie de la société française. Il n'en reste pas moins qu'entre 1680 et 1715 un certain nombre d'esprits, en France notamment, remettent en question le principe d'autorité, fondement de l'ordre établi, et ouvrent ainsi la voie à la philosophie des Lumières.

Cette critique, qui s'étend à tous les domaines – la religion, le pouvoir, les lettres et les arts – est évidemment condamnée à la clandestinité ou, si elle tente de s'exprimer ouvertement, à une répression immédiate. En effet, l'impression et la diffusion des livres sont étroitement surveillées, aucun manuscrit ne pouvant être imprimé dans le royaume sans permission expresse du chancelier, cependant que le lieutenant général de police a compétence pour connaître tous les délits à ce sujet. A partir de 1699, est créée à la Chancellerie une direction de la Librairie confiée à l'abbé Jean-Paul Bignon. Celui-ci, neveu de Pontchartrain qui assure sa fortune, appartient à une famille de magistrats et d'érudits. Reçu à l'Académie française en 1693, il est chargé par Louis XIV de rédiger de nouveaux règlements pour l'Académie des sciences (1699) et pour l'Académie des inscriptions (1701). Comme directeur de la Librairie, il protège activement les diverses Académies (notamment celle des sciences) et s'intéresse de près aux travaux des grands érudits de son temps. Mais sa fonction en fait surtout le chef de la censure royale. Il officialise la pratique du privilège, local ou général, accordé pour tel livre à un imprimeur-libraire, distincte de celle de la simple permission. A la demande de Louis XIV, les pièces de théâtre deviennent à leur tour, en 1701, l'objet d'une censure préalable.

Mais cette censure de toute la production littéraire ne peut empêcher la diffusion en France d'ouvrages que leurs auteurs font imprimer à l'étranger, surtout en Hollande, dans la mesure où ils savent que la censure n'en autoriserait pas l'impression en France. Bossuet dénonce cette pratique, en 1693, à propos d'un livre de Richard Simon imprimé en Hollande : « C'est un de ces livres qui, ne pouvant trouver approbateur dans l'Église catholique, ni par conséquent de permission pour être imprimé parmi nous, ne peuvent

Les années de misère

paraître que dans un pays où tout est permis, et parmi les ennemis de la foi. Cependant, malgré la sagesse et la vigilance du magistrat, ces livres pénètrent peu à peu ; ils se répandent, on se les donne les uns aux autres ; c'est un attrait pour les faire lire qu'ils soient recherchés, qu'ils soient rares, qu'ils soient curieux : en un mot, qu'ils soient défendus. » C'est le cas aussi des ouvrages jansénistes ou protestants écrits par des auteurs français qui ont trouvé refuge en Hollande. De même, des traductions françaises d'auteurs étrangers, tel John Locke, pénètrent en contrebande et sont diffusées sous le manteau.

C'est au nom de Descartes, de son rationalisme et de son doute méthodique qu'est remis en cause le principe d'autorité. Bossuet est très conscient du danger que représentent la « philosophie cartésienne » et ses « principes mal entendus » : « Sous prétexte qu'il ne faut admettre que ce que l'on entend clairement, ce qui réduit à de certaines bornes est très véritable, chacun se donne la liberté de dire : "J'entends ceci et je n'entends pas cela", et sur ce seul fondement, on approuve ou on rejette tout ce qu'on veut. » Certes, l'oratorien Nicolas Malebranche s'efforce, dans sa *Recherche de la vérité* (1674) et ses *Méditations chrétiennes* (1683), de concilier la physique cartésienne et la métaphysique augustinienne. Mais il ne convainc ni Antoine Arnauld, ni Bossuet qui lui reprochent certaines hardiesses de pensée et taxent de panthéisme sa conception d'un Dieu omniprésent et soumis à l'ordre universel.

C'est surtout à partir des années 1680 que s'engage le combat entre les partisans de la raison et les défenseurs de la religion, les « rationaux » et les « religionnaires », comme dira Pierre Bayle. C'est à la compagnie de l'Oratoire, gagnée très tôt au cartésianisme et au jansénisme, qu'appartient, comme Malebranche, Richard Simon dont l'*Histoire critique du Vieux Testament*, parue en 1678, fonde l'exégèse biblique. Certes, dans le même temps, les bénédictins de Saint-Maur, notamment dom Mabillon, inaugurent leurs travaux d'érudition et de critique, expurgeant des vies de saints médiévales les légendes qui les encombraient et fondant l'histoire ecclésiastique sur de solides bases critiques. Mais Richard Simon s'attaque, lui, à la Bible, livre inspiré, dépôt de la parole de

Dieu, et l'étudie en philologue, comme n'importe quel document historique, indépendamment de toute théologie et de tout dogme. Son livre et les suivants qui dénoncent certaines altérations des différentes versions de la Bible suscitent les violentes réactions tant des protestants que des catholiques, l'infatigable Bossuet en tête. Exclu de l'Oratoire, ses livres mis à l'index, Simon se retire dans une cure de Normandie.

Tout aussi dangereuses sont les attaques menées contre les miracles. La comète étudiée par Halley en 1682 est l'occasion pour Pierre Bayle, protestant français réfugié en Hollande, de publier en 1683 ses *Pensées [...] à l'occasion de la comète*, suivies d'une *Addition* en 1694. Il tourne en ridicule la croyance selon laquelle les comètes sont des présages de calamités, puis, élevant le débat, il en arrive à nier toute valeur au consentement universel, à la tradition, au miracle, au surnaturel. L'ironique et impertinente *Histoire des oracles* écrite en 1686 par Fontenelle aboutit à peu près aux mêmes conclusions. En 1695-1697, Bayle, qui dirige depuis 1683 une gazette au rayonnement européen, *Les Nouvelles de la République des lettres*, publie les deux volumes de son *Dictionnaire historique et critique*, un des ouvrages les plus importants du siècle. Le but initial de Bayle, érudit passionné d'exactitude, est de redresser les erreurs de fait et les omissions des autres dictionnaires, notamment celui de Moréri publié en 1674. Le livre n'est donc pas conçu au départ comme une œuvre de combat, mais il va le devenir. Bayle y dénonce en effet les falsifications de la tradition et défend à la fois la raison, capable d'atteindre seule à une certaine connaissance de Dieu, la morale naturelle séparée de toute métaphysique, la tolérance fondée sur l'impossibilité où se trouvent les théologiens d'apporter des certitudes absolues. Bayle est peut-être resté toute sa vie un chrétien authentique, mais son *Dictionnaire*, lu dans toute l'Europe, n'en contribue pas moins à semer le doute, à ruiner les dogmes et à miner la religion révélée. Devant ces diverses attaques, catholiques et protestants essaient de dresser un barrage efficace. Arnauld, Fénelon, Bossuet, les jésuites contre-attaquent la plume à la main. Les pasteurs Pierre Jurieu et Élie Benoist essaient de réfuter Bayle. En fait, si, vers 1715, la querelle n'intéresse encore que quelques milieux intellec-

Les années de misère

tuels et ecclésiastiques, il n'en reste pas moins que le mouvement philosophique y est déjà en germe.

La critique n'épargne pas non plus la monarchie absolue. Il ne s'agit pas ici du mécontentement populaire qui s'exprime, on l'a vu, à différentes occasions, notamment lors des grandes crises de subsistances, mais sans que ces « émotions » revêtent jamais la gravité qu'elles avaient eue au temps de Richelieu et de Mazarin. Il s'agit d'une critique indirecte et limitée à quelques individus ou à quelques cercles restreints. Pierre de Boisguillebert, lieutenant de police de Rouen, publie, en 1695, le *Détail de la France, ou traité de la cause de la diminution de ses biens et des moyens d'y remédier,* et en 1706 le *Factum*. Il y développe l'idée que les théories « mercantilistes » ont démontré leur nocivité et que les moyens pour sortir des difficultés seraient de libéraliser l'économie, de cesser de sacrifier l'agriculture à l'industrie et au commerce, de réformer la fiscalité, directe et indirecte, qui est injuste et inadéquate. Il dénonce violemment les traitants et autres financiers, « harpies », « sangsues d'État ». La publication du *Factum* lui attire l'inimitié du contrôleur général Chamillart qui fait condamner le livre et relègue un moment son auteur en Auvergne.

De son côté Vauban, ému par la misère du peuple et soucieux d'y porter remède, fait imprimer sans autorisation en 1707 un ouvrage intitulé *Projet d'une dîme royale qui supprimant la taille, les aides [...] et tous les autres impôts [...] produirait au roi un revenu certain et suffisant [...].* Cette dîme royale, proportionnelle à la richesse de chacun, reposerait sur l'ensemble des productions du royaume, c'est-à-dire les « fruits de la terre » et les revenus des immeubles, des rentes et des bénéfices des artisans et marchands, outre des droits sur les produits de luxe et sur le sel sous forme d'une gabelle uniformisée. Ce projet est révolutionnaire dans la mesure où, égalitaire, il fait bon marché des fondements inégalitaires de la société d'Ancien Régime. En outre, comme l'a bien vu Saint-Simon, il sape à la base le système fisco-financier : « Ce livre avait un grand défaut : il donnait à la vérité au roi plus qu'il ne tirait par les voies jusqu'alors pratiquées, il sauvait aussi les peuples de ruine et de vexations, et les enrichissait en leur laissant tout ce qui n'entrait point dans les coffres du roi, à peu de choses près ; mais il ruinait une armée de financiers, de commis, d'employés de toute espèce, il les réduisait à chercher à vivre à leurs dépens et non plus à ceux du public, et il sapait par les fondements des fortunes immenses qu'on voit naître en si peu de temps. C'était déjà de quoi échouer. » Le mécontentement du roi, réel, n'a pas le temps de se traduire par une prétendue disgrâce qui n'est que légende, puisque Vauban, malade, meurt le 30 mars. La mort de l'auteur et l'interdiction du livre n'empêchent pas le succès de celui-ci qui connaît plusieurs éditions clandestines successives en 1707 et 1708.

Saint-Simon, ami et admirateur de Boisguillebert et de Vauban, est aussi l'un des membres du cercle qui s'est constitué, à la cour, autour du jeune duc de Bourgogne. Il y a le duc de Beauvillier, gouverneur de celui-ci depuis 1689 et membre du conseil d'en-haut depuis 1691, son beau-frère le duc de Chevreuse, ami et conseiller officieux de Louis XIV, Fénelon, précepteur du jeune duc depuis 1689. Ce petit cercle, un moment agité par l'affaire du quiétisme qui vaut à Fénelon d'être exilé dans son diocèse de Cambrai en 1697, porte sa réflexion sur les malheurs du temps et les moyens d'y porter remède. Ces aristocrates, qui supportent mal le despotisme du vieux monarque et les conséquences désastreuses de sa politique belliqueuse, rêvent de ce que pourrait être le gouvernement du royaume lorsque le duc de Bourgogne, qu'ils ont élevé dans cette perspective, accédera au trône. Les idées qu'ils élaborent sont déjà en germe dans les *Aventures de Télémaque* de Fénelon, livre imprimé et diffusé en fraude dans le royaume à partir de 1699 (à l'insu, semble-t-il, de son auteur). Elles sont systématisées, en novembre 1711, dans les *Plans de gouvernement pour être proposés au duc de Bourgogne*, dits *Tables de Chaulnes* et rédigés par Fénelon et Chevreuse au lendemain de la mort de Monseigneur qui faisait de leur ancien élève le futur roi de France, pour peu de temps puisqu'il mourra l'année suivante. Outre l'urgence de conclure la paix, fût-ce au prix de l'abandon de quelques conquêtes antérieures comme Arras et Cambrai, les auteurs préconisent une monarchie dans laquelle l'aristocratie, rénovée et débarrassée de tous les usurpateurs de noblesse, retrouverait ses anciennes préroga-

Les années de misère

tives et contrôlerait efficacement l'autorité royale pour l'empêcher de tourner au despotisme. Les états provinciaux et, tous les trois ans, les états généraux dominés par la noblesse voteraient l'impôt annuel sur les revenus de la terre qui se substituerait à tous les impôts existants, et délibéreraient de la paix et de la guerre. La liberté économique serait rétablie et l'agriculture, remise à l'honneur. Ce programme, à la fois rétrograde et novateur, nourrira, jusqu'à la fin de l'Ancien Régime, un courant d'opposition aristocratique à la monarchie absolue.

La critique s'étend aussi à certains aspects du classicisme littéraire et artistique. En 1687, Charles Perrault, dans un poème lu à l'Académie française et intitulé « Le siècle de Louis le Grand », affirme que les poètes du XVIIe siècle sont supérieurs aux poètes de l'Antiquité. L'année suivante, Fontenelle, dans une *Digression sur les Anciens et sur les Modernes*, condamne l'autorité tyrannique des premiers au nom de la raison et du progrès : « Rien n'arrête tant le progrès des choses, rien ne borne tant les esprits que l'admiration excessive des Anciens. » Il prend entre autres comme exemple la longue stagnation des sciences du fait d'un respect exagéré à l'égard de l'autorité d'Aristote : « Parce qu'on s'était tout dévoué à l'autorité d'Aristote, et qu'on ne cherchait la vérité que dans ses écrits énigmatiques et jamais dans la nature, non seulement la philosophie [la science] n'avançait en aucune façon, mais elle était tombée dans un abîme de galimatias et d'idées inintelligibles, d'où l'on a eu toutes les peines du monde à la retirer. » Boileau proteste immédiatement et rappelle les grands thèmes de l'idéal classique ; à leur tour, La Fontaine, Racine, Bossuet disent tout ce qu'ils doivent aux Anciens. En 1714, l'affaire rebondit à propos d'Homère et de la publication d'une version de *L'Iliade*, par Houdar de La Motte, ami de Fontenelle. Cette médiocre traduction provoque les vives réactions d'une illustre helléniste, Mme Dacier, dont les arguments en faveur du respect dû à Homère ne sont pas toujours fondés. L'année suivante, Fénelon tente avec adresse de réconcilier les deux camps dans sa *Lettre à l'Académie*. Cette longue querelle des Anciens et des Modernes, pour mesquine et même mal posée qu'elle apparaisse à bien des égards, n'en est pas moins importante : elle marque la fin de l'équilibre classique et annonce le XVIIIe siècle.

Dans le domaine artistique, la tutelle étroite exercée par Louis XIV et Colbert, relayés par Charles Le Brun et les académies, se relâche peu à peu après la mort de Le Brun en 1690. Désormais, plus que la cour, c'est la ville qui fait le goût : les difficultés financières entraînent une diminution des commandes de l'État au profit des grands bourgeois, des financiers enrichis, de certains nobles. A côté du grand art officiel, se fait jour un art plus simple qui veut être avant tout art de liberté et d'agrément. Ce que l'on appellera bientôt le « goût moderne » est surtout sensible dans la décoration : la chapelle de Versailles est le premier édifice mémorable où apparaît ce retour offensif de la grâce, de la fantaisie et du pittoresque, en attendant les premières manifestations du style « rocaille ». En peinture, face aux « poussinistes », disciples de l'éminent peintre classique et attachés à la primauté du dessin, les « rubénistes » se réclament du chef de file de la peinture baroque et insistent sur la portée de la couleur. Si le grand rival de Le Brun, Pierre Mignard, qui lui succède comme peintre du roi en 1690, n'est qu'un décorateur assez fade, Nicolas de Largillière et Hyacinthe Rigaud se révèlent des coloristes d'importance. Quant à Antoine Watteau, qui meurt à trente-sept ans en 1721, c'est un admirateur de Rubens et des Vénitiens : la poésie et la grâce mélancolique de ses premières « fêtes galantes » appartiennent à un tout autre univers que celui de l'académisme de Louis XIV et de Charles Le Brun. Ainsi, vers 1715, se dessine cette synthèse du classicisme architectural et du baroque décoratif qui caractérisera l'art français de la première moitié du XVIIIe siècle.

Les affaires religieuses.

Beaucoup plus concrètement que les grands débats d'idées, les affaires religieuses réservent bien des soucis et des mécomptes à Louis XIV qui, avec l'âge, est devenu dévot et presque « ultramontain ». Si le conflit avec la papauté est réglé à l'amiable et si l'affaire du quiétisme est

Les années de misère

assez vite étouffée, en revanche la querelle janséniste rebondit, et surtout le protestantisme, nullement extirpé, pose de redoutables problèmes. La mort du pape Innocent XI en 1689 permet d'entrevoir la fin du conflit qui oppose le roi à la papauté depuis l'affaire de la Régale en 1673. Ce conflit, entretenu par l'intransigeance des deux adversaires, ne pouvait s'éterniser sans risques graves. En effet, depuis 1682, le pape refusait de donner l'investiture canonique aux nouveaux évêques nommés par le roi, si bien qu'en 1688 35 diocèses du royaume sont sans titulaire. Louis XIV décide de chercher une formule de transaction avec les successeurs d'Innocent XI, Alexandre VIII (1689-1691), puis le conciliant Innocent XII (1691-1700). C'est enfin chose faite en 1693 : le pape accepte l'extension du droit de régale et investit les évêques nommés depuis 1682 ; en revanche, le roi et l'épiscopat retirent la *Déclaration des quatre articles*. Cette solution qui marque un recul sensible du gallicanisme, tant politique qu'ecclésiastique, est facilitée par l'attitude de nombreux évêques qui, tel Fénelon, voient dans les « libertés de l'Église gallicane » un risque de servitude à l'égard du pouvoir temporel. De son côté, Louis XIV, sous l'influence de Mme de Maintenon et de son confesseur jésuite le père La Chaise, a pris conscience qu'un rapprochement avec Rome était indispensable pour mieux lutter contre les diverses dissidences religieuses.

Cela est vrai notamment dans le cas du quiétisme. C'est vers 1685 que les idées quiétistes développées en Italie par un théologien espagnol établi à Rome, Miguel de Molinos, commencent à pénétrer en France. Pour les *quietisti*, le meilleur chemin vers l'union à Dieu, c'est le repos (*quies*) et l'inaction absolus, l'indifférence aux œuvres, la contemplation du pur amour de Dieu. Ces idées sont reprises par une pieuse laïque, Mme Guyon, qui, sous l'influence d'un religieux, le père La Combe, publie en 1685 le *Moyen court et très facile pour faire oraison*, dans lequel elle expose les divers degrés de l'oraison mystique, le dernier étant le repos, le silence et la totale passivité. Installée à Paris en 1686, elle est introduite dans le cercle dévot des duchesses de Beauvillier et de Chevreuse, mais se heurte bientôt à l'hostilité de l'archevêque de Paris, Harlay de Champvallon. La condamnation de Molinos par le Saint-Office en 1687 sert de prétexte à une offensive contre le père La Combe et Mme Guyon, accusés de répandre des idées très proches du quiétisme. Le père La Combe est enfermé à la Bastille et, en janvier 1688, Mme Guyon est internée chez les visitandines de Paris. Elle en sort en septembre sur l'intervention de Mme de Maintenon qui l'introduit à Saint-Cyr qu'elle vient de fonder. Elle a fait en outre la connaissance de Fénelon et entretient avec lui une correspondance assidue. Mais bientôt Mme de Maintenon s'inquiète de l'influence qu'elle prend sur les jeunes pensionnaires de Saint-Cyr et fait soumettre ses écrits et ceux de Fénelon à Bossuet, évêque de Meaux depuis 1681. Celui-ci, très méfiant par tempérament à l'égard des effusions mystiques, réunit à Issy quelques personnalités ecclésiastiques et, à la suite d'entretiens avec elles, rédige en 1695 34 articles, d'ailleurs ambigus et modérés, que Fénelon accepte de signer, malgré ses réticences. Cependant, victime d'une campagne de calomnies, Mme Guyon est emprisonnée à Vincennes en décembre 1695, puis à la Bastille. La querelle entre Bossuet et Fénelon, que le roi vient de nommer archevêque de Cambrai, éclate alors au grand jour. A l'*Explication des maximes des saints*, publiée par Fénelon en 1697, répond, l'année suivante, la *Relation sur le quiétisme*, dans laquelle Bossuet accuse, avec hargne et sans véritables preuves, l'archevêque de Cambrai de reprendre à son compte les thèses les plus extrêmes imputées à Molinos. Fénelon en appelle à Rome, mais le pape Innocent XII, hostile au gallican Bossuet et peu convaincu par les arguments de celui-ci, hésite à se prononcer. L'évêque de Meaux se tourne alors vers Louis XIV qui obtient du pape, en mars 1699, la condamnation de 23 propositions tirées des *Maximes des saints*, sans toutefois qu'elles soient qualifiées d'hérétiques. Fénelon, disgracié et exilé à Cambrai, se soumet avec beaucoup de dignité. Les autres « quiétistes » imitent sa soumission et l'affaire n'a pas de prolongements.

Il n'en est pas de même du jansénisme. En fait, la « paix de l'Église » de 1669 n'a rien résolu et les jansénistes n'ont rien renié de leurs positions dogmatiques et morales. Toute controverse cesse, ou presque, mais la « secte » consolide sans bruit ses positions, à Paris et en province, dans la noblesse et la bourgeoisie de robe, dans le bas clergé et certains ordres religieux, comme les oratoriens et les dominicains, cependant que Port-Royal des Champs reste le bastion intransigeant qu'il a toujours été. En 1679, le roi, inquiet du rayonnement du monastère et persuadé que les idées jansénistes constituent un danger pour l'absolutisme monarchique, interdit aux religieuses de recevoir des novices et contraint Antoine Arnauld à l'exil. Au lendemain de la mort de celui-ci à Bruxelles en 1694 et de celle de Nicole en 1695, l'oratorien Pasquier Quesnel fait figure de chef du « parti ». Il a publié en 1693 le *Nouveau Testament en français, avec des Réflexions morales sur chaque verset,* réédition d'un ouvrage antérieur. Les *Réflexions morales* rencontrent immédiatement un grand succès et reçoivent l'approbation de nombreux évêques. Quesnel y reprend l'esentiel des idées de Jansénius et d'Arnauld sur la grâce, mais il y défend aussi certaines thèses gallicanes sur l'indépendance nécessaire à l'égard de Rome et les idées démocratiques de Richer sur le rôle des curés aux côtés des évêques. Ainsi, ce second jansénisme, ou quesnellisme, diffère assez profondément du premier et apparaît aux théologiens romains, aux jésuites et à de nombreux évêques français comme un ensemble confus d'augustinisme, de gallicanisme et de richérisme, capable de mettre en question non seulement le dogme catholique, mais la primauté du pape et toute l'organisation hiérarchique de l'Église. En revanche, le succès de ce second jansénisme dans les milieux parlementaires et de robe s'explique en partie par ses tendances gallicanes et, au sein du bas clergé, par ses tendances richéristes. A cet égard, l'édit d'avril 1695 qui donne pleins pouvoirs aux évêques en matière d'œuvres d'assistance et d'enseignement et renforce leur autorité sur les curés de paroisse peut apparaître comme une riposte au quesnellisme de beaucoup de ceux-ci.

En 1701, le conflit se rallume au sujet de l'affaire dite du « cas de conscience ». Le 20 juillet 1701, quarante théologiens de la Sorbonne répondent par l'affirmative à la question qui leur a été posée par le curé d'une paroisse de Clermont : peut-on accorder l'absolution sur son lit de mort à un ecclésiastique qui accepte la condamnation des cinq propositions, tout en gardant un « silence respectueux » sur leur attribution à Jansenius ? Les jésuites, ainsi que des évêques comme Fénelon, Bossuet et d'autres, s'élèvent contre une telle réponse, et une vive polémique s'engage. Louis XIV, fidèle à sa nouvelle politique « ultramontaine », demande au pape Clément XI une condamnation formelle du « silence respectueux », qu'il obtient en 1705 par la bulle *Vineam Domini*. Le 29 octobre 1709, les dix-sept dernières religieuses de Port-Royal des Champs, sommées de signer la bulle, refusent et sont dispersées sans ménagement en divers couvents par les archers du lieutenant de police. Quelques mois plus tard, le monastère est entièrement détruit sur l'ordre du roi : on commença par le cimetière, puis, écrit Saint-Simon, amer, « on procéda à raser la maison, l'église et tous les bâtiments, comme on fait les maisons des assassins des rois, en sorte qu'enfin il n'y resta pas pierre sur pierre ; tous les matériaux furent vendus et on laboura et sema la place ; à la vérité, ce ne fut pas de sel : c'est toute la grâce qu'elle reçut ». Loin de désarmer, les jansénistes profitent de l'émotion provoquée par cette destruction. De plus, ils se savent soutenus plus ou moins ouvertement par quelques évêques, dont le cardinal de Noailles, archevêque de Paris.

Le protestantisme est, pour le roi, une source plus dramatique encore de difficultés et de désillusions. Très vite, on l'a vu, une fois passé les applaudissements des thuriféraires, les autorités et l'opinion catholique se rendent compte que l'édit de Fontainebleau, qui était censé prendre acte de la disparition de la R. P. R., a posé brutalement la question protestante en des termes tout nouveaux. D'une part, l'exode a été massif, cependant que, sous la fiction de l'étiquette N. C., les protestants restent nombreux dans le royaume. Ici ou là, certains d'entre eux réussissent à se réunir en assemblées clandestines, au « désert », et à négliger l'église paroissiale malgré les obligations qui découlent de leur « conversion » officielle. D'autre part, des catholiques, et à leur tête des évêques comme Fléchier ou Bossuet, s'inquiètent des conditions dans lesquelles sont obtenues beaucoup de ces conversions, ce qui entraîne à l'évidence le risque grave du sacrilège : n'en est-ce pas un que de contraindre à la communion un N. C. qui est resté réformé de cœur ? Après une large

Les années de misère

consultation des évêques et des intendants, Louis XIV rappelle, dans une déclaration du 13 décembre 1698, toute la rigueur des principes, mais recommande d'éviter toute contrainte dans leur application à l'égard de « ceux de la religion prétendue réformée », dont il reconnaît ainsi implicitement l'existence dans son royaume.

Cet assouplissement au régime d'intolérance légale instituée par l'édit de Fontainebleau ne résout rien, dans la mesure où il n'arrête pas sur place les violences des autorités. Ces violences se manifestent surtout en Bas-Languedoc et dans les Cévennes, pour répondre à un mouvement d'illuminisme populaire propagé par les « prédicants ». Il s'agit, on l'a dit, non de pasteurs, exécutés ou en fuite, mais de simples fidèles, souvent très jeunes et de milieu modeste, qui vont de village en village pour soutenir la résistance en annonçant l'imminence du Jugement dernier et de la vengeance de Dieu. Ce prophétisme enflamme les auditoires et débouche bientôt sur des prises d'armes. L'assassinat, le 24 juillet 1702, de l'abbé du Chayla, archiprêtre de Mende, qui s'était signalé par sa hargne à l'égard des réformés, est le signal de la révolte des Cévennes, entre Mende et Alais. Les paysans et bergers cévenols, les « camisards » comme on les surnommera par allusion à la chemise que certains portent en signe de ralliement, sont encadrés non par des notables, mais par des petits artisans, comme Abraham Mazel ou Jean Cavalier, ou des bergers, comme Pierre Laporte, dit Roland. Ils ne sont guère plus de 2 000 à 3 000, mais réussissent, grâce à leur connaissance du pays et à la complicité des habitants, à tenir en échec les troupes royales. En janvier 1703, Jean Cavalier met en déroute le comte de Broglie, commandant les troupes en Languedoc. Pendant près de trois ans, de juillet 1702 à janvier 1705, en pleine guerre de Succession d'Espagne, les « fanatiques », comme on les appelle à la cour, poursuivent leur résistance. Pour essayer d'en finir, le maréchal de Montrevel, envoyé sur place, décide de pratiquer la tactique de la terre brûlée pour couper les révoltés de leurs bases : les populations des villages les plus opiniâtres sont regroupées dans des bourgs fortifiés et les hameaux et mas isolés, livrés aux flammes. C'est le « grand brûlement des Cévennes » de 1703. Mais rien n'y fait. Au début de

1704, Villars est envoyé sur place avec 20 000 hommes. Quoi qu'il en dise dans ses *Mémoires*, il commence par agir comme ses prédécesseurs, mais il a la chance d'obtenir très vite la soumission de Jean Cavalier, le 16 mai 1704. La plupart des anciens compagnons de celui-ci le désavouent et n'entendent pas son appel à la soumission. Pourtant, dans les mois suivants, impitoyablement pourchassés, ils doivent cesser la lutte, à l'exception de quelques bandes armées qui, avec Mazel, réussiront à tenir le pays jusqu'en 1710. Mais la flamme de la résistance huguenote n'est pas éteinte.

8

La guerre incessante
1689-1714

La guerre de la Ligue d'Augsbourg, 1689-1697.

Durant près de neuf ans, la France, isolée, doit faire face à la plus puissante coalition qu'elle a jamais eu à combattre. Pourtant, le rapport des forces est moins défavorable qu'il n'y paraît. D'abord, le royaume a pour lui sa population qui en fait le pays le plus peuplé du continent, et son territoire, ramassé, est désormais bien protégé sur toutes ses frontières, terrestres et maritimes, par la « ceinture de fer » édifiée par Vauban. En outre, son isolement même a un avantage inappréciable : l'unité de vue et d'action face à des coalisés dont les intérêts sont divers et parfois divergents. Léopold doit compter avec les impératifs de la guerre qu'il poursuit contre les Turcs. Les Anglais doivent faire face à l'hostilité des Irlandais et aux manœuvres des « jacobites », partisans d'une restauration de Jacques II. Au-delà de la personne de Guillaume, les points de vue des Hollandais et des Anglais s'opposent à beaucoup d'égards, sur mer et outre-mer. Les Espagnols, maîtres des Pays-Bas, entretiennent à l'encontre des Hollandais une méfiance, d'ailleurs réciproque.

Sur le plan militaire, la France ne peut aligner théoriquement, en 1689, que 150 000 hommes en campagne, contre 220 000 pour les coalisés. Dès 1688, Louvois, conscient du problème, institue la milice royale, dite aussi provinciale. Elle est destinée à servir de force auxiliaire à l'armée régulière et, accessoirement, de réserve de recrues pour celle-ci. Contrairement aux projets de Vauban, il ne s'agit donc pas d'instituer un service militaire obligatoire qui aurait assuré le recrutement de toute l'armée royale et auquel aurait été astreinte toute la population masculine en âge de porter les armes. Pour Louvois, il ne s'agit que d'un expédient et d'un appoint. Le 20 novembre 1688, les intendants reçoivent l'ordre de lever dans chaque paroisse un certain nombre d'hommes célibataires ou mariés sans enfant, de vingt à quarante ans, ce nombre étant fonction de la contribution de la paroisse à la taille. A partir de 1692, le choix se fera par tirage au sort. Équipés et soldés aux frais de leur paroisse, les miliciens étaient pris en charge par le roi à partir de leur incorporation dans l'armée, en principe pour deux ans. Mais, du fait de nombreuses exemptions, la milice ne pèse pratiquement que sur les habitants les plus pauvres des seules paroisses rurales et devient tout de suite très impopulaire. Dans la crainte de tirer un mauvais numéro, des jeunes gens se marient à la hâte, se mutilent ou se cachent dans les bois, en dépit des peines encourues. En 1694, on compte 70 000 miliciens sous les armes, utilisés surtout dans la défense des places fortes, en raison de leur faible valeur militaire. Ils seront moins de 60 000 en 1697 et seront tous licenciés à la signature de la paix. En dehors du problème du recrutement, l'armement des troupes a peu évolué par rapport à la guerre de Hollande. Tout au plus peut-on signaler l'introduction de la baïonnette à douille, mise au point par Vauban en 1687, et, dans l'artillerie, la création de deux régiments autonomes, Royal Artillerie et Royal Bombardier. Enfin, sans faire oublier Turenne et Condé, Luxembourg, Catinat, Vendôme, outre Vauban, toujours actif, sont de remarquables généraux, prêts à appliquer sur le terrain la stratégie conçue par Louvois et Chamlay et approuvée par Louis XIV.

Le puissant ministre est de plus en plus partisan de la « stratégie des accessoires » : sièges des villes, « terre brûlée », lente occupation du terrain conquis, batailles défensives. Certes, les campagnes éclair et les batailles de destruction de l'armée ennemie ne sont pas théoriquement exclues. Mais une armée coûte trop cher et les enjeux sont désormais trop importants pour que l'on puisse envisager facilement de tout miser sur un coup de dés. C'est à cette nouvelle stratégie qu'obéissent les opérations du début de la guerre, notamment l'occupation et la dévastation du Palatinat. La mort brutale de Louvois, à Versailles, le 16 juillet 1691, ne remet pas en cause cette option, dans la mesure où son fils Barbezieux lui succède et que Chamlay, toujours dans la confiance du roi, continue à jouer un rôle discret, mais efficace. Il est vrai qu'en face les coalisés disposent d'atouts importants : le nombre – on l'a dit – et la possibilité, qui en résulte, d'aligner, au cours du conflit, des soldats sans cesse plus nombreux ; l'entraînement des troupes impériales aguerries dans leurs campagnes contre les Turcs ; la valeur de plusieurs de leurs généraux, Guillaume d'Orange et le prince de Waldeck.

Du fait de la présence des Anglais dans la coalition, la guerre se joue aussi sur mer, plus encore que par le passé. Or, là aussi, stratégie et tactique évoluent, et de façon encore plus nette. Au cours de la guerre de Hollande, Vauban a découvert les activités du port de Dunkerque, qui est alors le principal port français d'armement de corsaires, et il est devenu un partisan résolu de la guerre de course dans laquelle il voit un moyen efficace de venir à bout d'adversaires comme l'Angleterre, la Hollande ou l'Espagne, en détruisant leur commerce et en les asphyxiant économiquement. Efficace, cette « guerre de commerce » a aussi, aux yeux de Vauban, l'énorme avantage d'être beaucoup moins coûteuse que la guerre d'escadre qui nécessite la construction et l'entretien de navires de plus en plus lourds, chers et nombreux. Le navire corsaire, lui, n'est qu'un bateau marchand qui, freiné dans ses activités normales à cause de la guerre et muni provisoirement d'artillerie, est utilisé par son capitaine pour donner la chasse aux bateaux de commerce de l'ennemi, les capturer et s'en approprier la marchandise, le tout sous couvert de lettres de marque délivrées par les autorités royales à l'encontre, évidemment, des seuls bâtiments naviguant sous pavillon ennemi (le corsaire qui attaque un bateau neutre devient *ipso facto* un pirate). En outre, le roi peut prendre lui-même l'initiative de campagnes de course menées par des officiers de la marine royale montés sur des bâtiments de la flotte, opérant soit seuls, soit en accompagnant des bateaux marchands d'armement privé. L'ordonnance de marine de 1681, qui vise à fixer « les principaux devoirs des gens de mer », a défini avec rigueur les droits et les devoirs du corsaire, cependant qu'il existe depuis 1676 un conseil des prises, composé de juristes chargés de veiller à la régularité des opérations et notamment à la perception du droit du dixième de la valeur des prises attribué à l'amirauté de France. De fait, entre 1689 et 1697, 5 680 bateaux ennemis de tout tonnage sont rançonnés ou capturés et emmenés dans des ports français, surtout Dunkerque et Saint-Malo. Le port breton, pour sa part, arme en moyenne une cinquantaine de navires corsaires par an, avec plus de 700 prises ou rançons entre ces deux dates, soit peut-être 200 millions de livres, immédiatement réinvestis dans diverses activités ; c'est le point de départ de l'extraordinaire prospérité du port malouin entre 1690 et 1720. Pourtant, au-delà de cet aspect positif, la guerre de course n'a pas menacé le commerce ennemi au point de forcer Anglais ou Hollandais à demander la paix. Il est vrai que l'on peut en dire autant de la course pratiquée par ces derniers à l'égard de la France. La pratique de la guerre de course se double, de part et d'autre, d'un durcissement radical de la guerre douanière amorcée en 1687. En septembre 1688, Louis XIV décide l'embargo sur tous les navires hollandais présents dans les ports français, mesure à laquelle les Provinces-Unies répliquent immédiatement en interdisant toute relation maritime et commerciale avec la France pour la durée de la guerre, ce qui n'avait pas été le cas lors de la guerre de Hollande. De son côté, l'Angleterre interdit, par le Prohibition Act de 1689, non seulement tout commerce avec la France, mais même la commercialisation des produits français, y compris ceux capturés par les corsaires anglais. En fait, le blocus qui résulte de cette guerre totale est tel, dans la mesure où il s'agit des trois plus grandes puissances commerciales de l'Europe, que les adversaires sont bientôt contraints, chacun de leur côté, de desserrer l'étau : la France recourt systématiquement aux pavillons neutres, portugais ou génois ; l'Angleterre et la Hollande acceptent la vente sur leurs marchés des produits français saisis par leurs propres corsaires.

S'estimant bien couvert du côté de l'Empire grâce aux nombreuses « réunions » faites depuis 1679, notamment l'occupation du Palatinat, Louis XIV décide de passer à l'offensive dans les îles Britanniques en tentant de restaurer Jacques II qui s'est réfugié en France où il a été reçu en roi et logé à Saint-Germain-en-Laye. Avec l'appui de la flotte fran-

La guerre incessante

çaise commandée par le médiocre Châteaurenault, Jacques II débarque le 22 mars 1689 en Irlande où il est accueilli avec enthousiasme par la population catholique. Il prend Dublin le 3 avril et y réunit le Parlement qui entreprend de revenir sur la législation antipapiste en vigueur. Mais, en août, Guillaume III envoie dans l'île des troupes commandées par Schomberg, maréchal de France, qui, huguenot, avait quitté le royaume après la Révocation et s'était mis au service de l'électeur de Brandebourg, puis de Guillaume d'Orange. Mais ses troupes étant inférieures en nombre à celles des Irlandais de Jacques II, Schomberg est contraint à la défensive dans l'Ulster jusqu'à l'arrivée de Guillaume III en Irlande en juin 1690. Le 11 juillet, Jacques II est défait à Drogheda, sur la Boyne, par Guillaume III et Schomberg, celui-ci trouvant la mort dans la bataille. Cependant, le même jour, les 70 vaisseaux de l'immense escadre de Tourville, partis de Brest le 23 juin, battent au large du cap Beachy Head (Béveziers pour les Français), les 57 vaisseaux anglo-hollandais commandés par Torrington. Victoire incontestable, puisque les Français détruisent une dizaine de navires ennemis et n'ont aucun bateau coulé, mais victoire sans portée : ne disposant d'aucun corps de débarquement, Tourville mouille devant Torbay, sur la côte méridionale de l'Angleterre, le 1er août, puis reprend la mer et regagne Brest le 17 août. Les Anglais, qui redoutaient un débarquement en liaison avec la guerre en Irlande et les menées jacobites en Angleterre, en sont quittes pour la peur, qui a été vive.

Avant que la tentative de restauration de Jacques II ait échoué (celui-ci regagne la France en août), Louis XIV doit faire face à une offensive générale des coalisés sur Paris à partir des Pays-Bas. Le maréchal de Luxembourg, placé à la tête de l'armée des Flandres, est chargé d'arrêter l'ennemi entre Sambre et Meuse, ce qu'il fait à Fleurus, le 1er juillet 1690 : après avoir simulé une attaque frontale, il entreprend un mouvement tournant qui assure la victoire de ses 41 000 hommes contre les 37 800 coalisés commandés par le prince de Waldeck ; les Français ont 2 000 tués, les alliés, 5 000, plus 9 000 prisonniers. Les nombreux drapeaux pris à l'ennemi et exposés à Paris valent à Luxembourg le surnom de

« tapissier de Notre-Dame ». Cette victoire arrête la tentative ennemie, mais n'est pas exploitée. L'année suivante, Louis XIV, accompagné du dauphin, de Monsieur, du duc de Chartres et de nombreux grands seigneurs, assiste à la prise de Mons, le 8 avril 1691, à l'issue d'un court siège dirigé par Vauban, et le 19 septembre Luxembourg est à nouveau vainqueur de Waldeck à Leuze près de Tournai. Dans les Alpes, Catinat a envahi le comté de Nice, le Piémont et la Savoie, après avoir battu, le 18 août 1690, à Staffarde, au nord-ouest de Saluces, les troupes du duc de Savoie renforcées de contingents espagnols et allemands.

En 1692, le roi tente à nouveau une restauration de Jacques II. Celui-ci a réussi à le persuader qu'il a encore de nombreux partisans dans son ancien royaume et que le débarquement d'un fort contingent de troupes, non plus en Irlande, mais en Angleterre même, a toutes chances de réussir. Le succès de l'expédition exigeait la concentration à Brest, comme en 1690, de l'essentiel de la flotte française, afin de chercher la destruction des flottes ennemies et de s'assurer la maîtrise de la Manche. Elle exigeait aussi la réussite de l'embarquement de troupes de terre suffisantes. Or, par suite du mauvais temps, l'escadre de Toulon ne peut rejoindre Brest comme prévu. Par ailleurs, pressé par les ordres du roi le sommant de livrer bataille au plus tôt et à tout prix, Tourville quitte Brest le 12 mai, avec 45 vaisseaux seulement, et ne peut empêcher la jonction des flottes anglaise et hollandaise qui comptent, à elles deux, quelque 90 vaisseaux de ligne, soit le double de la flotte française. La rencontre a lieu le 29 mai au large de Barfleur, au nord-est de la presqu'île du Cotentin. Malgré son infériorité numérique, l'escadre française est presque intacte après onze heures de combat, mais les flottes ennemies ne sont pas détruites et le débarquement en Angleterre ne peut qu'être ajourné. Tourville donne alors l'ordre aux vaisseaux français de regagner Brest. Malgré la brume et les courants, 20 d'entre eux réussissent à rallier Saint-Malo. Mais 15 autres, poursuivis par les vaisseaux ennemis, sont incendiés à la côte au large de La Hougue, les 1er et 2 juin. Venant après le demi-succès de Barfleur, les pertes de La Hougue sont lourdes, mais ne constituent nullement le désastre que l'on a dit. Il est vrai qu'après ces journées la maîtrise de la Manche par la Royal Navy ne sera plus jamais remise en question. Il est vrai aussi que l'interprétation défaitiste de l'événement favorisait en France les tenants de la guerre de course. Or depuis la mort de Seignelay en novembre 1690, ceux-ci derrière Vauban, Pontchartrain, Barbezieux et le clan Louvois semblent l'emporter et font pression sur le roi. Toutefois, même pour ceux-ci et *a fortiori* pour Louis XIV, le problème ne se ramène pas à un choix simpliste entre guerre d'escadre ou guerre de course. Au lendemain de La Hougue, l'effort financier en faveur de la marine royale ne se ralentit pas et les bateaux perdus sont rapidement remplacés. Mais l'accent est mis désormais sur la stratégie indirecte de la guerre économique, dans le but, comme l'écrit Vauban, « de donner un autre tour à la guerre de mer et la rendre dure et incommode aux ennemis ». Cette stratégie indirecte signifie, certes, l'intensification de la guerre de course, privée ou mixte, mais elle ne s'y réduit pas. Elle implique notamment une collaboration de la marine royale qui s'adapte à ce type de stratégie : à la formation en grandes escadres, se substitue le plus souvent le fractionnement en « escadrilles » destinées à harceler le commerce ennemi.

L'été suivant, la guerre reprend dans les Flandres où les coalisés projettent toujours l'invasion de la France. Louis XIV assiste le 5 juin 1692 à la prise de Namur, dernier siège qu'il préside en personne. Quelques semaines plus tard, le 3 août, le maréchal de Luxembourg bat à Steinkerque les troupes de Guillaume III qui avait cherché à l'attaquer par surprise ; la bataille est particulièrement meurtrière, les coalisés perdant 10 000 hommes. Un an plus tard, l'histoire semble se répéter : Luxembourg l'emporte à nouveau sur Guillaume, à Neerwinden, le 29 juillet 1693, à l'issue d'une journée non moins sanglante qui laisse sur le terrain 8 000 Français et 10 000 coalisés. Pas plus que les victoires précédentes, Neerwinden n'est exploitée par les vainqueurs, même pas, comme le soulignera plus tard Voltaire, pour faire le siège de Bruxelles ; toutefois, Charleroi est prise par les Français le 11 octobre 1693. Sur mer, Tourville intercepte, en juin 1693, au large de Lagos et du cap Saint-Vincent, sur la côte méridionale du Portugal, un convoi anglo-hollandais d'environ 140 bateaux marchands à destination de Smyrne et escortés par une trentaine de vaisseaux de guerre. Acculé au rivage, le convoi se disperse et une soixantaine de bateaux marchands sont capturés ou incendiés. La victoire française de Lagos est la preuve que guerre d'escadre et guerre de course ne sont pas aussi antinomiques qu'on l'a dit, et peuvent parfois se confondre.

Dès 1693, les belligérants, conscients qu'on ne peut espérer de résultat décisif ni de la guerre économique, ni de la fortune des armes et, en outre, épuisés financièrement, engagent des pourparlers plus ou moins secrets. Louis XIV lui-même semble opter pour la modération, mais refuse pourtant d'envisager de reconnaître Guillaume d'Orange comme roi d'Angleterre. Les opérations se poursuivent donc en 1694, mais mollement, d'autant plus qu'en France et dans les pays voisins, la terrible crise de subsistances que l'on sait fait des ravages dans la population et rend très difficile l'approvisionnement des troupes en campagne. Les Anglais échouent, en juin, dans une tentative de débarquement près de Brest défendue par Vauban et, en juillet, bombardent Dieppe et Le Havre. En outre, la guerre de course menée en mer du Nord et en Manche par Jean Bart depuis Dunkerque et par Duguay-Trouin depuis Saint-Malo leur porte des coups très durs. Ils ripostent par le bombardement des deux ports « corsaires » en juillet et août 1695. Sur le front des Flandres, où Villeroy remplace à la tête des troupes françaises Luxembourg mort le 4 janvier 1695, les coalisés perdent de plus en plus l'espoir d'envahir la France, bien que Guillaume réussisse à reprendre Namur en août 1695.

La décision du duc de Savoie de quitter la coalition va donner le signal de la paix. Par le traité de Turin, signé le 29 août 1696, Louis XIV rend au duc Victor-Amédée II les conquêtes de Catinat, lui cède Casal, achetée au duc de Mantoue en 1681, et lui restitue la forteresse de Pignerol, d'une grande importance stratégique, française depuis 1631. Le mariage du jeune duc de Bourgogne, qui a quinze ans, avec Marie-Adélaïde de Savoie, qui en a douze, scelle la réconciliation. D'autre part, les Anglais s'inquiètent de la résistance souvent victorieuse que leur opposent les Français en Amérique du Nord, non seulement en baie d'Hudson et à Terre-Neuve, mais à la frontière de la Nouvelle-France et de la Nouvelle-Angleterre. De leur côté, les Hollandais redoutent toujours une offensive française à travers les Pays-Bas, et les Espagnols sont directement menacés par la prise de Barcelone en août 1697 par le duc de Vendôme. C'est pourquoi les négociations ouvertes à Ryswick, près de La Haye, au début de 1697, entre le maréchal de Boufflers, pour la France, et le Hollandais Guillaume Bentinck, devenu lord Portland, pour le compte des Anglais et des Hollandais, aboutissent, le 21 septembre 1697, à des traités bilatéraux entre la France d'une part, l'Espagne, l'Angleterre et les Provinces-Unies d'autre part. L'empereur cède à son tour et, le 30 octobre, signe un traité avec la France, en son nom et au nom de l'Empire.

Si les alliés ont renoncé à ramener la France aux frontières de 1648-1659, les traités de Ryswick n'en marquent pas moins la première reculade du « roi de guerre ». Contraint par l'épuisement du royaume et l'incapacité de venir à bout de l'Europe coalisée, Louis XIV accepte de restituer toutes les réunions des années 1679-1689, à l'exception de Strasbourg, et toutes les conquêtes de la guerre, c'est-à-dire : Montbéliard, Fribourg, Brisach, Kehl, Philippsbourg, Deux-Ponts et le Palatinat rendus à l'empereur ou à leurs princes ; la Lorraine, moins Sarrelouis, rendue à son duc ; Luxembourg et ses dépendances, Courtrai, Mons, Ath, Charleroi et la Catalogne rendues à l'Espagne. La France retrouve donc les frontières de Nimègue, moins Fribourg, Brisach et Pignerol, mais plus Strasbourg et Sarrelouis. Par ailleurs, les deux affaires qui ont servi de prétexte à la guerre sont définitivement réglées au détriment de Louis XIV, qui reconnaît Joseph-Clément de Bavière comme archevêque électeur de Cologne et évêque de Liège et abandonne, moyennant indemnité, les prétentions de la duchesse d'Orléans sur le Palatinat. Les Provinces-Unies se voient accorder par la France d'importants avantages commerciaux et le droit de tenir garnison dans quelques places fortes des Pays-Bas espagnols voisines de la frontière française (places dites de la Barrière). Enfin, si Louis XIV se fait accorder par l'Espagne pleine souveraineté sur la partie occidentale de l'île de Saint-Domingue, il doit rendre à l'Angleterre les quelques conquêtes faites à ses dépens en Amérique du Nord et surtout, suprême humiliation, accepter de reconnaître Guillaume III et de ne plus soutenir les prétentions des Stuarts.

La paix de Ryswick représente donc pour la France, par rapport à la trêve de Ratisbonne, un important recul que le roi a accepté sans avoir été vraiment vaincu. Certes, il a réussi à conserver l'essentiel, c'est-à-dire l'Alsace et Strasbourg, et le prestige de ses armées est intact, sur terre et sur mer. Mais le temps de la magnificence et de l'hégémonie françaises est bien révolu ; celui de l'équilibre commence, dans une Europe où il faut désormais compter avec l'Angleterre en plein essor et la monarchie autrichienne agrandie et puissante, et où l'ouverture imminente de la succession espagnole représente le souci majeur de tous les chefs d'État.

La succession espagnole.

En 1697, Charles II, roi d'Espagne depuis 1665, n'a que trente-six ans, mais son état de santé, précaire depuis sa naissance, devient de plus en plus alarmant. Or il n'a d'enfant d'aucune de ses deux épouses successives. On a vu que, dès janvier 1668, dans la perspective de sa disparition, le roi de France et l'empereur Léopold, tous deux fils et époux d'infantes espagnoles, s'étaient mis d'accord, par un traité secret, sur un partage de la succession espagnole. Mais, depuis, l'empereur est revenu sur cet accord et, enhardi par ses succès face aux Turcs et face à Louis XIV, entend user pleinement de ses droits et réclamer, le moment venu, la totalité de l'héritage pous son second fils, l'archiduc Charles, né en 1685 d'un troisième mariage et élevé à l'espagnole dans cette éventualité. Face à cette prétention, Louis XIV, assagi par l'âge et l'expérience, prend conscience qu'il ne peut de son côté affirmer une prétention parallèle en faveur de son second petit-fils, le duc d'Anjou, et que son intérêt bien compris consiste à demander une partie seulement de l'héritage. En effet, les États européens ne toléreraient certainement pas que la totalité des possessions espagnoles reviennent soit à un Bourbon, soit à un Habsbourg de Vienne, au risque de compromettre l'équilibre établi à Ryswick. Avec beaucoup de sagesse et d'habileté, le roi prend l'intiative d'entamer des négociations avec ses deux grands adversaires de la veille, l'Angleterre et les Provinces-Unies, particulièrement intéressées non seulement à l'équilibre de l'Europe, mais aussi au sort des Pays-Bas et des colonies espagnoles. Malgré l'extrême méfiance de Guillaume III à l'égard de Louis XIV, les négociations aboutissent, le 13 octobre 1698, à l'accord de La Haye. Aux termes de ce compromis, l'essentiel de l'héritage, à savoir l'Espagne, les Pays-Bas et les colonies, reviendrait au prince électoral de Bavière, Joseph-Ferdinand, âgé de six ans, fils de Max-Emmanuel, duc de Bavière et gouverneur des Pays-Bas espagnols, et de l'archiduchesse Maria-Antonia elle-même fille de l'empereur et de l'infante Marguerite-Thérèse, sœur de Charles II (voir Tableau généalogique en annexe). Quant au reste de l'héritage, il reviendrait à l'archiduc Charles pour le Milanais, au dauphin pour Naples, la Sicile, une partie de la Toscane et la province basque du Guipuzcoa. Le duc de Bavière donne son assentiment, mais, en revanche, ni l'empereur qui veut tout pour son second fils, ni Charles II qui, en accord avec son peuple, entend préserver l'intégrité de la monarchie espagnole, ne sont prêts à reconnaître ce second traité de partage qu'ils ne connaissent qu'indirectement. Celui-ci est d'ailleurs bientôt caduc par la mort prématurée du jeune prince bavarois le 6 février 1699. Guillaume III suggère alors de donner le trône d'Espagne au duc Max-Emmanuel de Bavière, mais celui-ci n'a pas de sang espagnol et Louis XIV écarte cette solution. Les deux souverains anglais et français se mettent alors d'accord, le 25 mars 1700, sur un troisième traité de partage : l'archiduc Charles deviendrait roi d'Espagne, sous la double réserve qu'il s'engagerait à ne jamais réunir son royaume aux possessions autrichiennes et que la part prévue pour le dauphin en 1698 se trouverait augmentée du Milanais, avec possibilité d'échange de Naples et de la Sicile contre la Savoie et Nice, et du Milanais contre la Lorraine. Mais, une fois de plus, l'empereur et le roi d'Espagne refusent de donner leur garantie à ce nouveau partage.

Cependant, à Madrid, Charles II est tiraillé entre l'influence de sa seconde épouse, Marie-Anne de Bavière-Neubourg, belle-sœur de l'empereur, qui intrigue non sans maladresse en faveur de son neveu l'archiduc Charles, et celle d'un parti national castillan dont le puissant cardinal Portocarrero, chef du conseil d'État, se fait *in extremis* le porte-parole après avoir défendu longtemps la cause autrichienne. Ce parti national est à la fois farouchement opposé à toute idée de partage et favorable à une succession française dans la mesure où il estime que seule la France serait assez forte pour imposer cette solution à l'Europe. Ce point de vue est exprimé dans un mémoire adressé à Charles II en mai 1700 : « L'union indissoluble de cette vaste monarchie doit être, avant toute autre chose, le but de tous nos efforts ; c'est en elle que réside notre gloire nationale ; nous y sommes tous également intéressés, depuis la grandesse de ce royaume jusqu'à la dernière classe du peuple. Cette union nous impose le devoir de déférer la succession au sang de la maison de France. » Après avoir vaincu ses derniers scrupules à l'égard de ses cousins de Vienne et sollicité secrètement l'avis du pape, Charles II se décide enfin, le 2 octobre 1700, à refaire son testament : il interdit absolument tout partage de l'héritage espagnol et désigne comme son successeur le duc Philippe d'Anjou, second fils du dauphin, à condition qu'il renonce à tous ses droits à la couronne de France. A défaut du duc d'Anjou, l'ensemble de l'héritage reviendra à son cadet le duc de Berry et en cas de refus de l'un ou de l'autre, à l'archiduc Charles. Quatre semaines plus tard, le 1er novembre, Charles II, « moribond depuis sa naissance », meurt à Madrid.

Louis XIV, qui est alors à Fontainebleau, apprend la nouvelle le 9 et reçoit en même temps une copie du testament. Il se trouve devant un choix d'une exceptionnelle gravité : soit refuser pour ses petits-fils le testament de Charles II et s'en tenir au dernier traité de partage du 25 mars, soit accepter le testament et violer ce même traité. Dans les deux cas, c'est la certitude d'une guerre avec l'empereur. Mais, dans le premier cas, la France pourra compter sur l'appui de l'Angleterre et de la Hollande, signataires du traité ; en revanche, les Impériaux installés en Espagne et aux Pays-Bas menaceront directement le royaume. Dans le second cas, les puissances maritimes risquent fort de se ranger aux côtés de l'empereur ;

en revanche, l'Espagne ne sera plus adversaire, mais alliée. En dehors de ces incidences immédiates, la décision de Louis XIV va engager l'avenir : ou bien la France s'assure l'annexion de la Lorraine et de la Savoie grâce au traité et aux possibilités d'échange qu'il prévoit, ou bien elle renonce à ces agrandissements substantiels, mais s'assure l'avantage, considérable à tous égards, de voir régner à Madrid un Bourbon, non un Habsbourg.

Le 10 novembre, au cours de deux séances, longues et passionnées, du conseil d'en-haut, le roi consulte les quatre membres de celui-ci, Monseigneur, Ponchartrain, Beauvillier et Torcy. Si l'on en croit le témoignage de ce dernier, plus direct et plus sûr que celui de Saint-Simon, les quatre ministres intervinrent successivement. Torcy argumenta pour l'acceptation du testament ; Beauvillier fut partisan de s'en tenir au traité de partage ; Pontchartrain « conclut que le roi seul, plus éclairé que ses ministres, pouvait connaître et décider, suivant les lumières de Sa Majesté, ce qui convenait le mieux à sa gloire, à la famille royale, au bien de son royaume et de ses sujets » ; enfin Monseigneur se prononça, « sans hésiter », pour l'acceptation du testament. Sur quoi, ajoute Torcy, « le roi décida et voulut que la résolution qu'il prit d'accepter le testament, fut tenue secrète pendant quelques jours ». Cependant, il en fait part le soir même à l'ambassadeur d'Espagne. Le 15, il quitte Fontainebleau pour Versailles, sans que rien ait filtré de sa décision. « Le lendemain, mardi 16 novembre, raconte Saint-Simon, le roi au sortir de son lever fit entrer l'ambassadeur d'Espagne dans son cabinet, où M. le duc d'Anjou s'était rendu par les derrières. Le roi, le lui montrant, lui dit qu'il le pouvait saluer comme son roi [...] Tout aussitôt après, le roi fit, contre toute coutume, ouvrir les deux battants de la porte de son cabinet, et commanda à tout le monde qui était là presque en foule d'entrer ; puis, passant majestueusement les yeux sur la nombreuse compagnie : "Messieurs, leur dit-il en montrant le duc d'Anjou, voilà le roi d'Espagne. La naissance l'appelait à cette couronne, le feu roi aussi par son testament ; toute la nation l'a souhaité et me l'a demandé instamment : c'était l'ordre du ciel ; je l'ai accordé avec plaisir." »

Louis XIV a estimé que son acceptation du testament était

de nature à rassurer les puissances européennes, loin de les inquiéter, puisque le risque de voir se reconstituer l'ancienne puissance des Habsbourg était écarté et que la France ne retirait de cette solution aucun agrandissement de territoire. De fait, ce calcul semble d'abord devoir se vérifier. Certes, l'empereur, dès la nouvelle connue, rompt avec la France et se prépare activement à la guerre en s'assurant, le 16 novembre, l'appui de l'électeur de Brandebourg qu'il autorise à prendre le titre de roi en Prusse et en confiant, en décembre, le commandement des troupes impériales au prince Eugène de Savoie qui s'est déjà illustré à son service contre les Turcs. Pourtant, la plupart des autres États européens, y compris l'Angleterre et les Provinces-Unies, reconnaissent le duc d'Anjou comme roi d'Espagne sous le nom de Philippe V. Il est vrai que le roi Guillaume et le Grand Pensionnaire Heinsius ne le font qu'à contrecœur sous la pression de leurs peuples avides de paix, et qu'ils n'attendent qu'un moment favorable pour sortir de cette neutralité et entraîner leurs pays dans la guerre. Une série de maladresses de Louis XIV va leur permettre d'y réussir.

Le 1er février 1701, le roi fait enregistrer solennellement par le parlement de Paris des lettres patentes stipulant le maintien des droits de Philippe V et de ses futurs héritiers à la couronne de France, ce qui était conforme aux lois fondamentales du royaume, mais contraire à une clause explicite du testament de Charles II. Les 5 et 6 février, les troupes françaises, agissant au nom de Philippe V, chassent les garnisons hollandaises des places de la Barrière, à proximité de la frontière française. Bientôt, le roi se fait accorder par son petit-fils un protectorat de fait sur les Pays-Bas dont Max-Emmanuel reste le gouverneur. Mais il y a plus grave : à la demande de Louis XIV, Philippe V octroie aux marchands français d'importants privilèges dans les colonies espagnoles, notamment, en 1702, l'« asiento », ou monopole de l'introduction des esclaves noirs : la Compagnie de Guinée, rebaptisée Compagnie de l'Asiento, est chargée d'amener pendant dix ans 38 000 ou 48 000 Noirs selon que l'on sera en guerre ou en paix (les événements de la décennie allaient rendre ce monopole largement théorique). Ainsi, c'est l'immense marché de l'Amérique espagnole qui semble devoir

La guerre incessante

s'ouvrir aux négociants français. Les marchands hollandais qui avaient jusque-là l'asiento et les marchands anglais qui commercent activement en contrebande dans toute l'Amérique ibérique se sentent directement menacés dans leurs intérêts économiques et se rallient à l'idée de la guerre préconisée par Heinsius et par Guillaume. Moins d'un an après la mort de Charles II, l'empereur, l'Angleterre et les Provinces-Unies signent le 7 septembre 1701 le traité de la grande alliance de La Haye par lequel ils conviennent d'accorder une « satisfaction juste et raisonnable aux prétentions de l'empereur à la succession d'Espagne » et donnent deux mois à Louis XIV pour négocier avec eux. Passé ce délai, ils entreront en guerre contre la France.

Par une dernière maladresse, Louis XIV répond, dans les jours suivants, en reconnaissant comme roi d'Angleterre, sous le nom de Jacques III, le fils de Jacques II, le jour même de la mort de celui-ci à Saint-Germain-en-Laye, le 16 septembre. Guillaume III et le peuple anglais tout entier, ouvertement bravés, se préparent activement à la guerre. La mort de Guillaume, le 19 mars 1702, n'entame pas cette détermination. Le roi, veuf de Marie depuis 1694 et sans enfant, laisse le trône à sa belle-sœur, Anne, qui, populaire, mais sans grandes capacités, s'appuie sur l'époux de son amie et confidente Sarah Jennings, John Churchill, comte, puis duc de Marlborough, placé à la tête des armées anglaises. Face à cette coalition dirigée désormais par le triumvirat que constituent Heinsius, le prince Eugène et Marlborough, la France n'est pas totalement isolée, puisqu'elle peut compter sur l'alliance du duc de Bavière, Max-Emmanuel, qui est en même temps gouverneur des Pays-Bas espagnols, de l'électeur de Cologne, du duc de Savoie, Victor-Amédée II, et plus mollement du roi de Portugal. En outre, contrairement aux guerres précédentes, l'Espagne est non son adversaire, mais son alliée ; alliée, il est vrai, largement impuissante et qu'il faudra soutenir militairement. Finalement, le 15 mai 1702, les trois puissances signataires de la grande alliance de La Haye, auxquelles se joignent bientôt l'électeur de Brandebourg, le roi de Danemark et la plupart des princes allemands, déclarent la guerre conjointement à la France et à l'Espagne.

La guerre de Succession d'Espagne.

Les hostilités ont commencé, en fait, dès juillet 1701 en Italie du Nord où le prince Eugène envahit le Milanais et bat à Carpi, entre Pô et Adige, les troupes franco-savoyardes de Catinat, que Louis XIV remplace immédiatement, non sans injustice, par l'incapable Villeroy; celui-ci trouve le moyen de tomber aux mains de l'ennemi le 1er février 1702. Quelques mois plus tard, le 15 août, le duc de Vendôme, nouveau commandant de l'armée d'Italie, bat les troupes impériales commandées par le prince Eugène, à Luzzara, sur le Pô, en présence du roi d'Espagne arrivé en Milanais quelques semaines plus tôt. Mais le 23 octobre 1703, les Franco-Espagnols essuient sur mer un véritable désastre. Châteaurenault qui, revenant d'Amérique espagnole avec 30 vaisseaux et 22 galions chargés d'or et d'argent, s'était abrité dans le port de Vigo, en Galice, est attaqué par la flotte anglo-hollandaise commandée par l'amiral Rooke : 21 vaisseaux français sont détruits et ceux des galions qui n'ont pas été coulés, sabordés ou vidés de leur cargaison, tombent aux mains de l'ennemi. Cependant, en Allemagne, la France marque des points. Villars bat les Impériaux commandés par Louis de Bade à Friedlingen, sur le Rhin, au nord de Bâle, le 14 octobre 1702. La nouvelle insurrection qui s'est déclenchée en Hongrie, sous le commandement de François Rakoczi, permet l'élaboration d'un plan consistant à prendre les Impériaux en tenaille, entre les Franco-Bavarois, au Nord-Ouest, et les « Malcontents » hongrois, « alliés de revers », au Sud-Est, ce qui contraindrait Léopold à traiter. Villars et le duc Max-Emmanuel battent les Impériaux à Höchstädt, sur le Danube, entre Ulm et Ingolstadt, le 20 septembre 1703. Mais la mésentente entre les deux vainqueurs les empêche d'exploiter cette victoire en marchant sur Vienne.

Dans les mois qui suivent, les Franco-Espagnols connaissent une série de mécomptes diplomatiques et de revers militaires. Le 16 mai 1703, le Portugal abandonne l'alliance française : il signe avec l'Angleterre un premier traité négocié par le diplomate britannique Methuen et rejoint la coali-

Le prince Eugène : un prince français au service de l'empereur

Eugène François de Savoie, dit le prince Eugène, naît à Paris le 18 octobre 1663. Il est le fils d'Eugène Maurice de Savoie-Carignan, comte de Soissons, colonel-général des Suisses et Grisons, marié en 1657 à Olympe Mancini, nièce de Mazarin. Celle-ci, un moment la maîtresse du jeune Louis XIV, fait de l'hôtel de Soissons le rendez-vous de l'élite de la cour. Son goût de l'intrigue et les soupçons qui pèsent sur elle lors de la mort brutale de son mari en 1673 et surtout dans l'affaire des Poisons en 1679 la contraignent à l'exil l'année suivante. L'éducation du jeune Eugène est surtout le fait de sa grand-mère paternelle, Marie de Bourbon-Soissons. De santé chétive, il semble destiné à l'Église, mais son choix se porte sur la carrière des armes à laquelle il se prépare activement. En juillet 1683 – il n'a pas encore vingt ans –, il sollicite de Louis XIV l'octroi d'une compagnie. Mais le roi, reportant sur le jeune homme la rancune tenace qu'il porte à la mère, ne lui répond même pas. Ulcéré, Eugène quitte immédiatement la France, gagne Vienne et propose ses services à l'empereur Léopold qui les accepte. Il prend part, dès septembre 1683, à la victoire du Kahlenberg qui oblige les Turcs à lever le siège de Vienne. Dans les années suivantes, il participe à toutes les campagnes contre les Turcs et y gagne un avancement rapide. Pendant la guerre de la Ligue d'Augsbourg, il est envoyé auprès du duc de Savoie. En 1697, il est nommé commandant des troupes impériales opérant contre les Turcs et remporte sur eux la brillante victoire de Zenta. Pendant la guerre de Succession d'Espagne, il joue un rôle de premier plan dans la conduite de la guerre auprès de Marlborough et participe activement aux négociations d'Utrecht et de Baden. Il se bat à nouveau contre les Turcs et meurt à Vienne le 21 avril 1736. Il ne pardonna jamais à Louis XIV son refus de 1683, donnant à celui-ci maintes occasions de regretter amèrement son geste.

tion ; le 27 décembre, un second traité Methuen renforce les liens économiques entre le Portugal et l'Angleterre qui, en échange de l'importation du porto, exportera librement ses tissus vers Lisbonne et le Brésil. Du fait de cette volte-face, les adversaires de Philippe V vont pouvoir utiliser le territoire portugais comme base de départ contre Madrid. Par ailleurs, en octobre, le duc de Savoie Victor-Amédée rejoint à son tour la coalition, dans l'espoir d'acquérir le Montferrat ; cette défection va rendre très difficile la défense du Milanais par les Franco-Espagnols. Sur le plan militaire, le 4 octobre 1704, l'amiral Rooke s'empare par surprise de Gibraltar. Surtout, le 13 août, les troupes du prince Eugène et de Marlborough remportent la seconde bataille de Höchstädt (que les Anglais appellent bataille de Blenheim) sur les troupes bavaroises et françaises. Ces dernières sont commandées par les maréchaux de Marsin et de Tallard (qui est fait prisonnier) ; ils remplaçaient Villars envoyé dans les Cévennes pour réprimer la révolte des camisards. Cette victoire éclatante et sanglante force les Franco-Bavarois à reculer jusqu'au Rhin et assure aux Impériaux le contrôle de toute l'Allemagne.

L'année suivante, le 16 août 1705, le prince Eugène, venu au secours du Piémont, se fait battre par Vendôme à Cassano, mais, à l'automne, Louis XIV fait faire secrètement et officieusement à Heinsius des ouvertures de paix, sur la base d'un démembrement des possessions espagnoles, mais sans remettre en cause l'attribution du trône de Madrid à Philippe V. Pendant ce temps, les Catalans se soulèvent contre ce dernier, au nom de la défense de l'autonomie de la Catalogne, et le 4 octobre les Anglais occupent Barcelone. Le 9, l'archiduc Charles s'y fait proclamer roi d'Espagne sous le nom de Charles III. Quelques mois plus tard, l'action conjointe des troupes anglaises, partant du Portugal, et des troupes autrichiennes, partant de Catalogne, chasse Philippe V de Madrid où Charles III entre le 28 juin 1706. Il est vrai qu'un soulèvement de la ville en faveur du roi Bourbon permet à celui-ci de rentrer dans la capitale dès le 3 août. Quoi qu'il en soit, à la fin de 1706, Charles III continue à tenir la Catalogne, le royaume de Valence, le Milanais, grâce à la victoire du prince Eugène à Turin, le 7 septembre, et les Pays-Bas, évacués par les Franco-Espagnols après la victoire de Marlborough sur Villeroy à Ramillies le 23 mai 1706.

En 1707, les Franco-Espagnols commandés par le duc de Berwick battent à Almansa, en Murcie, les Anglo-Portugais commandés par lord Galloway (les contemporains ont été sensibles au paradoxe qui fait que le commandant des troupes françaises soit un Anglais, fils naturel de Jacques II et passé au service du roi de France, et celui des troupes anglaises, un Français, le marquis de Ruvigny, huguenot, fils de l'ancien député général des églises réformées auprès de Louis XIV, passé au service de Guillaume III après 1685 et fait lord). Cette victoire permet à Philippe V de renforcer sa position à Madrid et de refouler Charles III et les Anglo-Portugais dans Barcelone et quelques places de Catalogne, outre Gibraltar. Le 13 octobre, les Français commandés par le duc d'Orléans s'emparent de Lerida. En revanche, Villars fait une incursion sans lendemain en Wurtemberg, cependant que les coalisés s'emparent du royaume de Naples, de la Sardaigne, de Minorque et envahissent un moment la Provence ; toutefois, en août, le prince Eugène et le duc de Savoie renoncent à poursuivre le siège de Toulon. En cette même année 1707, le roi de Suède Charles XII, vainqueur des Danois, des Russes et des Polonais, semble devoir devenir l'arbitre de l'Europe : Louis XIV lui fait faire des propositions afin qu'il intervienne directement dans l'Empire ; mais, de son côté, Marlborough se rend lui-même auprès du roi de Suède et, en échange de quelques concessions faites par l'empereur Joseph Ier, qui a succédé à son père Léopold mort le 6 mai 1705, réussit à le convaincre de se détourner de l'Occident et des affaires allemandes, et d'attaquer le tsar Pierre qui vient d'envahir la Pologne. Sans espoir de quelque diversion suédoise en Europe centrale, la France connaît en 1708 une des années les plus sombres de la guerre. Le duc de Bourgogne, auquel on a adjoint Vendôme, tente de reconquérir les Pays-Bas. Mais les deux hommes, qui ne s'entendent pas, ne peuvent empêcher Marlborough et le prince Eugène de faire leur jonction, de les battre à Audenarde, le 10 juillet 1708, et de venir assiéger Lille. Après un long siège de 74 jours, la ville défendue par le maréchal de Boufflers tombe aux mains de l'ennemi ; la citadelle tiendra jusqu'en décembre. Au lieu de l'offensive prévue sur les Pays-Bas, c'est la France qui est envahie. Quelques semaines plus tard, le terrible hiver de 1709 vient aggraver encore la situation déplorable du royaume.

Louis XIV décide alors de faire à Heinsius non des propositions secrètes comme en 1705, mais des ouvertures officielles. A cet effet, il envoie à La Haye, en mai 1709, son secrétaire d'État aux affaires étrangères, Torcy. Les prétentions des coalisés sont exorbitantes : en échange d'une simple suspension d'armes de deux mois, Heinsius, Marlborough et le prince Eugène exigent la reconnaissance de l'archiduc Charles comme roi d'Espagne, l'expulsion de France de Jacques III Stuart, la destruction du port de Dunkerque, nid de corsaires, la cession de Strasbourg et de l'Alsace à l'empereur, de Lille, Maubeuge, Tournai, Condé, Valenciennes aux Provinces-Unies, enfin la promesse, à vrai dire assez vague, d'une aide militaire française pour chasser éventuellement d'Espagne Philippe V. Sur l'ordre du roi, Torcy, qui avait accepté les premières exigences, sauf celle concernant l'Alsace, repousse la dernière et quitte La Haye. Dans une lettre pleine de dignité adressée le 12 juin à tous les évêques, gouverneurs et intendants du royaume, Louis XIV explique les raisons qui le contraignent à continuer la guerre. Il écrit notamment : « Je passe sous silence les insinuations qu'ils [les coalisés] m'ont faites de joindre mes forces à celles de la Ligue et de contraindre le roi, mon petit-fils, à descendre du trône, s'il ne consentait pas volontairement à vivre désormais sans États [...] Quoique ma tendresse pour mes peuples ne soit pas moins vive que celle que j'ai pour mes propres enfants, quoique je partage tous les maux que la guerre fait souffrir à des sujets aussi fidèles, et que j'aie fait voir à toute l'Europe que je désirais sincèrement de les faire jouir de la paix, je suis persuadé qu'ils s'opposeraient eux-mêmes à la recevoir à des conditions également contraires à la justice et à l'honneur du nom français. » Le message royal a un gros retentissement dans tout le royaume.

Un demi-succès vient d'ailleurs prouver que la France n'est pas encore militairement abattue : le 11 septembre 1709, les 70 000 hommes de Villars et de Boufflers sont attaqués, à Malplaquet, près de Maubeuge, par 110 000 Impériaux et Anglo-Hollandais commandés par le prince Eugène et Marlborough. Malgré leur infériorité numérique, les Français résistent toute la journée à leurs adversaires, puis battent en retraite en bon ordre sous le commandement de Boufflers, suppléant Villars, blessé, après leur avoir infligé de lourdes pertes : 15 000 tués, contre 10 000 du côté français. A l'issue de cette sanglante journée, l'offensive ennemie sur Paris est stoppée et les coalisés se résignent désormais, jusqu'en 1712, à une guerre de position. Louis XIV essaie d'en profiter pour renouer les négociations. Aux conférences de Geertruydenberg, en Hollande, entre mars et juillet 1710, ses plénipotentiaires, le maréchal d'Huxelles et l'abbé de Polignac, vont jusqu'à offrir son aide financière pour aider les coalisés à chasser Philippe V de Madrid, mais Heinsius, inflexible, exige que la France conduise elle-même les opérations militaires contre le petit-fils du roi. Celui-ci fait savoir qu'il « aime mieux faire la guerre à ses ennemis qu'à ses enfants » et rompt les pourparlers. Le triumvirat n'allait pas tarder à regretter son obstination.

En effet, pendant que les armées françaises, épuisées mais s'appuyant sur les forteresses de Vauban, réussissent à préserver à peu près le territoire national, en Espagne, Vendôme est envoyé au secours de Philippe V qui a dû, pour la seconde fois, abandonner Madrid à Charles III, le 28 septembre 1710. Le 9 décembre, Vendôme enlève aux Anglo-Autrichiens la ville de Brihuega, au nord de Madrid, et le lendemain écrase ceux-ci à Villaviciosa, à deux lieues de Brihuega. Vendôme écrit le soir même à Louis XIV, non sans quelque forfanterie : « Jamais bataille n'a été si glorieuse aux armes du roi, ni si complète que celle de Villaviciosa : cette formidable armée, qui avait percé jusqu'à Madrid et qui menaçait toute l'Espagne d'une invasion générale, est détruite entièrement en deux actions. » Il est de fait qu'une fois de plus Charles III est contraint de se replier précipitamment sur Barcelone.

Autant au moins que ce « miracle » (le mot est de Louis XIV), le revirement de l'Angleterre contribue à sauver la France du désastre. L'opinion publique anglaise commence en effet à se lasser de ce conflit interminable. De plus, en 1710, la reine Anne se brouille avec Marlborough et sa femme, cependant que les élections donnent l'avantage aux tories, partisans de la paix. Les pamphlets dénonçant la continuation de la guerre se multiplient, notamment, en novembre 1711, *The Conduct of the Allies*, dans lequel l'Irlandais Jonathan Swift démontre que l'effort financier que consent l'Angleterre est beaucoup trop important par rapport à celui des Provinces-Unies. Sur ces entrefaites, la mort, le 17 avril 1711, de l'empereur Joseph Ier, sans héritier direct, modifie complètement les données du problème espagnol. En effet, son frère, l'archiduc Charles – Charles III d'Espagne pour les coalisés – lui succède comme souverain des possessions autrichiennes et bientôt comme empereur sous le nom de Charles VI. Or aucune puissance européenne, l'Angleterre moins que toute autre, ne peut envisager qu'il reste en même temps roi d'Espagne, reconstituant ainsi l'« empire » de Charles Quint. Les exploits des corsaires français renforcent en Angleterre les partisans de la paix. Année après année, entre 1702 et 1712, les pertes ennemies – essentiellement anglaises et hollandaises – se sont accumulées, comme en témoignent quelques chiffres : 726 prises pour Dunkerque, 203 pour Saint-Malo, un peu plus de 900 pour les ports de la façade atlantique, 532 en Méditerranée, 251 aux Antilles, pour un total de quelque 150 millions de livres, sans compter les prises faites par les vaisseaux du roi et par les armements mixtes. L'exploit le plus spectaculaire de ces derniers est le raid fait par le Malouin Duguay-Trouin, en septembre 1711, sur le port luso-brésilien de Rio de Janeiro. L'armement a été le fait non seulement de plusieurs Malouins, mais aussi de quatorze personnes « intéressées » dans l'entreprise, comme le comte de Toulouse, cependant que le roi a prêté des vaisseaux et 2 500 hommes de troupe. De Rio, prise d'assaut et en partie incendiée, Duguay-Trouin ramène, quelques mois plus tard, 1 350 kilos d'or, près de 2 millions de livres de marchandises précieuses et 60 navires marchands portugais.

En juillet 1711, un envoyé de Torcy, Nicolas Mesnager, ancien négociant qui a déjà effectué des missions en Espagne et en Hollande, se rend à Londres et engage des pourparlers secrets qui aboutissent à la signature, le 8 octobre, des préliminaires de Londres. Ceux-ci prévoient la double reconnaissance de Philippe V à Madrid et de la succession protestante à Londres, des garanties pour empêcher la réunion des couronnes de France et d'Espagne, la démolition des fortifications de Dunkerque, des avantages territoriaux et commerciaux accordés aux Anglais. En outre, la reine Anne invite ses alliés à ouvrir des négociations générales à Utrecht en janvier 1712. L'empereur et Heinsius faisant traîner les pourparlers en avançant des exigences inacceptables dans l'espoir d'un succès militaire décisif, l'Angleterre rappelle ses troupes du continent et, le 17 juillet, signe avec la France un armistice de quatre mois. Le 31 décembre, Marlborough, accusé de malversations et de vouloir continuer la lutte à des fins personnelles, est déchu de tous ses emplois.

Au même moment, le prince Eugène décide de tenter un dernier effort pour s'ouvrir la route de Paris. A la tête de 130 000 soldats impériaux et hollandais, il prend Le Quesnoy, le 4 juillet, et met le siège devant Landrecies, dernière place protégeant la vallée de l'Oise. Louis XIV, qui a conscience de l'extrême gravité de la situation, confie à Villars le commandement des dernières troupes disponibles, soit quelque 70 000 hommes. Trompant l'ennemi par une manœuvre habile, dont le mérite revient moins à Villars qu'à son subordonné Montesquiou, les Français battent les coalisés à Denain, le 24 juillet 1712. Le 2 août, le prince Eugène lève le siège de Landrecies et se replie sur Mons. Paris est sauvé. Les atermoiements des derniers coalisés se retournent contre eux : la victoire de Denain, aussi décisive que relativement peu meurtrière (500 tués parmi les Français, 2 000 parmi leurs adversaires), va permettre à la France d'obtenir la paix dans des conditions honorables qu'elle n'aurait pu espérer quelques années plus tôt.

Les traités d'Utrecht et de Rastatt.

Les négociations, ouvertes à Utrecht le 29 janvier 1712, sont facilitées par la détermination de l'Angleterre d'aboutir à un règlement rapide, et par la lassitude de la Savoie, du Portugal, du Brandebourg-Prusse. A son tour, la Hollande, au lendemain de Denain, se résigne à traiter. Seul l'empereur Charles VI, qui s'obstine à ne pas vouloir reconnaître Philippe V, décide de continuer la guerre. Un préalable à la paix est réglé avec la renonciation de Philippe V à ses droits à la couronne de France, le 5 novembre 1712, et avec celles du duc de Berry et du duc d'Orléans à leurs droits à la couronne d'Espagne, enregistrées par le parlement de Paris le 15 mars 1713, renonciations d'ailleurs contestables puisque contraires aux lois fondamentales du royaume de France. Un autre préalable est également levé avec la décision de Louis XIV, en mars 1713, de contraindre le prétendant Stuart à quitter le royaume. Enfin, au soir du 11 avril 1713, les plénipotentiaires français, Huxelles, Polignac et Mesnager, signent une série de traités avec l'Angleterre, les Provinces-Unies, le Portugal, la Savoie et la Prusse. De son côté, Philippe V traite le 13 juillet avec l'Angleterre et la Savoie. Enfin, deux succès militaires de Villars, la prise de Landau, en août, et celle de Fribourg, en octobre, amènent l'empereur à traiter avec la France. Les négociations entre le prince Eugène et Villars commencent en novembre et aboutissent au traité signé à Rastatt, le 6 mars 1714, et complété par celui de Baden, en Suisse, entre la France et l'Empire, le 7 septembre. Bien que Philippe V qui, le 26 juin 1714, a signé la paix avec les Provinces-Unies refuse de traiter avec l'empereur Charles VI qui, de son côté, ne veut toujours pas le reconnaître en droit comme roi d'Espagne, l'ensemble des traités signés à Utrecht et à Rastatt n'en met pas moins fin au conflit qui a déchiré l'Europe pendant plus de dix ans et a été pour la France une terrible épreuve.

Les clauses politiques des traités visent surtout la succession d'Espagne dont le problème a été à l'origine de la guerre. Philippe V est reconnu comme légitime successeur de Charles II par toutes les puissances signataires, sauf l'empereur, après sa renonciation à tous ses droits à la couronne de France. En échange, Louis XIV s'engage à ne plus soutenir les Stuarts et à accepter l'ordre de succession établi en Angleterre par l'Acte d'établissement de 1701. Par ailleurs, les puissances reconnaissent le titre de roi à deux princes européens, le duc de Savoie comme roi de Sicile et l'électeur de Brandebourg comme roi en Prusse. Enfin, le duc de Hanovre se voit confirmer sa nouvelle dignité d'électeur et le duc de Bavière, fidèle allié de Louis XIV, recouvre ses États et son titre d'électeur dont il avait été privé par Léopold et la Diète d'Empire.

Les clauses territoriales enregistrent le démembrement de la monarchie espagnole que Charles II avait voulu éviter.

Philippe V ne conserve plus que l'Espagne, moins Gibraltar et Minorque cédés aux Anglais, et ses domaines coloniaux. Malgré ses protestations, il doit abandonner à Charles VI le royaume de Naples, la Sardaigne, les ports de Toscane (dits « présides »), le Milanais et les Pays-Bas, et à Victor-Amédée de Savoie, la Sicile. Les Provinces-Unies n'obtiennent d'autre satisfaction de leur long effort dans la guerre que le droit de replacer leurs garnisons dans les places de la Barrière. De son côté, la France abandonne à l'Angleterre, en Amérique du Nord, le territoire de la baie d'Hudson, l'Acadie, Terre-Neuve, sous réserve d'un droit de pêche, et, aux Antilles, l'île de Saint-Christophe, et s'engage à détruire les fortifications du port de Dunkerque. Elle consent également à restituer au nouveau possesseur des Pays-Bas les villes de Tournai, Menin, Ypres et Furnes. En revanche, elle conserve définitivement toutes les autres acquisitions du règne de Louis XIV dans le cadre des traités de Westphalie, des Pyrénées, de Nimègue et de Ryswick, et obtient du duc de Savoie une légère rectification de frontière avec l'acquisition de Barcelonette.

Les clauses commerciales des traités intéressent directement l'Angleterre qui se voit accorder des avantages de premier ordre. Elle obtient de la France le retour au tarif douanier de 1664, le droit de jouir des conditions de la « nation la plus amie » et, par l'article VI du traité d'Utrecht, la renonciation aux avantages commerciaux consentis par Philippe V aux marchands français : « Sa Majesté Très Chrétienne demeure d'accord et s'engage que son intention n'est pas de tâcher d'obtenir, ni même d'accepter à l'avenir que pour l'utilité de ses sujets, il soit rien changé, ni innové dans l'Espagne ni dans l'Amérique espagnole, tant en matière de commerce qu'en matière de navigation, aux usages pratiqués en ces pays sous le règne du feu roi d'Espagne Charles II. » En réalité, dès mars 1713, l'Angleterre s'est fait accorder par Philippe V ces mêmes avantages, encore augmentés : conditions privilégiées pour ses navires à Cadix, asiento pour trente ans et territoire sur le Rio de la Plata pour « garder et rafraîchir » les captifs noirs avant de les vendre, enfin droit d'envoyer une fois par an en Amérique, aux foires de Porto Bello et de Vera Cruz, un vaisseau de 500 tonneaux, chargé de marchandises, dit « vaisseau de permission », porte ouverte à une intense contrebande.

Ces diverses clauses des traités d'Utrecht et de Rastatt montrent que si la victoire de la grande alliance de La Haye n'est pas totale puisqu'un Bourbon règne à Madrid, elle n'en est pas moins incontestable : la séparation des deux couronnes de France et d'Espagne a été solennellement reconnue par tous, la monarchie espagnole est démembrée, la France de Louis XIV a perdu tous les avantages territoriaux ou commerciaux qu'elle tenait ou avait pu espérer de la succession espagnole et se trouve ramenée à ses frontières de 1697. Et pourtant, si l'on songe aux vicissitudes de cette longue guerre au cours de laquelle la France a été plusieurs fois au bord de la catastrophe, le bilan est pour elle moins négatif qu'on aurait pu le craindre alors : agrandie de Lille, Strasbourg et Besançon, elle a des frontières beaucoup moins vulnérables qu'un demi-siècle plus tôt et elle a réussi à briser définitivement le vieil encerclement des Habsbourg en plaçant un Bourbon sur le trône de Madrid. En revanche, si l'on rapporte ces résultats aux ambitions du « roi de guerre » des années triomphantes 1661-1684, les lendemains sont amers pour le souverain au soir de sa vie. Où est la prépondérance française sur une Europe dont le jeune Louis XIV disait en 1661 : « La paix était établie avec mes voisins pour aussi longtemps que je le voudrais moi-même » ? Où sont les provocations des années de magnificence ?

Non seulement l'Angleterre a retiré des traités des avantages qui renforcent sa situation de première puissance commerciale et maritime, mais elle a fait triompher sur le continent la notion d'équilibre européen qui lui assure les mains libres sur les mers. Deux grandes puissances y apparaissent comme supérieures aux autres, la monarchie autrichienne et la France. Les acquisitions récentes de la première, aux dépens de l'empire ottoman et de la monarchie espagnole, en font l'État le plus vaste et le plus peuplé de l'Europe, mais cette grandeur cache mal deux faiblesses fondamentales : l'absence totale d'unité, de Buda à Naples, de Milan à Bruxelles, en passant par Vienne, et le morcellement de l'Empire en États souverains qui continue à vider de toute réalité le pouvoir de l'empereur. En face, la France est forte de l'importance de sa population, de la variété de ses productions, de l'unité de son territoire, de l'efficacité de son administration monarchique et d'un sentiment national à qui Louis XIV a su faire appel au pire moment de la guerre. Les autres États font figure de puissances secondaires, les unes du fait d'un déclin relatif, mais incontestable, comme les Provinces-Unies ou l'Espagne, les autres parce qu'elles ne sont encore riches que de promesses et d'ambitions contenues, comme la Prusse ou la Russie.

En outre, dans cette Europe sortie de près d'un demi-siècle de guerres presque ininterrompues et où le souvenir des horreurs de la guerre de Trente Ans est toujours vivace, le sentiment d'assurer la paix et de faire reculer la violence a animé les membres du congrès d'Utrecht, au-delà de la défense par chacun des intérêts du pays qu'il représentait. Pour ces négociateurs, nombreux, divers et pleins de zèle, le but à atteindre était le bonheur des peuples plus que la gloire des souverains. C'est pourquoi les problèmes économiques, et notamment le grand commerce international, ont retenu tout particulièrement leur attention, même si seuls quelques-uns d'entre eux, tel le Français Mesnager, étaient assez informés pour en discuter en vraie connaissance de cause. Ce souci d'instaurer une paix durable par l'équilibre des puissances apparaît dans un livre paru à Utrecht, en 1713, *Projet pour rendre la paix perpétuelle à l'Europe*. L'auteur, l'abbé de Saint-Pierre, est secrétaire de l'abbé de Polignac (devenu cardinal au cours des négociations). Son *Projet*, à la fois réaliste et largement utopique, est révélateur de l'ambiance du moment.

Recul des valeurs militaires, ardente recherche de la paix : l'idéal que gens de lettres et diplomates rêvent ou essaient de mettre en place est fort éloigné de celui qui animait le Roi-Soleil au début de son règne personnel. Du moins, sa « tendresse pour [ses] peuples » ne peut-elle que se réjouir de la fin des épreuves, dans des conditions, de surcroît, presque inespérées. Peut-être aussi l'adoption de la langue française à Rastatt comme langue diplomatique remplaçant le latin a-t-elle été appréciée par le vieux monarque comme une discrète et ultime victoire arrachée à un destin cruel.

Conclusion
La fin du règne

L'*Almanach pour l'an de grâce 1701*, édité par l'imprimeur parisien Landry, illustre sur sa première page l'événement le plus important de l'année qui vient de s'écouler, sous le titre : « Le Roi déclare Monseigneur le duc d'Anjou roi d'Espagne, le 16 novembre 1700. » Non sans prendre quelques libertés avec l'exactitude des lieux (la scène s'est passée, en fait, à l'entrée du cabinet du roi), l'estampe représente, dans une des galeries du palais de Versailles, le roi, chapeau en tête, entouré d'une quinzaine de personnes, nu-tête : à sa droite, le dauphin ou Monseigneur, âgé de trente-neuf ans, ayant lui-même à sa droite son second fils, âgé de dix-sept ans, Philippe, ancien duc d'Anjou et nouveau roi d'Espagne, le seul avec son grand-père à être couvert, avec à ses pieds l'ambassadeur d'Espagne lui baisant la main ; à la gauche de Louis XIV, son frère, Monsieur, duc d'Orléans (il a soixante ans et mourra l'année suivante), et les deux autres fils de Monseigneur, Louis, duc de Bourgogne, dix-huit ans, accompagné de sa jeune épouse de quinze ans, et Charles, duc de Berry, quatorze ans. Au second plan sont représentés le duc du Maine, fils légitimé du roi, et le duc de Chartres, âgé de vingt-six ans, fils de Monsieur et futur Régent. (Le tableau représente, en outre, le roi Jacques II d'Angleterre et son fils, prince de Galles.) Ainsi, à cette date, Louis XIV, qui a lui-même soixante-deux ans, peut envisager l'avenir avec sérénité. Quelques années plus tard, le cercle de ses descendants s'élargira encore avec la naissance des deux fils du duc et de la duchesse de Bourgogne, le duc de Bretagne en 1707, le duc d'Anjou en 1710. Bien plus, au-delà de cette descendance légitime, le roi, on l'a dit, a eu deux fils de Mme de

Montespan, le duc du Maine et le comte de Toulouse, légitimés, élevés par Mme de Maintenon et introduits à la cour ; le premier est gouverneur du Languedoc et pair de France, le second gouverneur de Guyenne et amiral de France.

Au total, le roi, chef d'une double famille, légitime et légitimée, semble jusqu'en 1711 à l'abri de tout problème de succession. Toutefois, il aurait dû se souvenir de la formule traditionnelle des testaments, selon laquelle « il n'est rien de si certain que la mort, ni de si incertain que l'heure d'icelle ». Le 14 août 1711, Monseigneur meurt dans son château de Meudon, enlevé en quelques jours par la variole. Moins d'un an plus tard, la mort frappe à nouveau, plus durement encore : victimes d'une rougeole pourprée, la duchesse de Bourgogne meurt le 12 février 1712, le duc de Bourgogne, dauphin depuis l'année précédente, le 18, et l'aîné de leurs deux fils, dauphin quelques jours, le 8 mars. La quasi-simultanéité de ces trois décès fait naître à la cour des rumeurs persistantes d'empoisonnements, tous les soupçons se portant évidemment sur le duc d'Orléans que chacune de ces morts rapproche du trône et dont la réputation est depuis longtemps sulfureuse. Mme de Maintenon, notamment, cache mal son aversion pour ce libertin, au double sens de la liberté de mœurs et de la liberté de l'esprit. En fait, la contagion et l'impuissance de la médecine sont en l'occurrence des explications suffisantes. La mort du duc de Bourgogne affecte tout particulièrement Fénelon, le duc de Beauvillier, Saint-Simon, en réduisant à néant tous leurs espoirs placés dans le jeune prince qu'ils avaient préparé à être un roi pacifique et bienfaisant, restaurateur de sa noblesse, attentif au bonheur de ses peuples.

Ces trois décès en quelques jours étaient de nature à ébranler le vieux roi. Or, dureté de cœur ou force d'âme, il fait face, laissant à peine voir son chagrin. Il avait pourtant beaucoup d'affection pour la duchesse de Bourgogne dont il appréciait la jeunesse et la vivacité. Mais, au-delà de ses sentiments personnels, la situation créée par la disparition successive de trois dauphins en moins d'un an est d'autant plus grave que le duc d'Anjou est roi d'Espagne depuis 1700 et que sa renonciation à ses droits à la couronne de France est le préalable aux négociations ouvertes à Utrecht le 29 janvier 1712. La succession à la Couronne repose donc désormais sur le nouveau dauphin, le petit duc d'Anjou, âgé de deux ans, et, s'il disparaissait prématurément, sur le dernier des trois petits-fils de Louis XIV, Charles, duc de Berry, qui, en 1710, a épousé Marie-Louise, fille du duc d'Orléans ; un fils leur naît en 1713, mais ne vit que quelques jours. Bien plus, la sinistre danse des morts qui a fait des coupes claires dans la descendance directe du roi depuis 1711 se poursuit : le 4 mai 1714, le duc de Berry meurt à vingt-huit ans, sans héritier. L'avenir de la dynastie est donc dans les mains du petit dauphin Louis, âgé de quatre ans.

Dans ces conditions, le problème le plus urgent à résoudre pour le roi est celui que pose le très jeune âge de son futur successeur. Conformément aux lois fondamentales du royaume et à l'usage constamment observé, le roi se doit de confier la régence, totalement et sans partage, à son neveu Philippe d'Orléans, alors âgé de quarante ans. Or, en juillet 1714, il promulgue un édit aux termes duquel ses bâtards légitimés, le duc du Maine et le comte de Toulouse, sont déclarés susceptibles d'être appelés à la succession à la couronne, « à défaut de tous les princes de sang royal ». Le 2 août, le parlement de Paris enregistre l'édit en présence des deux princes, reçus avec tous les honneurs dus à leur nouvelle dignité. Saint-Simon ne peut qu'exhaler sa fureur devant « ce renversement prodigieux [...] qui, du profond non-être des doubles adultérins, les porte à la couronne ».

Bien plus, le même jour, Louis XIV rédige son testament qu'il confie au premier président et au procureur général du parlement de Paris, et qui doit n'être ouvert qu'après sa mort. Il y prévoit la composition du futur conseil de régence. Certes, le duc d'Orléans est désigné comme chef du conseil. Mais, aux côtés d'une douzaine de membres, ministres et maréchaux, figurent le duc du Maine et le comte de Toulouse, le premier étant de surcroît chargé de « la sûreté, conservation et éducation du jeune roi ». Enfin, au sein du conseil, toutes les décisions seront prises « à la pluralité des suffrages ». Ces mesures traduisent le double sentiment du roi, renforcé par l'influence de Mme de Maintenon : sa profonde méfiance à l'égard de son neveu et son affection pour les deux fils de ses amours de jeunesse. Mais elles ne pourront qu'être fort mal accueillies, lorsqu'elles seront connues, par le duc d'Orléans et son entourage, même si toutes les faveurs antérieures dont avaient été gratifiés Maine et Toulouse pouvaient faire présager ces ultimes volontés. C'était vraiment là le « fait du prince », se mettant au-dessus des lois du royaume. Au demeurant, il n'est pas sûr que le roi se soit fait beaucoup d'illusions sur l'avenir de telles dispositions. Si l'on en croit Saint-Simon, il aurait dit à la reine douairière d'Angleterre, veuve de Jacques II, qu'il n'avait fait que céder aux vives pressions de Mme de Maintenon : « J'ai fait mon testament ; on m'a tourmenté pour le faire [...] J'en connais l'impuissance et l'inutilité ; nous pouvons tout ce que nous voulons tant que nous sommes ; après nous, nous pouvons moins que les particuliers ; il n'y a qu'à voir ce qu'est devenu celui du roi mon père, et aussitôt après sa mort, et celui de tant d'autres rois. » On sait que ce scepticisme désabusé se révélera justifié : le lendemain même de la mort de Louis XIV, le 2 septembre, le parlement de Paris cassera le testament de 1714, après que le Régent aura déclaré ne pouvoir l'accepter, et, quelques jours plus tard, conférera à celui-ci la régence sans conditions.

En dehors de la question de la succession, les toutes dernières années du règne sont occupées par l'affaire janséniste et surtout par la situation financière catastrophique dans laquelle se trouve le royaume. Pour faire face à ces divers problèmes, le roi s'appuie sur un personnel ministériel qui a peu changé depuis les années 1700. La disparition, en 1711-1712, de Monseigneur et du duc de Bourgogne (qui y était entré en 1702), prive le conseil d'en-haut de ses deux membres les plus éminents, sinon les plus actifs, qui ne sont pas remplacés. En 1714, le duc de Beauvillier meurt, le 21 août, et le chancelier Pontchartrain donne sa démission au roi, le 2 juillet, avant de se retirer à l'Oratoire de Paris : il ne voulait cautionner ni la politique antijanséniste, ni les dispositions prises en faveur des princes légitimés, et était en outre très affecté par la mort de sa femme. Le maréchal de Villeroy remplace Beauvillier comme ministre d'État et comme chef du conseil royal des finances, cependant que Voysin de La Noiraye est nommé chancelier, tout en conservant le secrétariat d'État à la guerre. Desmarets reste au contrôle général,

La fin du règne

Torcy aux affaires étrangères, Jérôme de Pontchartrain à la marine et à la Maison du roi, La Vrillière aux affaires de la R. P. R.

Pour essayer d'en finir avec le jansénisme, le roi, poussé par le père Tellier, son nouveau confesseur jésuite depuis 1709, s'est tourné vers le pape pour obtenir de lui une condamnation des écrits du père Quesnel. Mais Clément XI se fait prier, estimant que la bulle *Vineam Domini* de 1705 suffit et qu'une condamnation plus explicite risquerait d'être mal reçue et de renforcer l'agitation, loin de la calmer. Finalement, il cède aux pressions du roi et de son confesseur et promulgue, le 8 septembre 1713, la bulle, ou constitution, *Unigenitus* qui condamne 101 propositions extraites des *Réflexions morales* du père Quesnel. Ce texte est une condamnation des thèses augustiniennes sur la grâce au profit des thèses molinistes et constitue en même temps une affirmation de la prééminence de Rome sur les Églises nationales. Aussi soulève-t-il immédiatement en France une vive opposition. Le parlement de Paris, qui refuse l'enregistrement, les universités et de nombreux juristes estiment que la « constitution » est incompatible avec les principes du gallicanisme concernant le pouvoir temporel du roi et l'autonomie de l'épiscopat par rapport au pape. D'Aguesseau, procureur général du parlement de Paris, l'exprime clairement : « Aucune constitution des papes en matière de doctrine ne peut être revêtue de l'autorité du roi sans une acceptation légitime et suffisante de l'Église gallicane ; autrement on reconnaîtrait le pape infaillible et seul juge de la foi, contre les maximes fondamentales de nos libertés. » De son côté, l'épiscopat se divise. Sur la quarantaine d'évêques hâtivement réunis à Paris le 16 octobre en assemblée du clergé, 9, dont l'archevêque de Paris, Noailles, s'opposent à l'acceptation de la bulle ; les autres l'acceptent, mais en l'interprétant chacun de façon quelque peu différente. En fait, les inquiétudes du pape se vérifient : son intervention aggrave la fracture au lieu de la réduire. Louis XIV, profondément irrité, impose l'enregistrement au Parlement le 15 février 1714, contre l'avis de D'Aguesseau, et relègue les évêques opposants dans leurs diocèses par lettres de cachet. En 1715, 112 évêques ont accepté la bulle, quelques-uns avec des réserves, et une quinzaine sont d'accord avec Noailles pour la refuser. Mais, au-delà de cette résistance épiscopale, une opposition plus violente se fait jour parmi le bas clergé et parmi les fidèles. A la veille de la mort de Louis XIV, plus de deux mille personnes sont emprisonnées pour cette raison. Ainsi, loin de mettre fin au jansénisme, comme l'avait espéré le roi, la constitution *Unigenitus* lui donnait au contraire un nouvel élan en l'associant étroitement au gallicanisme et au richérisme.

Pour être moins apparente, la question protestante n'est pas plus réglée que la question janséniste. Certes, le calme est revenu dans les Cévennes, mais la résistance huguenote n'est pas étouffée pour autant. Le 25 août 1715, une dizaine de personnes se réunissent dans un hameau des Cévennes à l'initiative d'un jeune prédicant de vingt ans, Antoine Court. La tradition protestante voit dans cette réunion le premier synode du Désert, ouvrant la voie à la restauration des Églises réformées. Qu'elle se tienne huit jours avant la mort du roi apparaît comme le symbole de l'échec de celui-ci dans sa volonté entêtée d'établir dans le royaume l'unité de foi à l'encontre de la liberté des consciences.

Si le retour à la paix a permis de réduire progressivement les dépenses militaires, il n'a pas résolu pour autant les énormes difficultés financières que l'état de guerre avait engendrées ou aggravées. Soucieux de rétablir le crédit et la confiance, Desmarets décide, en 1713, de stabiliser une fois pour toutes le cours des monnaies, en diminuant par paliers la valeur des espèces : il est prévu que le louis d'or qui valait 20 livres en 1709 sera ramené à 14 livres au 1er septembre 1715, après plusieurs réductions successives. Mais la mesure, saine sur le plan financier, a des effets catastrophiques sur le plan économique : elle encourage la thésaurisation et la spéculation sur les places étrangères, elle ralentit la consommation et entraîne la baisse des prix ; les échanges diminuent, les faillites se multiplient, le rendement des impôts baisse. En 1715, le total de la Dette atteint le chiffre vertigineux de deux milliards de livres, le revenu des impôts jusqu'en 1718 est consommé d'avance, l'État est au bord de la banqueroute. Dans une déclaration royale du 7 décembre 1715, trois mois après la mort du roi, le Régent décrira ainsi, au nom du jeune Louis XV, la situation qu'il a trouvée : « Il n'y avait pas le moindre fonds, ni dans notre trésor royal, ni dans nos recettes pour satisfaire aux dépenses les plus urgentes ; nous avons trouvé le domaine de notre couronne aliéné, les revenus de l'État presque anéantis par une infinité de charges et de constitutions, les impositions ordinaires consommées par avance, des arrérages de toutes espèces accumulés depuis plusieurs années. »

Le 9 août 1715, le roi, au retour de Marly, apparaît à tous très abattu. Il a soixante-dix-sept ans, mais a joui jusque-là d'une excellente santé, résistant à toutes les initiatives de ses médecins. Le 10, il se plaint d'une douleur à la jambe gauche que le premier médecin, Fagon, attribue à une sciatique et pour laquelle il prescrit une purge, comme d'habitude. Le 13, le roi donne audience de congé, en grand apparat, à l'ambassadeur de Perse : c'est la dernière fois où il se montre debout à la cour. Les jours suivants, il n'interrompt pas ses activités, se faisant porter d'un lieu à un autre dans un fauteuil : il préside les différents conseils, reçoit les ministres, passe les fins de journée chez Mme de Maintenon. Mais les nuits sont agitées, il se nourrit de moins en moins et il apparaît à tous de plus en plus affaibli.

Le 21, il accepte la consultation collective de quatre docteurs de la faculté de médecine de Paris qui confirment le diagnostic et le remède de Fagon, sciatique et purges, alors que la fièvre mine le malade et que la pourriture de la jambe due à la gangrène devient apparente. Le lendemain, « l'état du roi, qui n'était plus ignoré de personne, avait déjà changé le désert de l'appartement de M. le duc d'Orléans en foule », écrit Saint-Simon, signifiant par là que les courtisans qui s'entassent depuis plusieurs jours dans la galerie et les cabinets proches de la chambre royale commencent à se lasser et, anticipant sur l'événement, viennent faire leur cour au futur Régent. Le 25, jour de la Saint-Louis, le roi se confesse au père Tellier et reçoit l'extrême-onction des mains du curé de Versailles, paroisse dont dépend le château, en présence du cardinal de Rohan, grand aumônier, d'une douzaine de courtisans et de Mme de Maintenon, désormais presque toujours présente à son chevet.

Le 26, après avoir pris son « dîner » au lit, qu'il ne quitte plus, il fait entrer le petit dauphin et lui adresse ces quelques mots, immédiatement recueillis et, peu de temps après, imprimés : « Mon enfant, vous allez être un grand roi. Ne m'imitez pas dans le goût que j'ai eu pour les bâtiments, ni dans celui que j'ai eu pour la guerre. Tâchez au contraire d'avoir la paix avec vos voisins. Rendez à Dieu ce que vous lui devez, reconnaissez les obligations que vous lui avez, faites-le honorer par vos sujets. Suivez toujours les bons conseils, tâchez de soulager vos peuples, ce que je suis assez malheureux pour n'avoir pu faire. » Les jours suivants, il ne songe plus qu'à son salut, faisant l'admiration de Saint-Simon qui pourtant ne l'aime pas : « On lui voyait à tous moments joindre les mains, et on l'entendait dire les prières qu'il avait accoutumées en santé, et se frapper la poitrine au Confiteor [...] Il était uniquement occupé de Dieu, de son salut, de son néant. » Les journées du 30 et du 31 se passent dans une somnolence presque continuelle, d'où le roi ne sortira guère avant de s'éteindre le 1er septembre au matin.

Huit jours plus tard, le 9, le corps du feu roi est porté à Saint-Denis pour être inhumé dans la nécropole royale, le convoi funèbre essuyant, le long de la route, les quolibets des badauds. Voltaire, témoin oculaire, raconte : « J'ai vu de petites tentes dressées sur le chemin de Saint-Denis. On y buvait, on y chantait, on y riait. Les sentiments des citoyens de Paris avaient passé jusqu'à la populace. » De son côté, le curé d'une petite paroisse rurale du Blésois écrit dans son registre paroissial : « Louis XIV, roi de France et de Navarre, est mort le 1er septembre dudit an, peu regretté de tout son royaume, à cause des sommes exorbitantes et des impôts si considérables qu'il a levés sur tous ses sujets [...] Il n'est pas permis d'exprimer tous les vers, toutes les chansons et tous les discours désobligeants qu'on a dits et faits contre sa mémoire [...] Il n'y avait que les partisans et les maltôtiers qui fussent en paix et qui vécussent en joie, ayant en leur possession tout l'argent du royaume. » Cruelle impopularité, mais faut-il parler d'ingratitude quand le roi lui-même reconnaît, sur son lit de mort, avoir échoué à « soulager ses peuples » ? Il a préféré, presque tout au long de son règne personnel de cinquante-quatre ans, la puissance et la guerre, la puissance dont il s'est enivré, la guerre qu'il avoue avoir trop aimée. Il appartenait à Massillon de marquer sèchement, quelques semaines plus tard, la fin du règne du Grand Roi en ouvrant par ces mots son oraison funèbre prononcée devant la cour : « Dieu seul est grand, mes frères. »

Annexes

La France et l'Europe en 1661

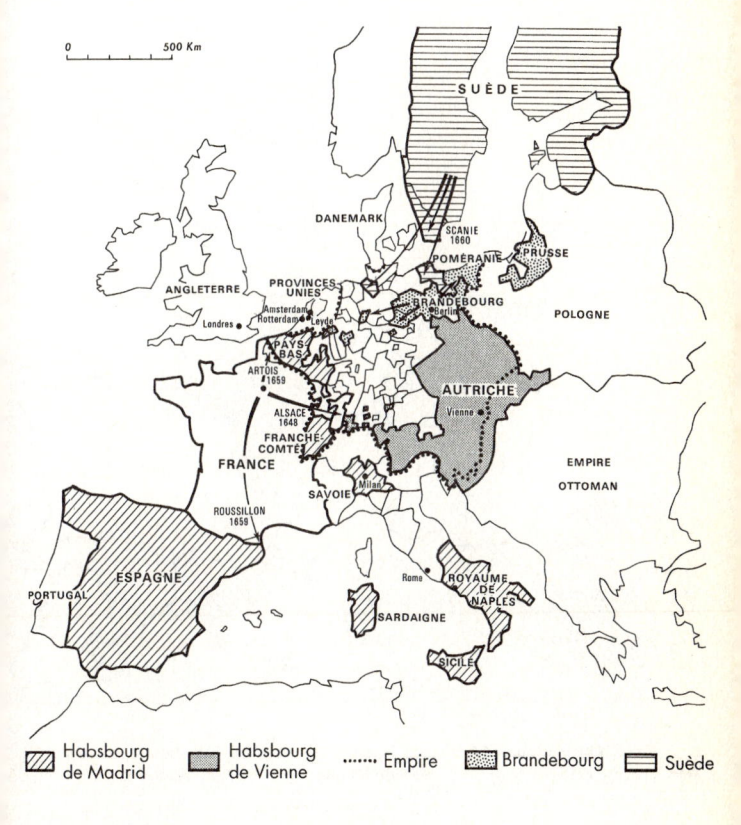

Source : d'après Ch. Morazé et Ph. Wolff, *XVIIᵉ et XVIIIᵉ siècles*, Paris, Colin, 1953, p. 84.

La France et l'Europe de 1659 à 1684

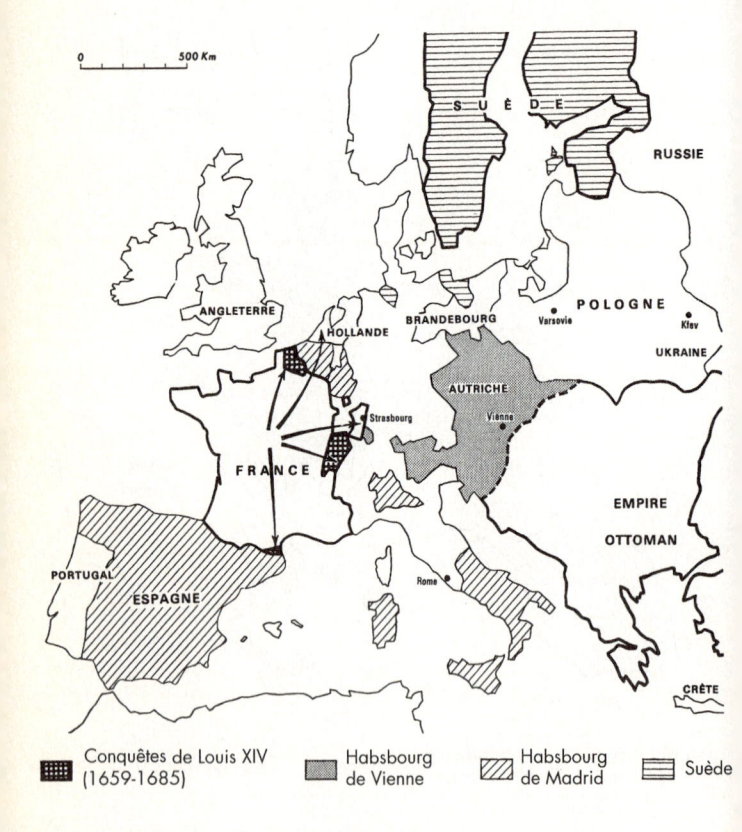

- Conquêtes de Louis XIV (1659-1685)
- Habsbourg de Vienne
- Habsbourg de Madrid
- Suède

Source : d'après Ch. Morazé et Ph. Wolff, *XVIIe et XVIIIe siècles*, Paris, Colin, 1953, p. 190.

La succession d'Espagne

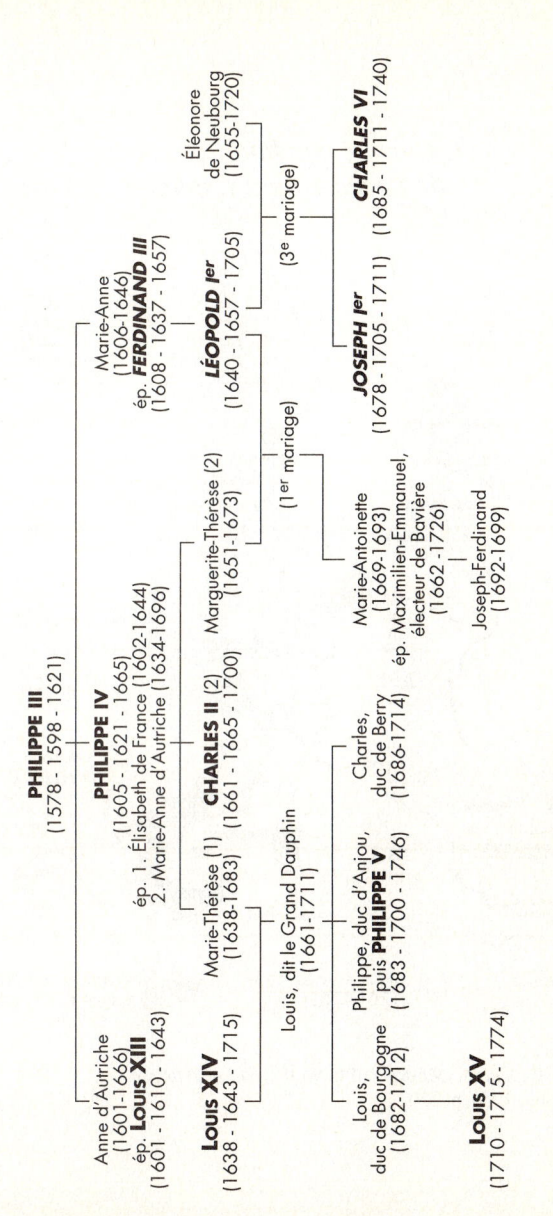

PHILIPPE III
(1578 - 1598 - 1621)

Anne d'Autriche (1601-1666)
ép. **LOUIS XIII** (1601 - 1610 - 1643)

PHILIPPE IV (1605 - 1621 - 1665)
ép. 1. Élisabeth de France (1602-1644)
2. Marie-Anne d'Autriche (1634-1696)

Marie-Anne (1606-1646)
ép. **FERDINAND III** (1608 - 1637 - 1657)

Louis XIV (1638 - 1643 - 1715)

Marie-Thérèse (1) (1638-1683)

Marguerite-Thérèse (2) (1651-1673)

CHARLES II (2) (1661 - 1665 - 1700)

LÉOPOLD Ier (1640 - 1657 - 1705)

Louis, dit le Grand Dauphin (1661-1711)

(1er mariage)

(3e mariage)

Marie-Antoinette (1669-1693)
ép. Maximilien-Emmanuel, électeur de Bavière (1662-1726)

Éléonore de Neubourg (1655-1720)

Louis, duc de Bourgogne (1682-1712)

Philippe, duc d'Anjou, puis **PHILIPPE V** (1683 - 1700 - 1746)

Charles, duc de Berry (1686-1714)

Joseph-Ferdinand (1692-1699)

JOSEPH Ier (1678 - 1705 - 1711)

CHARLES VI (1685 - 1711 - 1740)

Louis XV (1710 - 1715 - 1774)

FERDINAND III : Empereurs   **Louis XIV** : Rois de France   **PHILIPPE IV** : Rois d'Espagne

(1) Enfant issu du premier mariage. (2) Enfant issu du second mariage. N.B. Lorsqu'il y a trois dates, la deuxième est celle de l'accession au trône.

L'Europe pendant la guerre de Succession d'Espagne

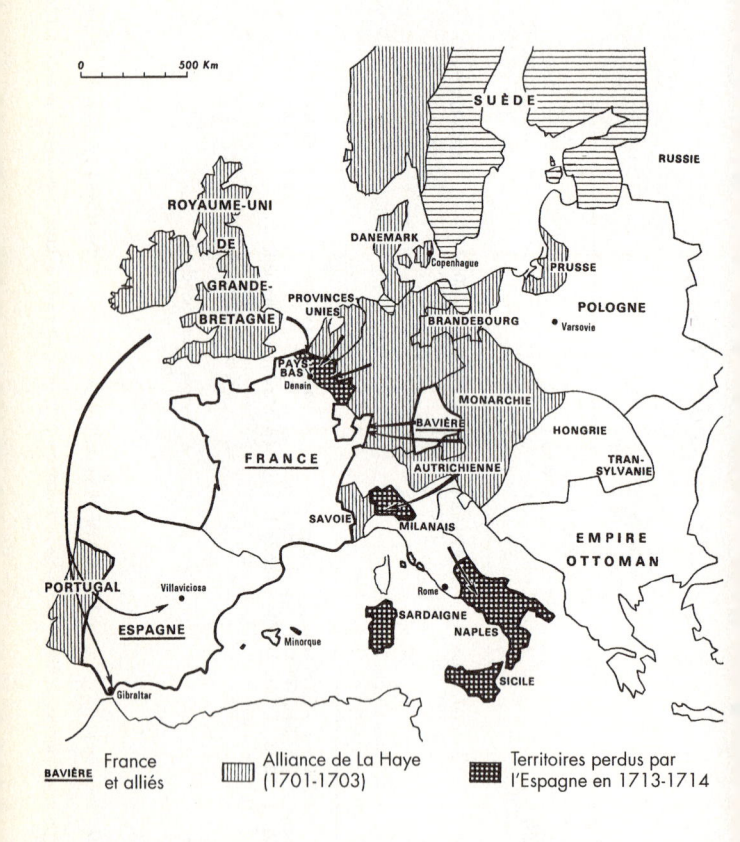

Source : d'après Ch. Morazé et Ph. Wolff, *XVIIe et XVIIIe siècles*, Paris, Colin, 1953, p. 220.

Les guerres de Louis XIV

Utrecht : Villes de traités   **Turckheim :** Batailles

Les frontières sont celles de 1661.

La France de Louis XIV

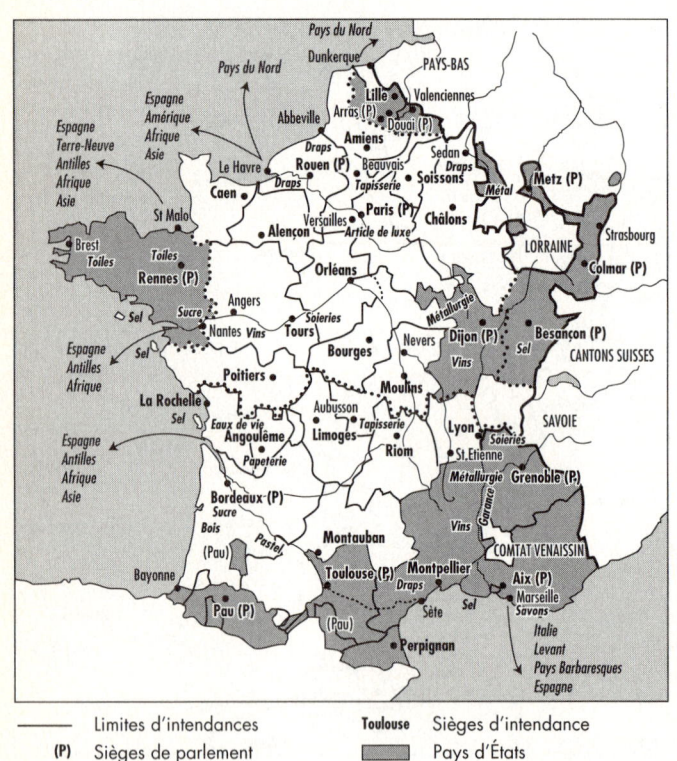

- — Limites d'intendances
- **(P)** Sièges de parlement
- *Vins, Draps* Principales productions
- .... Limites du « territoire des cinq grosses fermes »
- **Toulouse** Sièges d'intendance
- ▓ Pays d'États
- → Principales directions du grand commerce maritime

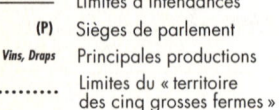

Les frontières sont celles de 1715.

Chronologie

1661
9 mars — Mort de Mazarin.
10 mars — Le roi annonce sa décision de gouverner « sans principal ministre ».
17 août — Fête donnée par Fouquet au roi à Vaux-le-Vicomte.
5 septembre — Arrestation de Fouquet à Nantes.
15 septembre — Colbert, ministre d'État.
1er novembre — Naissance du dauphin Louis.
Novembre — Mise en place d'une cour de justice pour juger Fouquet.

- Crise de subsistances qui se prolonge en 1662.

1662
5-6 juin — Carrousel du Louvre.
Juin — Édit établissant un hôpital général dans chaque ville du royaume.
Mai-juillet — Révolte populaire en Boulonnais.
20 août — Incident, à Rome, avec la garde corse du pape.

- Molière, *L'École des femmes* ; Antoine Arnauld et Pierre Nicole, *La Logique ou l'Art de penser*.

1663
8 mars — Charles Le Brun, directeur de la manufacture des Gobelins.
Juillet — Louis XIV annexe Avignon et le Comtat.
Septembre — Colbert adresse aux intendants une « Instruction » qui renforce leurs pouvoirs.

- Le Canada devient colonie de la Couronne.

1664
Janvier — Colbert, surintendant des bâtiments, arts et manufactures.

Mai	L'archevêque de Paris impose la signature du Formulaire à son clergé.
7-13 mai	Fêtes des *Plaisirs de l'Ile enchantée* à Versailles.
Mai	Création de la Compagnie des Indes occidentales.
Août	Création de la Compagnie des Indes orientales.
1er août	Victoire à Saint-Gotthard de l'armée chrétienne (avec participation française) contre les Turcs.
18 septembre	Tarif douanier protecteur.
20 décembre	Condamnation de Fouquet au bannissement (peine commuée en détention à vie).

- Molière, *Tartuffe*.

1665

5 janvier	Premier numéro du *Journal des Savants*.
15 septembre	Début des « grands jours » d'Auvergne.
Octobre	Le Bernin quitte Paris et son projet pour le Louvre est abandonné.
12 décembre	Colbert, contrôleur général des finances.

- Le régiment de Carignan-Salières envoyé en Nouvelle-France.
- Molière, *Dom Juan*; La Rochefoucauld, *Maximes morales*.

1666

20 janvier	Mort d'Anne d'Autriche.
26 janvier	La France déclare la guerre à l'Angleterre.
Avril	Règlement sur l'exercice de la R. P. R.
22 décembre	Création de l'Académie royale des sciences.

- Début des travaux du canal du Midi.
- Molière, *Le Misanthrope*; Furetière, *Le Roman bourgeois*.

1667

15 mars	Création de la lieutenance générale de police de Paris, confiée à La Reynie.
3 avril	Ordonnance civile de Saint-Germain-en-Laye, dite code Louis.
18 avril	Renforcement du tarif douanier de 1664.
Mai	Début de la guerre de Dévolution.
27 août	Prise de Lille par Louis XIV.
31 juillet	Traité de Breda entre les Provinces-Unies et l'Angleterre.

- A Paris, début de la construction de la colonnade du Louvre et de l'Observatoire.

1668

19 janvier	Traité secret entre Louis XIV et Léopold Ier sur la succession espagnole.
3-19 février	Conquête de la Franche-Comté par Condé.
2 mai	Traité d'Aix-la-Chapelle.
18 juillet	« Grand divertissement royal » à Versailles.
Septembre	Paix de l'Église ou Paix « clémentine ».

- Peste dans le nord de la France.
- Louis XIV adopte le plan de Le Vau pour l'agrandissement du château de Versailles, côté jardin.
- La Fontaine, *Fables* (premier recueil).

1669

1er février	Édit limitant l'édit de Nantes.
Févr.-mars	Colbert, secrétaire d'État à la Maison du roi (chargé de Paris) et à la marine.
28 juin	Création de l'Académie royale de musique.
Août	Ordonnance sur les eaux et forêts.

- Racine, *Britannicus*; Molière et Lully, *Monsieur de Pourceaugnac*.

1670

26 février	Création de l'hôtel royal des Invalides.
31 mars	Naissance du duc du Maine (légitimé en 1673).
1er juin	Traité de Douvres entre la France et l'Angleterre.
29 juin	Mort d'Henriette d'Angleterre, duchesse d'Orléans.
13 juillet	Institution du système des « classes » pour le recrutement des hommes de la marine royale.
26 août	Ordonnance criminelle de Saint-Germain-en-Laye pour la réformation de la justice.
5 septembre	Bossuet nommé précepteur du dauphin.

- Construction du « Trianon de porcelaine » à Versailles.
- Pascal, *Pensées*; Corneille, *Tite et Bérénice*; Racine, *Bérénice*.

1671

2 février	Traité secret franco-anglais contre les Provinces-Unies.
1er septembre	Mort d'Hugues de Lionne.
1er novembre	Traité secret de neutralité avec l'empereur.
Décembre	Création de l'Académie royale d'architecture.

- Mme de Sévigné commence sa correspondance avec sa fille.
- Molière, Quinault et Lully, *Psyché*.
- Jean Picard achève la mesure de l'arc du méridien terrestre.

1672

28 janvier	Mort du chancelier Séguier.
4 février	Louvois, ministre d'État.
13 mars	Lully à la tête de l'Académie royale de musique.
6 avril	La France déclare la guerre aux Provinces-Unies.
7 juin	Bataille navale de Solebay.
12 juin	Passage du Rhin.
20 juin	Les Hollandais ouvrent les digues.
Juill.-août	Nomination de Guillaume d'Orange comme capitaine général de la République et assassinat de Jean de Witt.

- A Paris, construction de la porte Saint-Denis.

1673

24 février	Lettres patentes imposant aux parlements l'enregistrement des édits royaux avant toutes remontrances.
Février	Début de l'affaire dite de la Régale.
Mars	Obligation du papier timbré pour les actes authentiques.
	Ordonnance du commerce, dite code Savary.
1er juillet	Louis XIV prend Maastricht.
30 août	Traité de La Haye entre les Provinces-Unies, l'Espagne et l'empereur contre la France.

- Marc-Antoine Charpentier, *Les Arts florissants*; Quinault et Lully, *Cadmus et Hermione*.

1674

Février	Traité de Westminster entre l'Angleterre et les Provinces-Unies.
Mai-juillet	Seconde conquête de la Franche-Comté.
Juill.-août	Turenne pratique la tactique de la « terre brûlée » en Palatinat.
11 août	Victoire française de Condé à Seneffe.

- Création d'une Caisse des emprunts.
- Louis Moréri, *Grand Dictionnaire historique*; Nicolas Malebranche, *De la recherche de la vérité*.

1675

5 janvier	Victoire de Turenne sur les Impériaux à Turckheim.

Chronologie

11 février	Victoire navale française au large des îles Lipari.
27 juillet	Mort de Turenne à Salzbach.
Avr.-septembre	Révolte du Papier timbré (Rennes) et des Bonnets rouges (Basse-Bretagne).

- Mise en pratique de l'ordre du Tableau.
- Jacques Savary, *Le Parfait Négociant*; Nicolas Lémery, *Cours de chimie*.

1676

22 avril	Victoire navale de Duquesne sur Ruyter à Agosta.
17 juillet	Exécution de la marquise de Brinvilliers convaincue d'empoisonnement.

- Création par Paul Pellisson de la Caisse des conversions.
- Le Danois Römer, installé à Paris, calcule la vitesse de la lumière.
- Edme Mariotte, *De la nature de l'œil*.

1677

17 mars	Prise de Valenciennes par le maréchal de Luxembourg.
Octobre	Boileau et Racine nommés historiographes du roi.

- Le roi fait connaître sa décision de fixer sa résidence à Versailles.
- Racine, *Phèdre*.

1678

Mars	Siège et prise de Gand en présence du roi.
10 août	Traité de Nimègue entre la France et les Provinces-Unies.
17 septembre	Traité de Nimègue entre la France et l'Espagne.

- A Versailles, Jules Hardouin-Mansart commence la construction de l'aile du Midi.
- Mme de La Fayette, *La Princesse de Clèves*; Richard Simon, *Histoire critique du Vieux Testament*.

1679

5 février	Traité de Nimègue entre la France et l'empereur.
Mars	Arrestation de la Voisin, début de l'affaire des Poisons.
29 juin	Traité de Saint-Germain entre Louis XIV et l'électeur de Brandebourg.
Août	Début de la politique des « réunions ».
18 novembre	Disgrâce d'Arnauld de Pomponne.

- A Versailles, Le Brun commence la décoration de la galerie des Glaces.
- Jean-Baptiste Thiers, *Traité des superstitions*.

1680
Mai-juin — Ordonnances sur le fait des gabelles et des aides.
Novembre — Interdiction des mariages entre catholiques et protestants.
Décembre — Apparition de la comète de Halley.

- Pierre Richelet, *Dictionnaire français*; Nicolas Malebranche, *Traité de la nature et de la grâce*.

1681
11 janvier — Traité secret entre la France et le Brandebourg.
Mai — Ouverture du canal du Midi.
24 juin — Création à Reims des Frères des écoles chrétiennes par Jean-Baptiste de La Salle.
9 juillet — Fermeture de l'académie protestante de Sedan.
Août — Ordonnance maritime.
30 septembre — Réunion de Strasbourg à la France.

- Début des dragonnades en Poitou.
- Coysevox, *Buste de Louis XIV*; Bossuet, *Discours sur l'histoire universelle*.

1682
19 mars — Déclaration des quatre articles.
6 mai — Installation de la cour à Versailles.
30 juillet — Édit « pour la punition des empoisonneurs, devins et autres ».
Août — Cavelier de La Salle prend possession de la vallée du Mississippi baptisée Louisiane.

- Pierre Bayle, *Lettre sur la comète*; François Barrême, *Le Livre des comptes faits*.

1683
30 juillet — Mort de la reine Marie-Thérèse.
6 septembre — Mort de Jean-Baptiste Colbert.
12 septembre — Défaite des Turcs devant Vienne.
9 octobre (?) — Louis XIV épouse secrètement Mme de Maintenon.

- Nicolas Malebranche, *Méditations chrétiennes et métaphysiques*.

1684
Mai — Bombardement de Gênes par Duquesne.

Chronologie

7 juin	Prise de Luxembourg.
29 juin	Accord entre la France et les Provinces-Unies.
15 août	Trêve de Ratisbonne.
Novembre	Ambassadeurs siamois à Versailles.

- A Versailles, début des travaux de l'aqueduc de Maintenon.
- Pierre Bayle crée en Hollande *Les Nouvelles de la République des lettres*.
- Amelot de La Houssaye publie la traduction de *L'Homme de cour* de Balthasar Gracian (1657).

1685

Mars	Ordonnance coloniale, dite code Noir.
Mai	Excuses du doge de Gênes.
27 août	Traité de La Haye entre Guillaume d'Orange et l'électeur de Brandebourg.
17 octobre	Édit de Fontainebleau portant révocation de l'édit de Nantes.

- Mme Guyon, *Moyen court et très facile pour faire oraison*.

1686

25 mars	A Paris, inauguration de la place des Victoires.
9 juillet	Formation de la Ligue d'Augsbourg.
2 août	Inauguration de la maison de Saint-Cyr.
26 octobre	Prohibition des « indiennes ».
18 novembre	Le roi est opéré d'une fistule.
11 décembre	Mort du Grand Condé.

- Pierre Jurieu, *Lettres pastorales à nos frères qui gémissent sous la captivité de Babylone*.

1687

30 janvier	Louis XIV est reçu à l'hôtel de ville de Paris.

- Hardouin-Mansart construit le Grand Trianon.
- Début de la querelle des Anciens et des Modernes.
- Fénelon, *Traité de l'éducation des filles*; abbé de Choisy, *Journal du voyage de Siam*; Charles Perrault, *Le Siècle de Louis le Grand*.

1688

Septembre	Siège de Philippsbourg.
Novembre	Organisation de la milice royale.
Nov.-décembre	« Glorieuse Révolution » en Angleterre.

- La Bruyère, *Les Caractères*; Bossuet, *Histoire des variations des Églises protestantes*; Fontenelle, *Digression sur les Anciens et sur les Modernes*.

1689
Janvier	Début du sac du Palatinat.
Février	Guillaume d'Orange et Marie reconnus roi et reine d'Angleterre.
15 avril	Déclaration de guerre de la France à l'Espagne.
Avril	Ordonnance concernant la marine royale.
17 mai	L'Angleterre déclare la guerre à la France.
Août	Le duc de Beauvillier, gouverneur du duc de Bourgogne, Fénelon, précepteur.

- Établissement d'un intendant en Bretagne.
- Racine, *Esther*.

1690
1er juillet	Victoire du maréchal de Luxembourg à Fleurus.
11 juillet	Victoire de Tourville à Béveziers.
11 juillet	Victoire de Guillaume III contre Jacques II sur la Boyne.
18 août	Victoire de Catinat à Staffarde.

- Mignard succède à Le Brun comme peintre du roi.
- Antoine Furetière, *Dictionnaire universel*.

1691
26 mars	Prise de Nice par Catinat.
8 avril	Capitulation de Mons.
16 juillet	Mort de Louvois.
Juin-août	Campagne navale de Tourville.
19 septembre	Victoire du maréchal de Luxembourg à Leuze.

- Racine, *Athalie*.

1692
Mars	Achèvement du canal du Loing.
29 mai-2 juin	Victoire, puis échec de Tourville à Barfleur, puis à La Hougue.
30 juin	Prise de Namur par Louis XIV.
3 août	Victoire du maréchal de Luxembourg à Steinkerque.

- Crise de subsistances.

1693
27-29 juin	Victoire de Tourville au large de Lagos.

Chronologie 281

29 juillet — Victoire de Luxembourg à Neerwinden.
14 septembre — Fin du conflit avec le pape.
4 octobre — Victoire de Catinat à La Marsaille.
11 octobre — Prise de Charleroi.

- Aggravation de la crise de subsistances.
- Pasquier Quesnel, *Nouveau Testament en français, avec des Réflexions morales sur chaque verset*; Thomas Corneille et Marc-Antoine Charpentier, *Médée*.

1694
18 juin — Échec anglais contre Brest.
24 août — L'Académie française présente au roi son *Dictionnaire de la langue française*.

- Tournefort, *Éléments de botanique*.

1695
18 janvier — Création de la capitation.
4 février — Fénelon, archevêque de Cambrai.
Mars — Articles d'Issy.
Avril — Édit concernant la juridiction ecclésiastique.
4 août — Guillaume III reprend Namur.

- Création, par fusion, de la Compagnie des glaces de Saint-Gobain.
- Pierre de Boisguillebert, *Détail de la France*.

1696
18 juin — Victoire de Jean Bart au Texel.
29 août — Paix séparée entre la France et la Savoie.

- Pierre Bayle, *Dictionnaire historique et critique*.

1697
Février — Envoi d'un questionnaire détaillé aux intendants « pour l'instruction du duc de Bourgogne ».
Mai — Début des négociations de Ryswick.
Juillet — Édit pour l'établissement d'un éclairage public dans les principales villes du royaume.
10 août — Prise de Barcelone par le duc de Vendôme.
Sept.-octobre — Traités de Ryswick.

- Pierre Darmancour (*alias* Charles Perrault), *Histoires ou Contes des temps passés avec des moralités*; Fénelon, *Explication des maximes des saints*.

1698
4 juin	Mme Guyon à la Bastille.
13 octobre	Traité de La Haye entre Louis XIV et Guillaume III à propos de la succession espagnole.
13 décembre	Déclaration royale prescrivant la création d'une école par paroisse.

- Création de la Compagnie de Saint-Domingue et de la Compagnie de Chine.
- Bossuet, *Relation sur le quiétisme*.

1699
12 mars	Condamnation de Fénelon par le pape.
5 septembre	Pontchartrain, chancelier.
Octobre	Création de lieutenants généraux de police en province.

- A Versailles, début de la construction de la chapelle du château.
- L'abbé Jean-Paul Bignon, directeur de la Librairie.
- Première édition de l'*Almanach royal* ; Fénelon, *Les Aventures de Télémaque*.

1700
11 mai	Création de la Loterie royale.
29 juin	Reconstitution du conseil du Commerce.
1er novembre	Mort de Charles II d'Espagne.
16 novembre	Acceptation par Louis XIV du testament du roi d'Espagne.

- John Locke, *Essai concernant l'entendement humain* (traduction française par Pierre Costes).

1701
1er février	Le parlement de Paris enregistre le maintien des droits de Philippe V à la couronne de France.
12 mars	La capitation, supprimée en 1698, est rétablie.
7 septembre	Grande alliance de La Haye contre la France et l'Espagne.
16 septembre	Mort de Jacques II, Louis XIV reconnaît son fils comme roi d'Angleterre.

- Début de l'affaire dite du « cas de conscience ».
- Création d'une Caisse des emprunts émettant des billets de papier.
- Vauban, *Traité de la défense des places* ; Hyacinthe Rigaud, *Portrait de Louis XIV en costume du sacre*.

Chronologie

1702
19 mars — Mort de Guillaume III.
15 mai — Les alliés déclarent la guerre à la France et à l'Espagne.
24 juillet — Assassinat de l'abbé du Chayla, début de la guerre des Camisards.
15 août — Victoire de Vendôme à Luzzara.
14 octobre — Victoire de Villars à Friedlingen.
23 octobre — Défaite de la flotte franco-espagnole devant Vigo.
29 octobre — Prise de Liège par Marlborough.

1703
14 janvier — Vauban, maréchal de France.
20 septembre — Victoire de Villars à Höchstädt.
Octobre — La Savoie et le Portugal abandonnent l'alliance française et se joignent aux coalisés.
Décembre — Création du centième denier sur les mutations immobilières.

- Guerre des Camisards.
- Jean-Baptiste de La Salle, *Règles de la bienséance et de la civilité chrétiennes* ; Michel Richard Delalande, *Symphonies pour les soupers du roi*.

1704
Mars — L'archiduc Charles débarque à Lisbonne.
Avril — Louis XIV soutient les Malcontents hongrois.
4 août — L'amiral anglais Rooke prend Gibraltar.
13 août — Défaite des Franco-Bavarois à Blenheim-Höchstädt.
Octobre — Les camisards déposent les armes.

- *Dictionnaire de Trévoux*.

1705
5 mai — Mort de l'empereur Léopold, son fils Joseph lui succède.
16 août — Victoire du duc de Vendôme sur le prince Eugène à Cassano en Piémont.
Août — Le parlement de Paris enregistre la bulle *Vineam Domini*.
Novembre — Les Anglais prennent Barcelone où s'installe l'archiduc Charles.

- Nicolas Delamare, *Traité de la police*.

1706
23 mai — Défaite de Villeroy à Ramillies devant le prince Eugène.

28 juin	L'archiduc Charles se proclame roi d'Espagne sous le nom de Charles III.
7 septembre	Défaite française devant Turin.
	• A Paris, achèvement de l'église Saint-Louis des Invalides.

1707
Janvier-mai	Révolte des « Tard-Avisés » du Quercy.
Février	Interdiction du *Projet de dîme royale* de Vauban (qui meurt le 30 mars).
	Victoire du maréchal de Berwick à Almansa.
Septembre	Les Anglais s'emparent de Minorque.
Octobre	Prise de Lérida par le duc d'Orléans.
	• Pierre de Boisguillebert, *Le Factum de la France*.

1708
11 juillet	Défaite de Vendôme et du duc de Bourgogne devant le prince Eugène et Marlborough à Audenarde.
23 octobre	Prise de Lille par le prince Eugène.
30 décembre	Gand est reprise par le prince Eugène.
	• Regnard, *Le Légataire universel*.

1709
6 janvier	Début du « grand hiver » et de la crise qui en découle.
6-28 mai	Torcy tente de négocier un compromis à La Haye.
12 juin	Lettre de Louis XIV à ses sujets pour leur expliquer qu'il ne peut accepter les conditions de paix.
11 septembre	Bataille meurtrière et indécise de Malplaquet.
29 octobre	Dispersion des religieuses de Port-Royal des Champs.
	• Création de la Caisse Legendre.
	• Bossuet, *La Politique tirée des propres paroles de l'Écriture Sainte* ; Lesage, *Turcaret*.

1710
15 février	Naissance de Louis, duc d'Anjou, futur Louis XV.
Mars-juin	Négociations de Geertruydenberg.
14 octobre	Création du dixième.
10 décembre	Victoire franco-espagnole de Villaviciosa.

1711
14 avril	Mort de Monseigneur, le Grand Dauphin.

Chronologie

17 avril	Mort de Joseph Ier, son frère, l'archiduc Charles, devient Charles VI.
26 août	Conférences secrètes franco-anglaises ouvertes à Londres.
21 septembre	Duguay-Trouin s'empare de Rio de Janeiro.
8 octobre	Préliminaires de paix franco-anglaise signés à Londres.
Novembre	Les Provinces-Unies acceptent le principe d'un congrès à Utrecht.

- *Tables de Chaulnes.*

1712

29 janvier	Ouverture du congrès d'Utrecht.
12 février	Mort de la duchesse de Bourgogne, puis du duc de Bourgogne, le 18, et du duc de Bretagne, le 8 mars.
24 juillet	Victoire de Villars à Denain sur le prince Eugène.
5 novembre	Philippe V renonce à ses droits à la couronne de France.
7 novembre	Armistice entre la France et le Portugal.

- Watteau, *L'Embarquement pour Cythère.*

1713

Mars	Le parlement de Paris enregistre les renonciations de Philippe V à la couronne de France et du duc de Berry et du duc d'Orléans à la couronne d'Espagne.
11 avril	Traités d'Utrecht.
8 septembre	Bulle *Unigenitus*.
26 novembre	Ouverture de négociations de paix entre la France et l'empereur à Rastatt.

- Abbé de Saint-Pierre, *Projet pour rendre la paix perpétuelle à l'Europe* ; François Couperin, *Leçons de ténèbres.*

1714

15 février	Le parlement de Paris est contraint d'enregistrer la bulle *Unigenitus*.
6 mars	Traité de Rastatt entre la France et l'Empire.
4 mai	Mort du duc de Berry.
2 juillet	Démission du chancelier Pontchartrain.
29 juillet	Louis XIV déclare ses fils légitimés aptes à succéder à la couronne.
2 août	Louis XIV rédige son testament.

1715
21 août Premier synode du « Désert », réuni par Antoine Court.
1ᵉʳ septembre Mort de Louis XIV à Versailles.

Bibliographie

Cette bibliographie est volontairement limitée aux ouvrages les plus importants publiés *depuis 1990*. On trouvera tous les compléments bibliographiques dans Jean-Christian Petitfils (1995) et dans René et Suzanne Pillorget (1996).

Barzic (Jean-Yves), *L'Hermine et le Soleil. Les Bretons au temps de Louis XIV*, Spezet, Coop Breizh, 1995, 510 p.

Beaussant (Philippe), *Lully ou le musicien du Soleil,* Paris, Gallimard, 1992, 896 p.

Bély (Lucien), *Espions et Ambassadeurs au temps de Louis XIV*, Paris, Fayard, 1990, 906 p.

Bély (Lucien), sous la dir. de, *Dictionnaire de l'Ancien Régime,* Paris, PUF, 1996, 1386 p.

Blanchard (Anne), *Vauban*, Paris, Fayard, 1996, 684 p.

Bluche (François), sous la dir. de, *Dictionnaire du Grand Siècle,* Paris, Fayard, 1990, 1640 p.

Bourquin (Laurent), *Noblesse seconde et Pouvoir en Champagne aux XVIe et XVIIe siècles,* Paris, Publications de la Sorbonne, 1994, 334 p.

Burke (Peter), *The Fabrication of Louis XIV*, New Haven-Londres, 1992 ; trad. fr., *Louis XIV. Les stratégies de la gloire*, Paris, Seuil, 1995, 270 p.

Cabantous (Alain), *Le Ciel dans la mer. Christianisme et civilisation maritime, XVIe-XIXe siècles*, Paris, Fayard, 1990, 434 p.

Caroly (Michèle), *Le Corps du Roi-Soleil. Grandeurs et misères de Sa Majesté Louis XIV*, Paris, Imago, 1990, 190 p.

Cornette (Joël), *Le Roi de guerre. Essai sur la souveraineté dans la France du Grand Siècle*, Paris, Payot, 1993, 492 p.

—, *Histoire de la France, Absolutisme et Lumières, 1652-1783*, Paris, Hachette, 1993, 254 p.

—, *Chronique du règne de Louis XIV*, Paris, SEDES, 1997, 582 p.

Couton (Georges), *La Chair et l'Ame. Louis XIV entre ses maîtresses et Bossuet*, Grenoble, Presses universitaires de Grenoble, 1995, 224 p.

Descimon (Robert) et Jouhaud (Christian), *La France du premier XVIIe siècle, 1594-1661*, Paris, Belin, 1996, 240 p.

Dessert (Daniel), *La Royale. Vaisseaux et marins du Roi-Soleil*, Paris, Fayard, 1996, 394 p.

Drévillon (Hervé), *Lire et écrire l'avenir. L'astrologie dans la France du Grand Siècle (1610-1715)*, Paris, Champ Vallon, 1996, 288 p.

El Annabi (Hassen), *Être notaire à Paris au temps de Louis XIV. Henri Boutet, ses activités et sa clientèle (1693-1714)*, Tunis, Faculté des sciences humaines et sociales, 1995, 698 p.

La France de la Monarchie absolue, 1610-1715, introd. de Joël Cornette, Paris, Seuil (L'Histoire), 1997, 580 p.

Frostin (Charles), *Les Pontchartrain, ministres de Louis XIV, ou le bonheur de s'appeler Phélypeaux*, à paraître.

Fumaroli (Marc), *Le Poète et le Roi. Jean de La Fontaine en son siècle*, Paris, De Fallois, 1997, 512 p.

Goubert (Pierre), *Mazarin*, Paris, Fayard, 1990, 572 p.

—, *Le Siècle de Louis XIV*, Paris, De Fallois, 1996, 384 p.

Haudrère (Philippe), *L'Empire des rois, 1500-1789*, Paris, Denoël, 1997, 478 p.

Kleinman (Ruth), *Anne d'Autriche*, Paris, Fayard, 1993, 606 p.

Lachiver (Marcel), *Les Années de misère. La famine au temps du Grand Roi, 1680-1720*, Paris, Fayard, 1991, 574 p.

Le Roy Ladurie (Emmanuel), *L'Ancien Régime (1610-1770)*, Paris, Hachette, 1991, 462 p.

Lespagnol (André), *Messieurs de Saint-Malo. Une élite négociante au temps de Louis XIV*, Saint-Malo, L'Ancre de marine, 1990, 868 p. ; rééd., Rennes, Presses universitaires de Rennes, 1996, 2 vol., 840 p.

Méchoulian (Henri) et Cornette (Joël), sous la dir. de, *L'État classique. Regards sur la pensée politique de la France dans le second XVIIe siècle*, Paris, Vrin, 1996, 504 p.

Merlin (Hélène), *Public et Littérature en France au XVIIe siècle*, Paris, Les Belles Lettres, 1996, 527 p.

Bibliographie 291

Michaud (Claude), *L'Église et l'Argent sous l'Ancien Régime. Les receveurs généraux du clergé de France aux XVIe et XVIIe siècles*, Paris, Fayard, 1991, 804 p.

Moriceau (Jean-Marc), *Les Fermiers de l'Ile-de-France. L'ascension d'un patronat agricole (XVe-XVIIIe siècle)*, Paris, Fayard, 1994, 1070 p.

Nassiet (Michel), *Noblesse et Pauvreté. La petite noblesse en Bretagne, XVe-XVIIIe siècle*, Rennes, Société historique et archéologique de Bretagne, 1995, 528 p.

—, *La France du second XVIIe siècle, 1661-1715*, Paris, Belin, à paraître.

Négroni (Barbara de), *Intolérances. Catholiques et protestants en France, 1568-1787*, Paris, Hachette, 1996, 238 p.

Petitfils (Jean-Christian), *Louis XIV*, Paris, Perrin, 1995, 778 p. ; rééd. 1997.

Pétré-Grenouilleau (Olivier), *Négoces maritimes français, XVIIe-XXe siècles*, Paris, Belin, à paraître.

Pillorget (René) et Pillorget (Suzanne), *France baroque, France classique, 1589-1715. 1, Récit. 2, Dictionnaire*, Paris, Laffont-Bouquins, 1996, 2 vol., 1780 et 1360 p.

Sabatier (Gérard), *Versailles ou la Figure du roi. Essai sur la représentation du prince en France au temps de la monarchie absolue*, Paris, Albin Michel, à paraître.

Salvadori (Philippe), *La Chasse sous l'Ancien Régime*, Paris, Fayard, 1996, 462 p.

Saule (Béatrix), *Versailles triomphant. Une journée de Louis XIV*, Paris, Flammarion, 1996, 216 p.

Schama (Simon), *L'Embarras des richesses. Une interprétation de la culture hollandaise au Siècle d'or*, Paris, Gallimard, 1991, 866 p.

Smedley-Weill (Anette), *Les Intendants de Louis XIV*, Paris, Fayard, 1995, 370 p.

Solnon (Jean-François), *Les Ormesson au plaisir de l'État*, Paris, Fayard, 1992, 542 p.

Taveneaux (René), *Le Catholicisme dans la France classique, 1610-1715*, Paris, SEDES, 2e éd., 1994, 2 vol., 582 p.

Van der Cruysse (Dirk), *Louis XIV et le Siam*, Paris, Fayard, 1991, 588 p.

Vergé-Franceschi (Michel), *Abraham Duquesne, huguenot et marin du Roi-Soleil*, Paris, France-Empire, 1992, 440 p.

Versailles au siècle de Louis XIV, Paris, Éd. Réunion des Musées nationaux, 1993, 96 p., 134 ill.

Woronoff (Denis), *Histoire de l'industrie française du XVIe siècle à nos jours*, Paris, Seuil, 1994, 664 p.

Index
des noms de personnes

Les dates sont celles de naissance et de décès. Pour les souverains et les papes, il y a trois dates, la deuxième étant celle de l'accession au trône.

Aguesseau (Henri François d') (1668-1751), 257.
Alexandre VII, pape (1599-1655-1667), 145.
Alexandre VIII, pape (1610-1689-1691), 219.
Alexis Ier, tsar de Russie (1630-1645-1676), 30.
Aligre (Étienne d') (1660-1725), 42.
Angélique (Jacqueline Arnauld, mère) (1591-1661), 44, 99, 129.
Anjou (Philippe, duc d'), voir Philippe V.
Anne d'Autriche, reine de France (1601-1666), 10, 13, 37, 95.
Anne Stuart, reine d'Angleterre (1664-1702-1714), 239, 245, 246.
Argenson (Marc René de Voyer, marquis d') (1652-1721), 197.
Arioste (l') (1474-1533), 36, 107.
Aristote (384-322 av J.-C.), 104, 112, 217.
Arnauld (Antoine) (1616-1698), 44, 99, 103, 129, 213, 214, 221.
Arnauld (Henry) (1597-1692), 98.
Arnauld d'Andilly (Robert) (1589-1674), 129.

Arnauld de Pomponne, voir Pomponne.
Arnoul (Pierre) (1651-1719), 143.
Audijos (Bernard d'), 51.
Augustin (saint) (354-430), 99, 123.
Aumont (Louis de Villequier, duc d') (1632-1704), 46.

Bade (Louis, prince de) (1655-1707), 240.
Barbezieux (Louis François Marie Le Tellier, marquis de) (1668-1701), 169, 210, 227, 231.
Barrême (François) (1640-1703), 75.
Bart (Jean) (1650-1702), 192, 232.
Bavière (Joseph Clément de) (1671-1723), 185, 233.
Bavière (Max Emmanuel de) (1662-1726), 235, 238-240, 248.
Bavière (Maximilien Henri de) (1621-1688), 185.
Bavière (Joseph Ferdinand de) (1692-1699), 235.
Bavière (Marie Anne de), dauphine (1660-1690), 38, 162.
Bavière-Neubourg (Marie-Anne

de), reine d'Espagne (1667-1740), 235.
Bâville (Nicolas de Lamoignon, marquis de) (1648-1724), 197, 207.
Bayle (Pierre) (1647-1706), 33, 176, 213, 214.
Bazin de Bezons (Claude) (1617-1684), 55.
Beauvillier (Paul, duc de) (1648-1714), 45, 166, 169, 201, 203, 209, 210, 216, 237, 254, 256.
Beauvillier (Henriette Colbert, duchesse de) (1657-1733), 45, 219.
Benoist (Élie) (1640-1728), 214.
Bernard (Samuel) (1651-1739), 205.
Bernier (François) (1620-1688), 110.
Bernin (Giovanni Lorenzo Bernini, dit le) (1598-1680), 115, 160.
Berry (Charles, duc de) (1686-1714), 162, 236, 247, 253, 255.
Berry (Marie Louise d'Orléans, duchesse de) (1695-1719), 255.
Berwick (Jacques Fitz-James, duc de) (1671-1734), 242.
Bignon (Jean-Paul) (1662-1743), 212.
Blois (Marie-Anne de Bourbon, première Mademoiselle de) (1666-1739), 162.
Blois (Françoise de Bourbon, deuxième Mademoiselle de) (1677-1741), 162.
Blondel (François) (1618-1686), 118.
Boccace (1313-1375), 107.
Bodin (Jean) (1530-1596), 24, 31, 57.
Boileau (Nicolas) (1636-1711), 105, 106, 112, 217.

Boisguillebert (Pierre de) (1646-1714), 201, 205, 215, 216.
Bonrepaus (François d'Usson de) († 1719), 143.
Bontemps (Alexandre) (1626-1701), 161.
Bossuet (Jacques Bénigne) (1627-1704), 18, 31, 32, 39, 97, 101, 102, 161, 173, 174, 176, 177, 212-214, 217, 220, 222.
Boucherat (Louis) (1616-1699), 167, 210.
Boufflers (Louis-François, duc de) (1644-1711), 233, 243.
Bourdaloue (Louis) (1632-1704), 102, 107, 165.
Bourgogne (Louis, duc de) (1682-1712), 95, 162, 201, 203, 209, 216, 232, 243, 253, 254, 256.
Bourgogne (Marie-Adélaïde de Savoie, duchesse de) (1685-1712), 232, 254.
Boyle (Robert) (1627-1691), 112.
Brahé (Tycho) (1546-1601), 111.
Broglie (Victor Marie, comte de) (1644-1727), 223.
Bruant (Libéral) (1635-1697), 118, 136.
Bussy-Rabutin (Roger, comte de) (1618-1693), 174.

Callières (François de) (1645-1717), 129.
Campanella (Tomasso) (1568-1639), 111.
Cassini (Jean-Dominique) (1625-1712), 111, 113.
Castel-Rodrigo (François, marquis de) († 1675), 148.
Catinat (Nicolas) (1637-1712), 184, 226, 230, 232, 240.
Caulet (François Étienne) (1597-1677), 102.
Cavalier (Jean) (1680-1740), 223, 224.

Index des noms de personnes

Cavelier de La Salle (Robert) (1643-1687), 85.
Chamillart (Michel) (1652-1721), 210, 215.
Chamlay (Jules Bolé, marquis de) (1650-1719), 132, 186, 226, 227.
Charles Ier, roi d'Angleterre (1600-1625-1649), 29.
Charles II, roi d'Angleterre (1630-1660-1685), 29, 109, 131, 144, 147, 151, 153, 155, 183.
Charles Quint, empereur (1500-1519-1555-1558), 24, 246.
Charles VI, empereur (archiduc Charles, puis) (1685-1711-1740), 184, 234-236, 242-249.
Charles II, roi d'Espagne (1661-1665-1700), 127, 147, 148, 234-236, 238, 239, 248, 249.
Charles VIII, roi de France (1470-1483-1498), 34.
Charles IX, roi de France (1550-1560-1574), 162.
Charles XI, roi de Suède (1655-1660-1697), 182.
Charles XII, roi de Suède (1682-1697-1718), 243.
Charles IV, duc de Lorraine (1604-1624-1675), 146, 150.
Charron de Ménars (Jacques) (1643-1718), 45, 55.
Châteauneuf (Balthazar Phélypeaux, marquis de) (1638-1700), 44, 168.
Châteaurenault (François Louis, marquis de) (1637-1716), 229, 240.
Chaulnes (Charles d'Albert, duc de) (1624-1698), 51, 168.
Chauvelin (Claude) († 1627), 46.
Chayla (abbé du) (1650-1702), 223.
Chevreuse (Charles-Honoré d'Albert, duc de) (1646-1712), 45, 210, 216.
Chevreuse (Jeanne Colbert, duchesse de) (1650-1732), 45, 219.
Chigi (Fabio, cardinal) (1630-1695), 145.
Choisy (François Timoléon, abbé de) (1644-1724), 179.
Claude (Jean) (1619-1687), 101, 171, 176.
Clément IX, pape (1600-1667-1669), 98.
Clément XI, pape (1649-1700-1721), 222, 257.
Clerville (Nicolas, chevalier de) (1610-1677), 138, 139.
Coislin (Armand du Cambout, duc de) (1635-1702), 36.
Colbert (Jean-Baptiste) (1619-1683), 14-16, 18, 41-46, 50, 52-56, 58, 59, 62-67, 70-85, 97, 101-103, 109-111, 113-115, 126, 129, 133, 137, 139, 140, 142, 143, 149, 155, 159, 165, 167, 178, 203, 206, 210, 218.
Colbert (Marie Charron, ép. de Jean-Baptiste) (1630-1687), 14, 45.
Colbert (Nicolas) (1628-1676), 45.
Colbert (Jacques Nicolas) (1654-1707), 45.
Colbert de Croissy, voir Croissy.
Colbert de Saint-Pouange (Jean-Baptiste) (1602-1663), 14, 45.
Colbert de Saint-Pouange (Jean-Baptiste Michel) (1640-1710), 45.
Colbert de Terron (Charles) (1618-1684), 45, 140, 143.
Colbert de Torcy, voir Torcy.
Coligny (Jean, comte de) (1617-1686), 146.
Condé (Louis II de Bourbon, duc

d'Enghien, puis prince de), dit le Grand Condé (1621-1686), 35, 38, 47, 102, 138, 148, 149, 151, 153, 154, 226.
Condé (Henri Jules de Bourbon, duc d'Enghien, puis prince de) (1643-1709), 35, 146, 163.
Condé (Louis, duc de Bourbon, puis prince de) (1668-1710), 162.
Conti (Armand de Bourbon, prince de) (1629-1666), 38.
Conti (Louis Armand de Bourbon, prince de) (1661-1685), 162, 163.
Copernic (Nicolas) (1473-1543), 110.
Corneille (Pierre) (1606-1684), 102, 103, 105, 120.
Couperin (François) (1668-1733), 119.
Court (Antoine) (1695-1760), 258.
Créqui (Charles, duc de) (1624-1687), 145.
Croissy (Charles Colbert, marquis de) (1626-1696), 41, 44, 45, 128, 129, 166, 168, 180, 202, 209, 210.
Cromwell (Olivier) (1599-1658), 29, 145.

Dacier (Anne Lefebvre, dame) (1647-1720), 217.
Danycan de Lespine (Noël) (1656-1735), 207.
Delalande (Michel Richard) (1657-1726), 119.
Descartes (René) (1596-1650), 109, 213.
Desmarets (Jean) (1608-1682), 45.
Desmarets (Nicolas) (1648-1721), 45, 55, 196, 202, 205, 210, 256, 258.

Desmarets de Vaubourg (Jean-Baptiste) (1646-1740), 55.
Du Bois (Marie) (1601-1679), 11.
Duguay-Trouin (René) (1673-1736), 232, 246.
Dupuy (Pierre et Jacques) (1582-1651, 1586-1656), 110.
Duquesne (Abraham) (1610-1688), 100, 152, 155, 183.

Effiat (Antoine Coëffier de Ruzé, marquis d') (1581-1632), 203.
Enghien, voir Condé.
Ésope (VIe siècle av. J.-C.), 107.
Estrades (Godefroy, comte d') (1607-1688), 144.
Estrées (Jean, comte d') (1624-1707), 152.
Eugène (Eugène de Savoie Carignan, dit le prince) (1663-1736), 238, 240-244, 247.

Fagon (Guy Crescent) (1638-1718), 259.
Félibien (André) (1619-1695), 114.
Félix (Charles François Tassy, dit) († 1703), 161.
Fénelon (François de Salignac de La Mothe-) (1651-1715), 93, 162, 173, 195, 209, 214, 216, 217, 220, 222, 254.
Ferdinand II, empereur (1578-1619-1637), 26.
Ferdinand III, empereur (1608-1637-1657), 26.
Ferdinand II, grand-duc de Toscane (1610-1621-1670), 109.
Fléchier (Esprit) (1632-1710), 107, 222.
Fontanges (Marie Angélique, duchesse de) (1661-1681), 40, 161.
Fontenelle (Bernard Le Bovier de) (1657-1757), 214, 217.

Index des noms de personnes

Forbin (Claude, chevalier de) (1656-1733), 179.
Forbin-Jeanson (Toussaint, cardinal de) (1630-1713), 130.
Foucault (Nicolas Joseph) (1643-1721), 172
Fouquet (Nicolas) (1615-1680), 14, 15, 20, 62-64, 107, 116, 126, 129, 168.
Frédéric-Guillaume, électeur de Brandebourg, dit le Grand Électeur (1620-1640-1688), 27, 146, 175.
Frontenac (Louis, comte de) (1620-1698), 81.
Fuentes (Gaspard, comte de) († 1673), 144.
Furetière (Antoine) (1619-1688), 54, 91, 103, 111, 123.
Fürstenberg (Guillaume Egon, cardinal de) (1629-1704), 185, 186.

Galien (131-201), 112.
Galilée (Galileo) (1564-1642), 109-111.
Galloway, voir Ruvigny.
Gassendi (Pierre) (1592-1655), 10, 110.
Girardon (François) (1628-1715), 117, 118, 160.
Godeau (Antoine) (1605-1672), 32.
Grémonville (Jacques Bretel, chevalier de) († 1686), 148.
Grignan (Françoise de Sévigné, marquise de) (1646-1715), 90.
Guénégaud (Henri de) (1610-1676), 13, 43.
Guillaume III, roi d'Angleterre (Guillaume d'Orange, puis) (1650-1689-1702), 28, 151-153, 155, 175, 182, 185, 187, 225, 227, 229, 231, 232, 234, 235, 238, 239.
Guise (Louis de Lorraine, duc de) (1650-1671), 35.
Gustave-Adolphe, roi de Suède (1594-1611-1632), 29, 124.
Guyon (Jeanne de La Motte, dame) (1648-1717), 219, 220.

Habert de Montmort (Henri Louis) (1599-1679), 110.
Halley (Edmond) (1656-1742), 214.
Hardouin-Mansart (Jules) (1644-1708), 116, 118, 119, 160, 161.
Harlay (Achille IV de) (1668-1717), 191.
Harlay de Champvallon (François de) (1625-1695), 161, 219.
Heinsius (Antoine) (1640-1720), 238, 239, 242, 247.
Henri II, roi de France (1519-1547-1559), 52.
Henri III, roi de France (1551-1574-1589), 40.
Henri IV, roi de France (1553-1589-1610), 21, 52, 125, 162.
Henriette d'Angleterre, duchesse d'Orléans, Madame (1644-1670), 38, 95, 107, 150.
Henriette de France, reine d'Angleterre (1609-1669), 29, 107.
Herbault (Raymond Phélypeaux, sieur d') (1560-1629), 168.
Hippocrate (460-377 av. J.-C.), 112.
Homère (IXe siècle av. J.-C.), 217.
Horace (65-8 av. J.-C.), 104.
Hotman (Vincent) († 1683), 55.
Houdar de La Motte (Antoine) (1672-1731), 217.
Huxelles (Nicolas, marquis d') (1652-1730), 245, 248.
Huygens (Christian) (1629-1695), 110, 112.

Innocent XI, pape (1611-1676-1689), 102, 175, 186, 219.
Innocent XII, pape (1615-1691-1700), 219, 220.

Jacques II, roi d'Angleterre (1633-1685-1701), 152, 173, 175, 185, 187, 225, 228-230, 239, 253.
Jacques III, dit le Prétendant Stuart (1688-1766), 239, 248, 253.
Jansenius (Cornelius) (1585-1638), 99, 221.
Jean II Casimir Vasa, roi de Pologne (1609-1648-1668-1672), 146.
Jean III Sobieski, roi de Pologne (1624-1674-1694), 130.
Joliet (Louis) (1645-1700), 85.
Joseph Ier, empereur (1678-1705-1711), 243, 246.
Jubert de Bouville (Michel André) (1645-1720), 55.
Jurieu (Pierre) (1637-1713), 32, 176, 214.

Kepler (Johannes) (1571-1630), 111.

La Bruyère (Jean de) (1645-1696), 165, 209.
La Chaise (François de, dit le père) (1624-1709), 161, 172, 219.
La Combe (père) (1640-1715), 219, 220.
La Fayette (Marie Madeleine de La Vergne, comtesse de) (1634-1693), 108.
La Feuillade (François, duc de) (1631-1691), 118.
Laffemas (Barthélemy de) (1545-1612), 66.
La Fontaine (Jean de) (1621-1695), 106, 107, 217.

Lamoignon (Guillaume de) (1617-1677), 63, 95.
La Mothe Le Vayer (François de) (1588-1672), 10, 11.
Landry (Pierre), 183, 194, 253.
Laporte (Pierre), dit Roland (1675-1704), 223.
La Reynie (Nicolas de) (1625-1709), 50, 191.
Largillière (Nicolas de) (1656-1746), 218.
La Rochefoucauld (François VI, duc de) (1613-1680), 102, 108.
La Vallière (Louise, duchesse de) (1644-1710), 39, 148, 162.
La Vrillière (Louis II Phélypeaux, seigneur de) (1599-1681), 13, 44, 168.
La Vrillière (Louis III Phélypeaux, marquis de) (1672-1725), 257.
Le Bret (Cardin) (1558-1655), 31, 127.
Le Brun (Charles) (1619-1690), 73, 113, 115-117, 218.
Le Camus (Étienne, cardinal) (1632-1707), 177.
Legendre (François), 205.
Le Nôtre (André) (1613-1700), 115-117.
Léopold Ier, empereur (1640-1658-1705), 27, 146, 156, 170, 182, 225, 234, 238-241, 243, 248.
Le Peletier (Claude) (1631-1711), 46, 167-169, 209, 210.
Le Tellier (Michel) (1603-1685), 13, 14, 16, 41-46, 129, 132, 133, 166, 167, 172, 174.
Le Tellier (Charles-Maurice) (1642-1710), 46.
Le Vau (Louis) (1612-1670), 115, 116, 118.
Lionne (Hugues de) (1611-1671), 14, 16, 41, 43, 128, 145, 147, 148, 150.

Index des noms de personnes

Lisola (François, baron de) (1616-1674), 147.
Locke (John) (1632-1704), 213.
Loménie de Brienne (Henri Auguste de) (1594-1666), 10, 13.
Loménie de Brienne (Henri Louis de) (1635-1698), 10, 13.
Lorraine (Philippe de Lorraine-Armagnac, dit le chevalier de) (1643-1702), 163.
Louis XIII, roi de France (1601-1610-1643), 10, 13, 21, 29, 34, 36, 94, 107.
Louis XIV, roi de France (1638-1643-1715), *passim*.
Louis, dauphin, dit Monseigneur (1661-1711), 38, 153, 162, 164, 169, 209, 230, 237, 253, 254, 256.
Louis, duc d'Anjou, futur Louis XV (1710-1715-1774), 259, 260.
Louvois (François Michel Le Tellier, marquis de) (1641-1691), 14, 43, 46, 129, 132-139, 152, 156, 162, 165, 166, 169, 171, 172, 181, 186, 209, 225, 226.
Lude (Henri de Daillon, comte du) († 1685), 138
Lully (Jean-Baptiste) (1633-1687), 102, 106, 119, 120.
Luxembourg (François Henri de Montmorency-Bouteville, duc de) (1628-1695), 38, 151, 152, 154, 226, 229-231.

Mabillon (Jean) (1632-1707), 213.
Magon de La Balue (Luc) (1685-1750), 209.
Maine (Louis Auguste de Bourbon, duc du) (1670-1736), 162, 253-255.
Maintenon (Françoise d'Aubigné, marquise de) (1635-1719), 39, 40, 95, 106, 161, 172, 210, 219, 220, 254-256, 259.
Malebranche (Nicolas) (1638-1715), 108, 213.
Mancini (Marie) (1640-1715), 38.
Mancini (Olympe) (1639-1708), 241.
Marie Stuart, reine d'Angleterre (1662-1689-1694), 187, 239.
Marguerite-Thérèse d'Autriche, infante d'Espagne, impératrice (1651-1673), 127, 147, 235.
Marie-Thérèse d'Autriche, infante d'Espagne, reine de France (1638-1683), 9, 20, 37, 39, 127, 147, 148, 161.
Marillac (René de) (1639-1719), 171.
Mariotte (Edme) (1620-1684), 110, 112.
Marlborough (John Churchill, duc de) (1650-1722), 239, 242-245, 247.
Marlborough (Sarah Jennings, duchesse de) (1660-1744), 239, 245.
Marquette (Jacques) (1637-1675), 85.
Marsin (Ferdinand, comte de) (1656-1706), 242.
Martin (François) (1640-1706), 82, 179.
Massillon (Jean-Baptiste) (1663-1742), 94, 261.
Maulévrier (Édouard François Colbert, comte de) (1633-1693), 45.
Mazarin (Jules, cardinal) (1602-1661), 9, 10, 12-14, 20, 24, 29, 36, 47, 53, 60, 61, 63, 66, 94, 95, 98, 99, 115, 118, 125, 126, 134, 166, 167, 215.
Mazel (Abraham) (1675-1710), 223, 224.

Merlat (Élie) (1634-1705), 32.
Mesnager (Nicolas) (1658-1714), 86, 246, 248, 251.
Methuen (Paul, lord) (1672-1757), 240, 241.
Mignard (Pierre) (1612-1695), 218.
Molière (Jean-Baptiste Poquelin, dit) (1622-1673), 36, 95, 102, 103, 106, 112, 120.
Molinos (Miguel de) (1627-1696), 219, 220.
Montausier (Charles, duc de) (1610-1690), 38.
Montchrestien (Antoine de) (1575-1621), 66.
Montecocolli (Raimondo, prince) (1608-1680), 147, 154.
Montespan (Françoise de Rochechouart-Mortemart, marquise de) (1640-1707), 39, 97, 148, 162, 254.
Montesquieu (Charles de Secondat, baron de) (1689-1755), 33.
Montesquiou (Pierre d'Artagnan, maréchal de) (1640-1725), 247.
Montpensier (Anne-Marie d'Orléans, duchesse de) (1627-1693), dite la Grande Mademoiselle, 120.
Montrevel (Nicolas Auguste de La Baume, marquis de) (1645-1716), 223.
Moréri (Louis) (1643-1680), 214.
Morin (Louis) (1635-1715), 189.
Mortemart (Marie-Anne Colbert, duchesse de) (1665-1750), 45.

Nantes (Louise Françoise de Bourbon, Mademoiselle de) (1673-1743), 162.
Naudé (Gabriel) (1600-1653), 11.
Neubourg (Philippe Guillaume de Bavière, duc de) (1615-1690), 184.
Newton (Isaac) (1642-1727), 112.
Nicole (Pierre) (1625-1695), 221.
Noailles (Louis Antoine, cardinal de) (1651-1729), 222, 257, 258.
Nogaret (Louis de Calvisson, marquis de) († 1690), 137.

Olivares (Gaspard, comte-duc d') (1587-1645), 24.
Orbay (François d') (1634-1697), 116, 118.
Orléans (Gaston, duc d') (1608-1660), 38.
Orléans (Philippe, duc d'Anjou, puis duc d'), Monsieur (1640-1701), 10, 35, 38, 150, 154, 162, 163, 230, 253.
Orléans (Philippe, duc de Chartres, puis duc d'), futur Régent (1674-1723), 38, 163, 230, 247, 253-256, 258, 259.
Orléans (Charlotte Élisabeth de Bavière, princesse Palatine, duchesse d') (1652-1722), 38, 153, 161, 163, 186, 187, 233.
Oudin (Antoine) (1595-1653), 11.

Palatine (princesse), voir Orléans (duchesse d').
Pascal (Blaise) (1623-1662), 99, 103, 108.
Pavillon (Nicolas) (1597-1677), 102.
Pellisson (Paul) (1624-1693), 101.
Péréfixe (Hardouin de Beaumont de) (1605-1671), 10, 95.
Perrault (Charles) (1628-1703), 36, 109, 195, 217.
Perrault (Claude) (1613-1688), 110, 111, 115.
Phélypeaux, voir Châteauneuf, Herbault, La Vrillière, Pontchartrain.

Index des noms de personnes

Philippe III, roi d'Espagne (1578-1598-1621), 127.
Philippe IV, roi d'Espagne (1605-1621-1665), 24, 25, 124, 127, 144, 148.
Philippe V, roi d'Espagne (duc d'Anjou, puis) (1683-1700-1746), 124, 162, 208, 234, 236-238, 241-244, 246-249, 253, 254.
Picard (Jean) (1620-1682), 111, 113.
Polignac (Melchior, abbé puis cardinal de) (1661-1741), 245, 248, 251.
Pomponne (Simon Arnauld, marquis de) (1618-1699), 41, 44, 128, 129, 148, 150, 169, 209, 210.
Pontchartrain (Louis Phélypeaux, comte de) (1643-1727), 46, 54, 168, 169, 201, 203, 207, 208, 210, 212, 231, 237, 256.
Pontchartrain (Jérôme Phélypeaux, comte de Maurepas, puis de) (1674-1747), 46, 207, 210, 257.
Portland (Guillaume Bentinck, lord) (1647-1709), 233.
Portocarrero (Louis Emmanuel Boccanegra, cardinal) (1635-1709), 236.
Puget (Pierre) (1620-1694), 119, 160.
Pussort (Henri) (1615-1697), 63, 75.

Quesnel (Pasquier) (1634-1719), 221, 257.
Quinault (Philippe) (1635-1688), 120.

Racine (Jean) (1639-1699), 37, 102, 105, 106, 217.

Rakoczi (François Léopold, prince) (1676-1735), 240.
Rapin (René) (1621-1687), 104.
Richelet (Pierre) (1631-1698), 103.
Richelieu (Armand du Plessis, cardinal de) (1585-1642), 10, 13, 20, 24, 42, 52, 77, 94, 103, 125, 126, 134, 166, 215.
Richer (Edmond) (1559-1631), 89, 221.
Rigaud (Hyacinthe) (1659-1743), 218.
Riquet (Pierre-Paul) (1604-1680), 77.
Roberval (Gilles Personne de) (1602-1675), 110.
Rohan (Armand de Soubise, cardinal de) (1674-1749), 259.
Römer (Olaüs) (1644-1710), 111.
Rooke (George) (1650-1709), 240, 242.
Rubens (Pierre Paul) (1577-1640), 218.
Ruvigny (Henri, marquis de) (1605-1689), 100, 243.
Ruvigny (Henri, marquis de), devenu lord Galloway (1648-1720), 242, 243.
Ruyter (Michael Adriaan) (1607-1676), 147, 150, 152, 155.

Sablé (Madeleine de Souvré, marquise de) (1599-1678), 21.
Saint-Aignan (François de) (1610-1687), 36.
Saint-Cyran (Jean Duvergier de Hauranne, abbé de) (1581-1643), 99.
Saint-Pierre (Charles Irénée Castel, abbé de) (1657-1743), 251.
Saint-Simon (Louis de Rouvroy, duc de) (1675-1755), 12, 50, 90, 132, 135, 139, 160, 161,

163, 165, 167, 168, 175, 183, 215, 216, 222, 237, 254, 255, 259, 260.
Savary (Jacques) (1622-1690), 50, 75.
Scarron (Paul) (1610-1660), 39, 161.
Schomberg (Frédéric Armand, comte de) (1615-1690), 229.
Scudéry (Madeleine de) (1607-1701), 21.
Séguier (Pierre) (1588-1672), 13, 42, 52, 63, 103.
Seignelay (Jean-Baptiste Colbert, marquis de) (1651-1690), 43, 45, 133, 139, 143, 166, 168, 231.
Servien (Abel) (1593-1659), 14.
Sévigné (Marie de Rabutin-Chantal, marquise de) (1626-1696), 49, 51, 137, 148, 151, 153, 165, 168, 174.
Simon (Richard) (1638-1712), 212-214.
Soissons (Eugène Maurice de Savoie, comte de) (1635-1673), 241.
Souvré (Jean, marquis de) (1584-1656), 46.
Sully (Maximilien de Béthune, duc de) (1560-1641), 67, 76, 77.
Swift (Jonathan) (1667-1745), 245.
Sylvestre (Israël) (1621-1691), 36.

Tallard (Camille d'Hostun de La Baume, duc de) (1652-1728), 242.
Talon (Jean) (1625-1694), 81.
Tasse (Torquato Tasso, dit le) (1544-1595), 36.
Tellier (Michel) (1643-1719), 257, 259.

Thomas d'Aquin (saint) (1225-1274), 123.
Titon (Maximilien), 138.
Torcy (Jean-Baptiste Colbert, marquis de) (1665-1746), 45, 210, 237, 244, 246, 257.
Torrington (Arthur Herbert, comte) (1647-1716), 229.
Toulouse (Louis Alexandre de Bourbon, comte de) (1678-1737), 144, 162, 254, 255.
Tournefort (Joseph Pitton de) (1656-1708), 112.
Tourville (Anne Hilarion de) (1642-1701), 229-231.
Turenne (Henri de La Tour d'Auvergne, vicomte de) (1611-1675), 101, 102, 129, 132, 148, 151, 153, 154, 186, 226.
Turpin (Élisabeth) (1608-1698), 46.

Van Robais (Josse) (1630-1685), 73.
Vauban (Sébastien Le Prestre de) (1633-1707), 92, 137, 139-141, 149, 153, 156, 174, 175, 186, 201-203, 209, 216, 225-227, 230, 231.
Vendôme (Louis Joseph, duc de) (1654-1712), 154, 226, 233, 240, 242, 243.
Vermandois (Louis, comte de) (1667-1683), 144, 162.
Victor-Amédée II, duc de Savoie (1666-1675-1732), 232, 239, 242.
Villacerf (Édouard Colbert, marquis de) (1628-1699), 45, 169.
Villars (Claude Louis Hector, duc de) (1653-1734), 138, 154, 224, 240, 242, 243, 247, 248.
Villeroy (Nicolas de Neufville, duc de) (1597-1685), 41.
Villeroy (François de Neufville,

Index des noms de personnes 305

duc de) (1644-1730), 232, 240, 242, 256.
Vincent de Paul (1581-1660), 93, 107.
Vivonne (Louis Victor de Rochechouart, duc de) (1636-1688), 155.
Voisin (Catherine Deshayes, épouse Monvoisin, dite la) (1640-1680), 39, 97.
Voltaire (François Marie Arouet, dit) (1694-1778), 7, 103, 133, 231, 260.

Voysin de La Noiraye (Daniel François) (1654-1717), 210, 211, 256.

Waldeck (Georges Frédéric, prince de) (1620-1692), 227, 229, 230.
Watteau (Antoine) (1684-1721), 218.
Watteville (Charles, baron de) († 1670), 144.
Witt (Jean de) (1623-1672), 28, 151, 152.

Table

Avant-propos	7
1. *La France en 1661*	9
« Messieurs, le Roi... », 9. – La famine de l'Avènement, 16. – Paris et les provinces, 19. – La France en Europe, 23.	
2. *Le roi et l'exercice du pouvoir (1661-1682)* ..	31
Louis XIV, monarque de droit divin, 31. – Conseils et personnel gouvernemental, 40. – La surveillance des grands corps de l'État, 47. – Le maintien de la tranquillité publique, 51.	
3. *Colbert face aux réalités économiques (1661-1683)*	57
Les données de la démographie, 57. – Les problèmes financiers, 59. – L'agriculture et l'industrie, 65. – Le commerce, 74. – L'épreuve des faits, 81.	
4. *Le « siècle de Louis XIV »*	87
La société française, 87. – Le « Fils aîné de l'Église », 94. – De Corneille à Bossuet, 102. – Les progrès des sciences, 109. – Les arts au service du roi, 113.	
5. *La politique conquérante du « roi de guerre » (1661-1679)*	123
La guerre, fondement du régime, 123. – Les moyens d'une politique : l'armée et la marine, 132. – La paix arrogante (1661-1672), 144. – La guerre de Hollande (1672-1679), 151.	

6. *Le tournant du règne (1682-1688)* 159

L'installation de la cour à Versailles (1682), 159. – La succession de Colbert (1683), 165. – La révocation de l'édit de Nantes, 169. – D'une guerre à l'autre (1679-1688), 178.

7. *Les années de misère (1688-1714)* 189

Dérèglements des saisons et crises de subsistances, 189. – La crise financière et les nouvelles orientations de l'économie, 200. – Pouvoir et contestations, 209. – Les affaires religieuses, 218.

8. *La guerre incessante (1689-1714)* 225

La guerre de la Ligue d'Augsbourg (1689-1697), 225. – La succession espagnole, 234. – La guerre de Succession d'Espagne, 240. – Les traités d'Utrecht et de Rastatt, 247.

Conclusion : la fin du règne 253

Annexes

Cartes 265

La France et l'Europe en 1661, 265. – La France et l'Europe de 1659 à 1684, 266. – La succession d'Espagne, 267. – L'Europe pendant la guerre de Succession d'Espagne, 268. – Les guerres de Louis XIV, 269. – La France de Louis XIV, 270.

Chronologie 271

Bibliographie 287

Index des noms de personnes 293

RÉALISATION : PAO ÉDITIONS DU SEUIL
IMPRESSION : MAURY-EUROLIVRES S.A. À MANCHECOURT
DÉPÔT LÉGAL : OCTOBRE 1997 - N° 24965 (97/09/60262)

Collection Points

SÉRIE HISTOIRE

H20. L'Enfant et la Vie familiale sous l'Ancien Régime
par Philippe Ariès
H21. De la connaissance historique
par Henri-Irénée Marrou
H22. André Malraux, une vie dans le siècle
par Jean Lacouture
H23. Le Rapport Khrouchtchev et son histoire
par Branko Lazitch
H24 Le Mouvement paysan chinois (1840-1949)
par Jean Chesneaux
H25. Les Misérables dans l'Occident médiéval
par Jean-Louis Goglin
H26. La Gauche en France depuis 1900
par Jean Touchard
H27. Histoire de l'Italie du Risorgimento à nos jours
par Sergio Romano
H28. Genèse médiévale de la France moderne, XIVe-XVe siècle
par Michel Mollat
H29. Décadence romaine ou Antiquité tardive, IIIe-VIe siècle
par Henri-Irénée Marrou
H30. Carthage ou l'Empire de la mer, *par François Decret*
H31. Essais sur l'histoire de la mort en Occident
du Moyen Age à nos jours, *par Philippe Ariès*
H32. Le Gaullisme (1940-1969), *par Jean Touchard*
H33. Grenadou, paysan français
par Ephraïm Grenadou et Alain Prévost
H34. Piété baroque et Déchristianisation en Provence
au XVIIIe siècle, *par Michel Vovelle*
H35. Histoire générale de l'Empire romain
1. Le Haut-Empire, *par Paul Petit*
H36. Histoire générale de l'Empire romain
2. La crise de l'Empire, *par Paul Petit*
H37. Histoire générale de l'Empire romain
3. Le Bas-Empire, *par Paul Petit*
H38. Pour en finir avec le Moyen Age
par Régine Pernoud
H39. La Question nazie, *par Pierre Ayçoberry*
H40. Comment on écrit l'histoire, *par Paul Veyne*
H41. Les Sans-culottes, *par Albert Soboul*
H42. Léon Blum, *par Jean Lacouture*
H43. Les Collaborateurs (1940-1945), *par Pascal Ory*
H44. Le Fascisme italien (1919-1945)
par Pierre Milza et Serge Berstein

H45. Comprendre la révolution russe, *par Martin Malia*
H46. Histoire de la pensée européenne
   6. L'ère des masses, *par Michaël D. Biddiss*
H47. Naissance de la famille moderne
   par Edward Shorter
H48. Le Mythe de la procréation à l'âge baroque
   par Pierre Darmon
H49. Histoire de la bourgeoisie en France
   1. Des origines aux Temps modernes
   par Régine Pernoud
H50. Histoire de la bourgeoisie en France
   2. Les Temps modernes, *par Régine Pernoud*
H51. Histoire des passions françaises (1848-1945)
   1. Ambition et amour, *par Theodore Zeldin*
H52. Histoire des passions françaises (1848-1945)
   2. Orgueil et intelligence, *par Theodore Zeldin* (épuisé)
H53. Histoire des passions françaises (1848-1945)
   3. Goût et corruption, *par Theodore Zeldin*
H54 Histoire des passions françaises (1848-1945)
   4. Colère et politique, *par Theodore Zeldin*
H55. Histoire des passions françaises (1848-1945)
   5. Anxiété et hypocrisie, *par Theodore Zeldin*
H56. Histoire de l'éducation dans l'Antiquité
   1. Le monde grec, *par Henri-Irénée Marrou*
H57. Histoire de l'éducation dans l'Antiquité
   2. Le monde romain, *par Henri-Irénée Marrou*
H58. La Faillite du Cartel, 1924-1926
   (Leçon d'histoire pour une gauche au pouvoir)
   par Jean-Noël Jeanneney
H59. Les Porteurs de valises
   par Hervé Hamon et Patrick Rotman
H60. Histoire de la guerre d'Algérie, 1954-1962
   par Bernard Droz et Évelyne Lever
H61. Les Occidentaux, *par Alfred Grosser*
H62. La Vie au Moyen Age, *par Robert Delort*
H63. Politique étrangère de la France
   (La Décadence, 1932-1939)
   par Jean-Baptiste Duroselle
H64. Histoire de la guerre froide
   1. De la révolution d'Octobre à la guerre de Corée, 1917-1950
   par André Fontaine
H65. Histoire de la guerre froide
   2. De la guerre de Corée à la crise des alliances,1950-1963
   par André Fontaine
H66. Les Incas, *par Alfred Métraux*
H67. Les Écoles historiques, *par Guy Bourdé et Hervé Martin*
H68. Le Nationalisme français, 1871-1914, *par Raoul Girardet*
H69. La Droite révolutionnaire, 1885-1914, *par Zeev Sternhell*

H70. L'Argent caché, *par Jean-Noël Jeanneney*
H71. Histoire économique de la France du XVIIIe siècle à nos jours
1. De l'Ancien Régime à la Première Guerre mondiale
par Jean-Charles Asselain
H72. Histoire économique de la France du XVIIIe siècle à nos jours
2. De 1919 à la fin des années 1970
par Jean-Charles Asselain
H73. La Vie politique sous la IIIe République
par Jean-Marie Mayeur
H74. La Grèce archaïque d'Homère à Eschyle
par Claude Mossé
H75. Histoire de la « détente », 1962-1981
par André Fontaine
H76. Études sur la France de 1939 à nos jours
par la revue « L'Histoire »
H77. L'Afrique au XXe siècle, *par Elikia M'Bokolo*
H78. Les Intellectuels au Moyen Age, *par Jacques Le Goff*
H79. Fernand Pelloutier, *par Jacques Julliard*
H80. L'Église des premiers temps, *par Jean Daniélou*
H81. L'Église de l'Antiquité tardive
par Henri-Irénée Marrou
H82. L'Homme devant la mort
1. Le temps des gisants, *par Philippe Ariès*
H83. L'Homme devant la mort
2. La mort ensauvagée, *par Philippe Ariès*
H84. Le Tribunal de l'impuissance, *par Pierre Darmon*
H85. Histoire générale du XXe siècle
1. Jusqu'en 1949. Déclins européens
par Bernard Droz et Anthony Rowley
H86. Histoire générale du XXe siècle
2. Jusqu'en 1949. La naissance du monde contemporain
par Bernard Droz et Anthony Rowley
H87. La Grèce ancienne, *par la revue « L'Histoire »*
H88. Les Ouvriers dans la société française
par Gérard Noiriel
H89. Les Américains de 1607 à nos jours
1. Naissance et essor des États-Unis, 1607 à 1945
par André Kaspi
H90. Les Américains de 1607 à nos jours
2. Les États-Unis de 1945 à nos jours, *par André Kaspi*
H91. Le Sexe et l'Occident, *par Jean-Louis Flandrin*
H92. Le Propre et le Sale, *par Georges Vigarello*
H93. La Guerre d'Indochine, 1945-1954
par Jacques Dalloz
H94. L'Édit de Nantes et sa révocation
par Janine Garrisson
H95. Les Chambres à gaz, secret d'État
par Eugen Kogon, Hermann Langbein et Adalbert Rückerl

H96.	Histoire générale du XXe siècle 3. Depuis 1950. Expansion et indépendance (1950-1973) *par Bernard Droz et Anthony Rowley*
H97.	La Fièvre hexagonale, 1871-1968, *par Michel Winock*
H98.	La Révolution en questions, *par Jacques Solé*
H99.	Les Byzantins, *par Alain Ducellier*
H100.	Les Croisades, *par la revue « L'Histoire »*
H101.	La Chute de la monarchie (1787-1792), *par Michel Vovelle*
H102.	La République jacobine (10 août 1792 - 9 Thermidor an II) *par Marc Bouloiseau*
H103.	La République bourgeoise (de Thermidor à Brumaire, 1794-1799) *par Denis Woronoff*
H104.	La France napoléonienne (1799-1815) 1. Aspects intérieurs, *par Louis Bergeron*
H105.	La France napoléonienne (1799-1815) 2. Aspects extérieurs *par Roger Dufraisse et Michel Kérautret* (à paraître)
H106.	La France des notables (1815-1848) 1. L'évolution générale *par André Jardin et André-Jean Tudesq*
H107.	La France des notables (1815-1848) 2. La vie de la nation *par André Jardin et André-Jean Tudesq*
H108.	1848 ou l'Apprentissage de la République (1848-1852) *par Maurice Agulhon*
H109.	De la fête impériale au mur des fédérés (1852-1871) *par Alain Plessis*
H110.	Les Débuts de la Troisième République (1871-1898) *par Jean-Marie Mayeur*
H111.	La République radicale ? (1898-1914) *par Madeleine Rebérioux*
H112.	Victoire et Frustrations (1914-1929) *par Jean-Jacques Becker et Serge Berstein*
H113.	La Crise des années 30 (1929-1938) *par Dominique Borne et Henri Dubief*
H114.	De Munich à la Libération (1938-1944) *par Jean-Pierre Azéma*
H115.	La France de la Quatrième République (1944-1958) 1. L'ardeur et la nécessité (1944-1952) *par Jean-Pierre Rioux*
H116.	La France de la Quatrième République (1944-1958) 2. L'expansion et l'impuissance (1952-1958) *par Jean-Pierre Rioux*
H117.	La France de l'expansion (1958-1974) 1. La République gaullienne (1958-1969) *par Serge Berstein*

H118. La France de l'expansion (1958-1974)
2. L'apogée Pompidou (1969-1974)
par Serge Berstein et Jean-Pierre Rioux
H119. La France de 1974 à nos jours
par Jean-Jacques Becker (à paraître)
H120. La France du XXe siècle (Documents d'histoire)
présentés par Olivier Wieviorka et Christophe Prochasson
H121. Les Paysans dans la société française
par Annie Moulin
H122. Portrait historique de Christophe Colomb
par Marianne Mahn-Lot
H123. Vie et Mort de l'ordre du Temple, *par Alain Demurger*
H124. La Guerre d'Espagne, *par Guy Hermet*
H125. Histoire de France, *sous la direction de Jean Carpentier et François Lebrun*
H126. Empire colonial et Capitalisme français
par Jacques Marseille
H127. Genèse culturelle de l'Europe (Ve-VIIIe siècle)
par Michel Banniard
H128. Les Années trente, *par la revue « L'Histoire »*
H129. Mythes et Mythologies politiques, *par Raoul Girardet*
H130. La France de l'an Mil, *collectif*
H131. Nationalisme, Antisémitisme et Fascisme en France
par Michel Winock
H132. De Gaulle 1. Le rebelle (1890-1944)
par Jean Lacouture
H133. De Gaulle 2. Le politique (1944-1959)
par Jean Lacouture
H134. De Gaulle 3. Le souverain (1959-1970)
par Jean Lacouture
H135. Le Syndrome de Vichy, *par Henry Rousso*
H136. Chronique des années soixante, *par Michel Winock*
H137. La Société anglaise, *par François Bédarida*
H138. L'Abîme 1939-1944. La politique étrangère de la France
par Jean-Baptiste Duroselle
H139. La Culture des apparences, *par Daniel Roche*
H140. Amour et Sexualité en Occident
par la revue « L'Histoire »
H141. Le Corps féminin, *par Philippe Perrot*
H142. Les Galériens, *par André Zysberg*
H143. Histoire de l'antisémitisme 1. L'âge de la foi
par Léon Poliakov
H144. Histoire de l'antisémitisme 2. L'âge de la science
par Léon Poliakov
H145. L'Épuration française (1944-1949), *par Peter Novick*
H146. L'Amérique latine au XXe siècle (1889-1929)
par Leslie Manigat
H147. Les Fascismes, *par Pierre Milza*

H148. Histoire sociale de la France au XIXe siècle
par Christophe Charle
H149. L'Allemagne de Hitler, *par la revue « L'Histoire »*
H150. Les Révolutions d'Amérique latine
par Pierre Vayssière
H151. Le Capitalisme « sauvage » aux États-Unis (1860-1900)
par Marianne Debouzy
H152. Concordances des temps, *par Jean-Noël Jeanneney*
H153. Diplomatie et Outil militaire
par Jean Doise et Maurice Vaïsse
H154. Histoire des démocraties populaires
1. L'ère de Staline, *par François Fejtö*
H155. Histoire des démocraties populaires
2. Après Staline, *par François Fejtö*
H156. La Vie fragile, *par Arlette Farge*
H157. Histoire de l'Europe, *sous la direction de Jean Carpentier et François Lebrun*
H158. L'État SS, *par Eugen Kogon*
H159. L'Aventure de l'Encyclopédie, *par Robert Darnton*
H160. Histoire générale du XXe siècle
4. Crises et mutations de 1973 à nos jours
par Bernard Droz et Anthony Rowley
H161. Le Creuset français, *par Gérard Noiriel*
H162. Le Socialisme en France et en Europe, XIXe-XXe siècle
par Michel Winock
H163. 14-18 : Mourir pour la patrie, *par la revue « L'Histoire »*
H164. La Guerre de Cent Ans vue par ceux qui l'ont vécue
par Michel Mollat du Jourdin
H165. L'École, l'Église et la République, *par Mona Ozouf*
H166. Histoire de la France rurale
1. La formation des campagnes françaises
(des origines à 1340)
sous la direction de Georges Duby et Armand Wallon
H167. Histoire de la France rurale
2. L'âge classique des paysans (de 1340 à 1789)
sous la direction de Georges Duby et Armand Wallon
H168. Histoire de la France rurale
3. Apogée et crise de la civilisation paysanne
(de 1789 à 1914)
sous la direction de Georges Duby et Armand Wallon
H169. Histoire de la France rurale
4. La fin de la France paysanne (depuis 1914)
sous la direction de Georges Duby et Armand Wallon
H170. Initiation à l'Orient ancien, *par la revue « L'Histoire »*
H171. La Vie élégante, *par Anne Martin-Fugier*
H172. L'État en France de 1789 à nos jours
par Pierre Rosanvallon
H173. Requiem pour un empire défunt, *par François Fejtö*

H174.	Les animaux ont une histoire, *par Robert Delort*
H175.	Histoire des peuples arabes, *par Albert Hourani*
H176.	Paris, histoire d'une ville, *par Bernard Marchand*
H177.	Le Japon au XXe siècle, *par Jacques Gravereau*
H178.	L'Algérie des Français, *par la revue « L'Histoire »*
H179.	L'URSS de la Révolution à la mort de Staline, 1917-1953 *par Hélène Carrère d'Encausse*
H180.	Histoire médiévale de la Péninsule ibérique *par Adeline Rucquoi*
H181.	Les Fous de la République, *par Pierre Birnbaum*
H182.	Introduction à la préhistoire, *par Gabriel Camps*
H183.	L'Homme médiéval *collectif sous la direction de Jacques Le Goff*
H184.	La Spiritualité du Moyen Age occidental (VIIIe-XIIIe siècle) *par André Vauchez*
H185.	Moines et Religieux au Moyen Age *par la revue « L'Histoire »*
H186.	Histoire de l'extrême droite en France, *ouvrage collectif*
H187.	Le Temps de la guerre froide *par la revue « L'Histoire »*
H188.	La Chine, tome 1 (1949-1971) *par Jean-Luc Domenach et Philippe Richer*
H189.	La Chine, tome 2 (1971-1994) *par Jean-Luc Domenach et Philippe Richer*
H190.	Hitler et les Juifs, *par Philippe Burrin*
H192.	La Mésopotamie, *par Georges Roux*
H193.	Se soigner autrefois, *par François Lebrun*
H194.	Familles, *par Jean-Louis Flandrin*
H195.	Éducation et Culture dans l'Occident barbare (VIe-VIIIe siècle), *par Pierre Riché*
H196.	Le Pain et le Cirque, *par Paul Veyne*
H197.	La Droite depuis 1789, *par la revue « L'Histoire »*
H198.	Histoire des nations et du nationalisme en Europe *par Guy Hermet*
H199.	Pour une histoire politique, *collectif sous la direction de René Rémond*
H200.	« Esprit ». Des intellectuels dans la cité (1930-1950) *par Michel Winock*
H201.	Les Origines franques (V^e-IXe siècle) *par Stéphane Lebecq*
H202.	L'Héritage des Charles (de la mort de Charlemagne aux environs de l'an mil), *par Laurent Theis*
H203.	L'Ordre seigneurial (XIe-XIIe siècle) *par Dominique Barthélemy*
H204.	Temps d'équilibres, Temps de ruptures *par Monique Bourin-Derruau*
H205.	Temps de crises, Temps d'espoirs, *par Alain Demurger*

H206. La France et l'Occident médiéval
de Charlemagne à Charles VIII
par Robert Delort (à paraître)
H207. Royauté, Renaissance et Réforme (1483-1559)
par Janine Garrisson
H208. Guerre civile et Compromis (1559-1598)
par Janine Garrisson
H209. La Naissance dramatique de l'absolutisme (1598-1661)
par Yves-Marie Bercé
H210. La Puissance et la Guerre (1661-1715)
par François Lebrun
H211. L'État et les Lumières (1715-1783)
par André Zysberg (à paraître)

H212. La Grèce préclassique, *par Jean-Claude Poursat*
H213. La Grèce au Ve siècle, *par Edmond Lévy*
H214. Le IVe Siècle grec, *par Pierre Carlier*
H215. Le Monde hellénistique (323-188), *par Pierre Cabanes*
H216. Les Grecs (188-31), *par Claude Vial*

H220. Le Haut-Empire romain, *par Maurice Sartre*
H225. Douze Leçons sur l'histoire, *par Antoine Prost*
H226. Comment on écrit l'histoire, *par Paul Veyne*
H227. Les Crises du catholicisme en France, *par René Rémond*
H228. Les Arméniens, *par Yves Ternon*
H229. Histoire des colonisations, *par Marc Ferro*
H230. Les Catholiques français sous l'Occupation
par Jacques Duquesne
H231. L'Égypte ancienne, *présentation par Pierre Grandet*
H232. Histoire des Juifs de France, *par Esther Benbassa*
H233. Le Goût de l'archive, *par Arlette Farge*
H234. Économie et Société en Grèce ancienne
par Moses I. Finley
H235. La France de la monarchie absolue 1610-1675
par la revue « L'Histoire »
H236. Ravensbrück, *par Germaine Tillion*
H237. La Fin des démocraties populaires, *par François Fejtö
et Ewa Kulesza-Mietkowski*
H238. Les Juifs pendant l'Occupation, *par André Kaspi*
H239. La France à l'heure allemande (1940-1944)
par Philippe Burrin
H240. La Société industrielle en France (1814-1914)
par Jean-Pierre Daviet
H241. La France industrielle, *par la revue « L'Histoire »*
H242. Éducation, Société et Politiques. Une histoire
de l'enseignement en France de 1945 à nos jours
par Antoine Prost